목은 이색

산문 연구

牧隱 李穡 散文 研究

원주용 지음

목은이색

산문 연구

牧隱의 산문 작품에 대해 역대 先人들은
어떻게 평가하고 있었을까?

한국학술정보㈜

머리말

필자는 20여 년 전 학부 과정을 시작으로 漢文 공부에 入門하였다. 방학 때면 박유리 선생님을 모시고 선후배들과 入山하여 한 달여간 오로지 글 읽는 재미에 빠지기도 하였다. 오늘날 조금이나마 한문을 읽을 수 있는 것도 이 당시의 공부가 밑거름이 되었기 때문이다. 그리고 잡념 없이 공부에만 매진한 시절이었던 것 같다.

게다가 김성언 선생님의 漢文學史 강의 시에 들었던, 고려시대에도 다루어야 할 작가와 분야가 많은데도 조선으로 연구자가 몰리고 있다는 말씀이 고려시대에 관심을 가지기 시작한 계기가 되었다. '고려시대의 문학이 조선으로 이어졌으니, 먼저 고려시대의 문학을 공부하는 것이 순서이겠다.'라는 어쭙잖은 생각도 고려시대를 택한 이유 중에 하나이다.

이렇게 학부를 마치고 대학원에 들어와 김명호 선생님의 지도하에 본격적으로 한문 공부를 시작하였다. 석사과정에서는 고려시대에 뛰어났던 大文豪의 한 사람인 李奎報에 관심을 두고 학위논문을 썼다. 이후 박사과정에서도 고려시대에 지속적인 관심을 두고 있던 중에, 崔岦의 "牧隱의 文과 陶隱의 詩가 우리나라의 제일이다."라는 글을 접하고서, 牧隱의 散文을 살펴보기 시작하였다. 그런데 牧隱의 글은 워낙 浩汗하고 다양하며 심도 깊은 논의를 펼치고 있었다. 그래서 필자의 안목으로는 목은 작품을 다루기에는 미흡한 점이 많았으나, 나름대로 목은 연구에 몰두하여 2005년에 박사학위논문으로 제출하였다.

필자의 학문은 박사학위논문으로 조그마한 성과를 맺게 되었고, 엉성하게 엮었던 학위논문을 교정하여 책으로 출간하게 되었다. 일천한 학문으로 목은 선생의 글에 누가 되지는 않았는지 두려움이 앞선다. 모쪼록 여러 선생님들의 叱正을 기다릴 뿐이다.

학문적으로 또는 이 책이 나올 수 있게 도와주신 선생님은 일일이 거론할 수 없을 정도로 많기에, 마음속에 깊은 감사의 마음을 새겨두고자 한다. 다만 학문뿐 아니라 진정한 師範의 전형을 보여주시고 진정한 師는 어떠해야 하는지 지표를 가르쳐주신 이명학 선생님께 깊은 감사의 마음을 전하고 싶다. 그리고 대학원에서 함께 공부하며 도움을 많이 주었던 선후배들에게도 감사드린다.

끝으로 오늘의 이러한 결과물이 나오기까지 어려운 여건 속에서도 언제나 용기를 주셨던 어머니와 형제들, 그리고 늘 곁에서 말없이 고생을 참아주며 함께 해주었던 아내와, 아빠에게 공부할 수 있게끔 공간을 할애해 주었던 어린 두 딸 혜원이, 다원이에게도 고마움을 전하고 싶다. 특히 자식의 영화를 고대하시다 못 보시고 돌아가신 아버님의 영전에 이 책을 바친다.

2008년 2월
元周用 謹書

目 次

I. 序 論

　牧隱 李穡(1328~1396)은 韓山에서 權知戶長을 지낸 允卿을 始祖로, 高麗 忠肅王 15년(1328년) 5월에 寧海府 槐市村에 있는 外家에서 태어났다. 그의 가계는 寒微하였으나, 李穀(1298~1351) 과 李穡 두 父子의 출현으로 인해 韓山 李氏가 있다는 것을 세상 에 알릴 정도로 名門巨族의 하나로 사회적 지위를 얻게 되었다. 牧隱은 20세에 元에 유학하여 性理學을 배우고, 25세와 27세 때 高麗와 元의 科擧에 급제하여 문학적 역량을 국내외에 유감없이 발휘하였다. 이후 恭愍王의 개혁정책에도 적극 가담하여 重用되기 도 하였다. 그러나 1392년 朝鮮의 개국과 관련하여 몇 차례의 유 배생활을 거친 뒤, 1395년에 驪州 神勒寺에서 69세의 나이로 殞 命한다.

　牧隱은 뛰어난 학문과 문학적 역량으로 수십 년 동안 文翰을 담당하여 여러 차례 中國으로부터 찬사를 받았으며, 인재 발탁의 중요한 직책인 知貢擧를 다섯 차례나 담당하기도 하였다. 또한 成 均館의 大司成을 지내면서 후학들을 勸勉하고 斯文의 興起를 자 신의 임무로 삼으니, 모든 학자들이 그를 우러러 敬慕할 정도로 性理學의 着根에 심혈을 기울였다.

　그가 살았던 高麗時代는 思想的으로 비교적 자유로운 시대이 므로 다양한 문학이 양산될 수 있었다. 谿谷 張維(1587~1638)가

"我朝의 散文은 크게 高麗만 못하다."[1] 하였고, 象村 申欽(1523~1597)이 "我朝의 문장이 성대히 배출되지 않은 것은 아니지만, 高麗와 비교하면 조금 떨어진다."[2]라고 했듯이, 高麗時代의 문학이 朝鮮時代에 비해 결코 뒤떨어진 것은 아니었다. 그러나 지금까지의 연구 결과를 놓고 볼 때, 고려시대 연구는 조선시대 연구에 비해 비교가 되지 않을 정도로 빈약한 편이다. 이러한 결과가 나타난 것은 여러 가지 이유가 있겠지만, 남아 있는 文集의 수가 적거나 현존하는 문집이라 할지라도 전체보다는 일부만이 전해지고 있다는 것이 가장 큰 이유일 것이다. 그렇지만 이러한 악조건에서도 예외인 것이 있다. 바로 『牧隱藁』이다. 『목은고』는 詩가 6천여 수요, 文이 2백여 편이나 실려 있는 巨帙의 문집이다. 조선시대의 餘他 작가의 문집과 비교해 보더라도 결코 뒤지지 않을 것이다. 그렇다고 『목은고』의 가치가 많은 문집의 量에만 있는 것은 아니다. 목은은 "文經武緯는 천지의 道이다."[3]라고 하여, 文과 武를 함께 중시하면서도 실상 文을 기본으로 보았던 것이다. 그 자신은 '文經'의 정치를 구현하고자 했던 셈이다.[4]

이처럼 文에 관심을 두었던 그는 당대의 文風을 주도하고 文人으로 활약이 뛰어났던 사람으로, 量的 성취뿐 아니라 質的 성취도 이룩하였던 것이다. 그래서 그의 門人인 雙梅堂 李詹(1345~1405)은 "斯文의 으뜸으로 국가의 모든 辭命·制敎·銘頌 등의 글은 반드

---

1) 『谿谷漫筆』 권1, 578면 a, 『韓國文集叢刊』 92. "我朝之文, 大不如前麗."(이후 『韓國文集叢刊』일 경우 구체적 서지사항은 생략함.)

2) 『晴窓軟談』, 348면 d. "我朝文章, 非不蔚然輩出, 而比之麗朝, 則少遜焉."

3) 『高麗史』 권115, 「列傳」 권28, 李穡條, 523면 d, 亞細亞文化社, 1990. "文經武緯, 天地之道也."

4) 임형택, 『국역 목은집』 해제, 5면.

시 공의 손을 빌어서야 이루어졌다."5)고 했으며, 陽村 權近(1352~
1409)도 "우리 동방에 문학이 있어 온 이후로 선생보다 더 훌륭한
분은 없었다."6)고 激讚하였다. 이들 외에도 崔岦·許筠·金昌協
등의 목은 문학에 대한 평가들을 볼 때, 그의 뛰어난 학문적·문학
적 역량을 짐작하고도 남음이 있다고 하겠다.

지금까지 牧隱의 文學에 대한 연구는 1962년 李銀順의 「牧隱
研究」, 1970년대 중반 이후 孫洛範의 「牧隱研究」를 선두로 꾸준
히 진행되고 있다.7) 특히 1990년대 이후에는 박사학위논문이 7편
이나8) 발표될 정도로 연구에 활기를 띄었다. 하지만 목은 문학에
대한 현재까지의 연구 성과를 보면, 대체로 性理學이나 佛敎에 대
한 思想的 연구,9) 文學思想에 대한 연구,10) 詩 전반이나 특정 갈

---

5) 『牧隱藁』, 「文集序」, 501면 a. "冠冕斯文, 凡國家辭命制敎銘頌之文,
   必需公乃成."

6) 『牧隱藁』, 「文集序」, 500면 c. "自吾東方文學以來, 未有盛於先生者也."

7) 李銀順, 「牧隱研究」, 『이화사학』 제4집, 이화여대 사학회, 1962; 孫洛
   範, 「牧隱研究」, 『국제대학논문집』 제3집, 국제대학 인문사회과학연구
   소, 1975.

8) 柳廣眞, 「牧隱 李穡의 詩文學 研究」, 성신여대 박사논문, 1992.
   呂運弼, 「李穡의 詩文學 研究」, 서울대 박사논문, 1993.
   朴 熹, 「牧隱 李穡의 詩文學 研究」, 세종대 박사논문, 1994.
   鄭載喆, 「牧隱 李穡 詩의 研究」, 고려대 박사논문, 1996.
   柳浩珍, 「李穡 詩 研究」, 고려대 박사논문, 1999.
   鄭貞淑, 「李穡 散文 研究」, 단국대 박사논문, 2004.
   魚江石, 「牧隱 李穡 文學 研究」, 한국학중앙연구원 박사논문, 2005.

9) 대표적인 논문만 예로 들면,
   申斗榮, 「牧隱 佛敎詩의 二元的 世界」, 『한문학논집』 제5집, 단국한문
   학회, 1987.
   정재철, 「이색의 불교성향 시의 사상적 특질」, 『이색시의 사상적 조명』,
   집문당, 2002.
   李炳赫, 「牧隱 李穡의 性理學的인 詩」, 『韓國漢文學의 探究』, 국학자

래 및 主題나 素材에 대한 연구[11]로 나누어 볼 수 있는데, 전반적
으로 詩에 관한 연구가 주류를 이루고 있다.

이렇게 詩에 대한 많은 연구에 비해 散文에 관한 연구는 傳[12]
이나 說[13]·記[14]·墓誌銘[15] 등 몇몇 분야에서만 부분적으로 진행
되고 있는 실정이다. 고혜영은 傳이 小說의 전 단계에 있는 과도
기적 양식이 아니라 漢文學의 하위갈래라는 인식하에 牧隱의 傳
을 분석하였다. 논자는 목은의 傳은 여러 가지 행적을 가급적 시
간 순서 안에서 綴事한 일대기적 서술구조를 취하고 있으며, 逸話
의 揷入이나 장면 재현을 통한 서술방식에 의거 傳을 확장하고 있
다고 하였다. 김현덕은 주인공들이 어떠한 동기로 入傳이 되었고
그 대상이 서술자와는 어떠한 관계가 있는지 입전동기와 그 대상

료원, 2003.

10) 金慶洙, 「李穡의 文學思想」, 『한국문학사상사』, 계명문화사, 1991.
   林熒澤, 「고려 말 문인지식층의 東人意識과 문명의식」, 『실사구시의
   한국학』, 창작과 비평사, 2000.

11) 宋載卲, 「禑王代의 牧隱詩」, 『牧隱 李穡의 生涯와 思想』, 일조각,
   1996.
   河政承, 「牧隱 李穡 詩의 品格 硏究」, 『동방한문학』 제20집, 동방한
   문학회, 2001.
   朴性奎, 「李穡의 現實認識과 風俗詩」, 『고려후기 사대부문학 연구』,
   고려대학교출판부, 2003.

12) 高惠英, 「李穡 文學 硏究」, 서울대 석사논문, 1988.
   김현덕, 「이색의 전 연구」, 『세종어문연구』 제5·6집 합병호, 세종어
   문학회, 1988.
   박희병, 『韓國古典人物傳硏究』, 한길사, 1992.

13) 유이경, 「牧隱 李穡의 名字說에 나타난 思想」, 『연구논집』 제33집,
   이화여대 대학원, 1997.

14) 景一男, 「牧隱 隨筆文學의 特性」, 『백제연구』 제22집, 충남대 백제
   연구소, 1991.

15) 김보경, 「李穡의 女性認識」, 『한문학보』 제8집, 우리한문학회, 2003.

을 중심으로 고찰하였으며, 박희병은 逸士傳과 循吏傳, 家傳으로 세분하여 논의하면서 목은이 지닌 신흥사대부 계층에 대한 애정과 연대의식에 주목하였다.

유이경은 李穡의 思想에 관한 연구가 미진하다는 인식하에 목은의 說 작품을 내용과 思想으로 나누어 분석하여 목은의 사상을 살펴보고자 하였다. 경일남은 목은의 산문 작품을 수필에 귀속시키고 그 가운데서도 記를 중심으로 그의 산문이 지닌 문학적 면모와 수필적 특성을 구체적으로 고찰하였다. 김보경은 목은의 墓誌銘 가운데 女性墓主 墓誌銘 4편을 중심으로 목은의 여성인식의 양상과 특징에 주목하였다.

이러한 일련의 연구는 목은의 산문에 주목을 하기 시작했다는 점에 일차적인 의의를 둘 수 있을 것이다. 하지만 傳에 대한 심도 있는 논의를 제외하고는, 思想이나 認識的 측면에서 접근하거나, 記를 수필에 귀속시킨 나머지 記가 지니고 있는 특징을 부각시키지 못하여 牧隱 散文의 전반적인 면모를 파악하기에는 다소 무리가 있다고 하겠다. 최근 이러한 경향에 대한 반발로 정정숙이 「李穡 散文 硏究」라는 논문을 발표하였다. 이 논문에서는 목은 산문의 내용을 문체별로 7개의 항으로 나누어 고찰하였는데, 記를 통해 議論과 解義를 논의하거나, 序를 통해 序詞와 送別의 言說을 논의하는 등 목은 산문을 전반적으로 다루어 이러한 문제점들을 보완하고자 하였다. 하지만 목은 산문을 내용 위주로만 분석하고 문예적인 특징을 살펴보지 못한 점이 또한 아쉬움으로 남는다.

文學史에 있어서 牧隱의 위치는 "우리나라의 문장으로는 신라시대 崔致遠, 고려시대에는 李奎報와 李穡이 있다."[16]라는 언급에

---

16) 『靑莊館全書』 권63, 15면 b, 솔, 1997. "我國文章, 新羅有崔孤雲,

서도 알 수 있듯이, 이규보와 어깨를 나란히 할 정도였다. 게다가 문집의 양 또한 李奎報는 53권, 李穡은 55권으로 방대한 문집을 비슷하게 남겼다. 그러나 이러한 문학적 업적과 牧隱에 대한 높은 평가에도 불구하고, 이규보와 연구 성과를 비교해 보면 그에 미치지 못하고 있는 실정이다. 물론 이규보는 고려시대를 대표하는 文人이니만큼 그에 대한 연구는 당연히 활발하게 이루어져야 할 것이다. 그러나 고려시대의 文豪를 뽑으라면, 李奎報·李齊賢에 이어 牧隱도 3대 文豪의 한자리를 당당히 차지하고 있다.17) 그러므로 목은에 대한 연구도 전반적으로 다양하게 이루어져야 할 것이다. 그런데 목은의 존재가 문학사에서 뚜렷하게 부각되지 못한 것은 왜일까? 그것은 오늘의 시각으로 목은의 문학에서 특별한 가치나 흥미로운 내용을 찾아내지 못했기 때문일 것이다. 지금의 시점에서 목은의 문학에 대한 재해석과 재평가는 새로운 과제로 제기되어야 한다.18)

牧隱의 산문 작품에 대해 역대 先人들은 어떻게 평가하고 있었을까? 牧隱 死後 편찬된 選集들을 통해 고려시대 문학 방면에 있어서 목은의 위치를 가늠해 보기로 한다.

먼저 『東文選』을 살펴보면, 『동문선』의 選定 기준은 우리나라의 詩文을 중국에 내놓아도 부끄럽지 않을 좋은 작품을 뽑으며, 詞理가 醇正하고 治敎에 도움이 되는 것19)을 기준으로 뽑았다. 『동문

___

高麗有李奎報李牧隱.”

17) 『谿谷先生集』 권6, 「玄軒先生集序」, 104면 c. “我東文學不如中夏, 固也. 然其能者, 往往多出於顯位, 若麗之李文順益齋牧隱, ……皆斡鼎軸贊辨章, 而兼主詞壇之盟.”

18) 임형택, 앞의 논문, 116면.

19) 『四佳集』 文集 권4, 「東文選序」, 248면 c. “取其詞理醇正, 有補治敎者.”

선』에는 이규보의 산문 640여 편 중 절반가량인 381편을 뽑아 가장 많은 작품을 수록하였고, 다음으로는 牧隱 산문 240편 중 224편이 수록되어 있다. 단순히 『동문선』에 실려 있는 작품 수를 가지고 작가의 우열을 평가할 수는 없겠지만, 徐居正(1420~1488)은 牧隱의 산문을 거의 대부분 수록하고 있다. 그의 選定 기준으로 보아 목은 산문이 중국에 내놓아도 부끄럽지 않으며 治敎에 도움이 되는 것으로 여겼기 때문이다. 이것은 목은 산문의 우수성에 대한 傍證이라고 하겠다.

『東文選』 이후 金宗直(1431~1492)은 기존 문장의 단순한 集積보다는 文의 質에 주안점을 두면서 형식미와 기교주의적인 표현기법을 배격하는 한편 간결한 문장 형태를 주로 하는 古文에 주안을 둔 選文集20)인 『東文粹』를 편찬하는데, 이규보의 작품이 18편으로 가장 많이 실려 있고, 다음으로 이제현과 목은의 산문 14편을 각각 싣고 있다. 고려시대 古文을 唱導했다고 하는 이제현과 무게 비중을 나란히 두고 있는 것이다.

『동문수』 이후 산문선집이 이루어지지 않다가, 19세기에 이르러 대폭적으로 이루어지기 시작한다.21) 먼저 현재 전해지고 있지는 않으나 洪吉周(1786~1841)의 『大東文雋』을 살펴보면, 12명의 문장가가 수록되어 있는데 고려시대의 문인으로는 목은만이 유일하게 포함되어 있다. 이후 모두 8명의 작가를 28종의 양식으로 분류한 徐有棐(1775~1847)의 『東文八家選』에는 고려시대의 문장가로 李奎報 40편 · 李穀 24편 · 李穡 57편의 글을 수록하고 있다. 고려

---

20) 金鍾喆, 「東文粹의 文體樣相과 選文意識」, 경북대 석사논문, 1990, 25면.

21) 金喆凡, 「東文八家選 解題」, 『동문팔가선』, 보고사, 1994, 1면.

시대뿐 아니라 조선시대의 다른 작가들의 작품과 비교해 보아도 목은의 산문이 월등히 많은 편이다. 서유비는 그 시대의 정신을 충실하게 구현하고자 했던 문장가들[22] 가운데 목은을 가장 주목하였던 것이다.

서유비와 거의 동시대에 활동했던 冠巖 洪敬謨(1774~1851)는 『大東掌攷』「文苑攷」의 高麗條에 金富軾·林春·李奎報·李齊賢·李穀·鄭夢周·李穡·李崇仁 등 8명의 이름을 싣고 있다. 물론『대동장고』는 관암의 역사에 대한 관심이 집약적으로 드러나 있는 글로, 인물의 성명만을 기록하고 있어[23] 選集의 성격은 아니다. 하지만 고려시대의 8대 文人 가운데 목은을 선정했다는 것은 목은 산문에 대해 높게 평가하고 있음을 말해 주는 것이라 하겠다.

宋伯玉(1837~1887)은 古文, 특히 무시당하고 소홀히 여기는 조선 古文의 이해에 자료가 되게 하고 이를 통해서 古文의 학습에 도움을 주려고『東文集成』을 간행했다.[24] 『동문집성』의 編次는 牧隱에서부터 洪吉周에 이르기까지 18명의 작가를 시대순으로 실어놓고 있다. 목은은 고려시대의 유일한 문장가로 채택되어 30편의 산문이 選定되어 있다. 송백옥이 작품 선정을 할 때에는 과거의 문장선집 등에서 참조하지 않고 각 작가의 원문집을 구하여 그 안에서 뽑아 실을 정도로 選集에 임한 그의 태도는 꼼꼼하였다.[25] 이러한 섬세한 選文 태도로 당시까지 활동한 수많은 古文家들 중 18명의 작가를 선정하였고, 고려시대를 대표할 古文作家로 목은을

---

22) 위의 글, 7면.
23) 李君善,「冠巖 洪敬謨의 詩文과 그 性格」, 성균관대 박사논문, 2002, 53면.
24) 안대회,「동문집성 해제」,『東文集成』, 영진문화사, 2면.
25) 앞의 책, 3면.

선택하였다면, 송백옥이 목은의 古文을 어떻게 평가하고 있었는지를 잘 보여주는 것이라 하겠다. 끝으로 張志淵(1864～1921)의 『大東文粹』에는 19명의 작가를 싣고 있는데, 고려시대는 이규보가 6편으로 가장 많고, 이어 목은은 5편의 작품을 싣고 있다.

작품을 選定하는 편집자의 의도나 심미안에 따라 선정되는 작가와 작품의 수가 다를 수 있을 것이다. 그러나 지금까지 살펴본 選文集들을 통해 볼 때, 대부분의 選集들에서 목은의 산문 작품을 발견할 수 있었다. 때로는 고려시대 문장가들 중에서 가장 많은 작품을 수록하기도 하였고, 고려시대의 유일한 문장가로 선정하기도 하였다. 이것으로 보아 목은 산문에 대한 역대 文人들의 평가가 어떠했는지를 짐작해 볼 수 있을 것이다. 앞에서 간략히 연구사를 통해 살펴보았듯이, 기존의 목은에 대한 연구는 대부분 詩에 치중하였다. 그의 詩가 뛰어나고 그의 문집에 많은 부분을 차지하고 있기 때문에 詩에 대한 연구가 활발히 이루어진 것은 당연한 결과이다. 하지만 先人들의 評이나 選集, 그리고 "東國 문장은 마땅히 牧隱을 으뜸으로 삼아야 한다."[26]라는 언급 등에서 알 수 있듯이, 그의 文 또한 높은 평가를 받아 왔다. 『牧隱文藁』는 全 20권이니 양적으로는 35권에 달하는 『牧隱詩藁』에 미치지 못하나 담긴 의미로 보면 오히려 비중이 크다고 말할 수 있다.[27] 한 작가의 문학적 역량을 정확히 이해하기 위해서는 詩와 더불어 文에 대한 연구가 또한 竝行되어야 한다고 본다.

이에 본 고에서는 기존의 연구 성과들을 바탕으로 하되 그 한계

---

26) 『竹窓閑話』, 59면 b, 『大東野乘』, 민족문화추진회, 1985. "東國文章, 當以牧隱爲首."

27) 임형택, 『국역 목은집』 해제, 민족문화추진회, 2000, 19면.

역시 유의하면서, 牧隱 散文에 대한 전반적 분석을 통해 牧隱 散文이 지닌 특징과 文學史的 位相을 고찰해 보고자 한다. 먼저 논의의 진행 순서를 제시하면 다음과 같다.

첫째, 散文에 대한 본격적인 논의에 앞서 목은의 글쓰기 방법이 무엇인지 검토하는 것이 선행되어야 할 것이다. 문학에 대한 각별한 애착을 가졌고, 활발한 창작활동에 참여한 목은이었기에, 그의 文에 대한 생각을 검토함으로써 散文 전반을 이해할 수 있는 바탕을 마련하고자 한다.

둘째, 牧隱이 남긴 산문들을 대상으로, 그가 어떤 분야에 관심을 두었으며 무엇에 대해 기록하고 있는지 내용 면에서의 검토가 이루어져야 할 것이다. 문학적인 면에서는 古文을 애호하기 시작하고, 사상적인 면에서는 性理學이 들어와 정착할 시기이며, 시대적으로는 혼란한 고려 말 상황에서 목은이 남긴 산문 작품들의 내용을 고찰함으로써 목은이 지녔던 의식의 지향점을 파악할 수 있을 것이다.

셋째, 구성과 표현상의 특징을 통해 목은이 이루고자 했던 예술적 성취에 대해 살펴보고자 한다. 내용과 형식이 분리될 수 있는 성질의 것은 아니다. 내용은 형식을 규제하고 형식은 내용을 한정하는 규제력을 지니고 있기 때문이다. 다만 편의상 이렇게 내용과 형식상의 특징으로 단락을 나누어 진행하고자 한다. 본 장에서는 목은의 산문에 대해 先人들이 남겨 놓은 評을 중심으로 구성과 표현상의 특징으로 나누어 살피기로 한다. 이것을 통해 목은 산문이 지닌 형식상의 특징을 파악할 수 있을 것이다.

끝으로, 목은 산문의 文學史的 位相을 고찰할 것이다. 牧隱은 문장의 위대한 의의를 확신하고 문장으로 國威를 빛냈다. 그의 존

재는 무엇보다 문장으로 뚜렷하게 된 것이다. 현재의 시각으로 목
은 문학의 위상을 파악하면서, 동시에 그 당시 문학의 창작활동에
직접 참여했던 文人들의 시각을 통해 함께 살펴보는 방법을 채택
하였다. 이를 통해 고려 말에 목은이 散文史上 어떠한 위치를 점
유하고 있었는지 파악될 수 있을 것이다.

이러한 일련의 고찰을 통해 목은 산문의 전반적 특징과 散文史
에 있어서 그의 位相이 자연적으로 드러날 것이라 생각된다.

『牧隱藁』는 『詩藁』 35권과 『文藁』 20권으로 모두 24책 55권에
이르는 방대한 문집이다. 『목은고』는 애초 태종 4년(1404)에 季男
李種善(1368~1438)에 의해 간행되었다가 仁祖 4년(1626)에 후손
李德洙(1577~1654)에 의해 『牧隱詩藁』와 『牧隱文藁』로 나뉘어
重刊되었다. 그런데 『東文選』에 실린 李詹의 「牧隱先生文集序」에
는 "詩文 70권이 있는데, 성대하고 풍부하도다."[28]라는 언급이 있
다. 반면 『목은고』에 있는 李詹의 序文에는 "詩文 55권이 있는데,
성대하고 풍부하도다."[29]라고 하여, 詩文의 卷數만 달리 표기되어
있다. 이렇듯 卷數에 있어서 차이를 보이는 것은 무엇 때문일까?
『東閣雜記』에 실린 글을 살펴보면 아래와 같다.

永樂 丁酉년(태종 17년)에 書雲觀에 소장된 讖書를 소각하고, 인
하여 서울과 지방에 사사로이 간직하고 있던 요망하고 허탄한 글들
을 기일을 정하여 자수시켜 관청에 납입하여 불태우게 하였다. 위반
한 자는 누구나 고발하게 하여 妖書造作法에 의하여 죄를 주게 하였
는데, 李穡의 문집 제15권도 또한 날짜를 정하여 바치게 하였다.[30]

---

28) 『東文選』 권92, 52면, 민족문화간행회, 1994. "有詩若文七十卷, 郁
乎富哉."
29) 『목은고』, 501면 b. "有詩若文五十五卷, 郁乎富哉."

太宗 17년(1417)에 '李穡文集第十五卷'이 妖誕之書라는 죄명으로 소각되었다는 것이다. 여기서 문제가 되는 것은 '李穡文集第十五卷'이라는 표현이다. '第'자의 해석을 둘러싸고 학계에서는 두 가지 방향으로 의견이 나뉘어져 있다. 먼저 '第'자를 衍文으로 보고, 처음에는 70권이었는데 신왕조에 저촉될 우려가 있는 15권이 불타고 55권만 남은 것으로 이해하고 있다.31) 또는 34세에서 49세까지의 작품과 57세에서 60세까지의 詩가 推納된 것으로 추정하기도 하였다.32) 다른 의견으로는, 『목은고』는 처음부터 55권이었고, 初刊 당시 이종선이 목은의 다른 遺稿나 편찬물을 합쳐서 70권이 되었을 것이며, 忌諱 부분은 『목은문고』 제15권에 실린 이성계의 世系에 관한 기록인 「李公神道碑」로 추측하거나,33) 권근의 神道碑銘이 남아 있음에도 불구하고 목은의 글이 문집에 그대로 남아 있고, 李太祖와 관계된 忌諱와 연계될 수 있는 詩文이 많이 남아 있다는 것으로 보아 애초부터 55권이라고 말하는 의견도 있다.34) 그런데 태종 17년까지 『목은고』가 70권이었다면, 권근이 지은 「行狀」과 하륜이 지은 「신도비명」에도 역시 70권으로 표기

30) 『東閣雜記』 上, 68면 c, 『대동야승』. "永樂丁酉, 命燒書雲觀所藏讖書, 仍令京外私藏妖誕之書, 定期自首, 納官燒火. 違者許人陳告, 依造妖書律, 罪之, 李穡文集第十五卷, 亦令定日推納."

31) 이병혁, 「高麗末의 漢文學 研究」, 『대학원논문집』 제1집, 동아대, 1997, 49면.
    박천규, 「三隱과 麗末 漢文學」, 『동방학』 제9집, 단국대 동양학연구소, 1979, 189면.

32) 정재철, 「牧隱의 靑年期 漢詩에 나타난 思想的 趣向」, 『한국한문학연구』 제14집, 한국한문학연구회, 1991, 59면.

33) 高柄翊, 「牧隱集 解題」, 『高麗名賢集』 3, 성균관대 대동문화연구원, 1986.

34) 呂運弼, 『李穡의 詩文學 研究』, 태학사, 1995, 15면.

가 되어야 하는데, 55권으로 기록되어 있다. 더구나 본래 70권이었다면, 1626년 이덕수가 重刊할 때 쓴 「牧隱集跋文」에 이것에 대한 다소의 언급이 있었을 것이다.

　　先祖인 牧隱의 시문집이 세상에 간행된 지 오래되었다. 그런데
　난리를 겪은 이후로는 겨우 몇 편만 있을 뿐 거의 없다시피 한
　실정이다. ……이에 남아 있는 자료들을 수집하면서 두루 돌아다
　니며 흩어진 것이 없는지 검토해 보았더니, 한 편마다 세 건이나
　두 건 정도가 빠져 있었고, 14편의 경우만 단지 1건이 없어진 것
　을 확인할 수 있었다.[35]

　편마다 약간의 건수의 차이가 있다고 밝혔지, 편수의 차이에 관한 언급은 찾을 수가 없다. 물론 이덕수가 생존했던 시기가 조선 시대였기 때문에 忌諱되어 소각되었더라도 그것에 관해 구체적으로 언급할 수 없었을 수도 있다. 그렇다고 하더라도 15권이나 되는 많은 분량이 소각되었다면 어떤 식으로든 그것에 관한 언급은 있었을 것이고, 또 약간 앞 시대인 李廷馨(1549~1607)의 『동각잡기』에 실린 글을 보았을 것이다. 그런데 편수에 대한 언급이 전혀 없는 것은 아마도 처음부터 『목은집』은 55권이었을 가능성이 높다고 하겠다. 하지만 의문은 여전히 남는다. 현존하는 『목은문고』에 書牘類가 한 편도 없다는 것이다.[36] 同時代인 益齋의 글에도, 稼

---

35) 『목은고』 부록, 180면 a. "先祖牧隱集, 刊行於世久矣. 經亂以後, 絶無而僅有. ……拮据材料, 足償宿願. 於是遍求諸有, 閱其散帙, 則或三件或二件, 其中第十四篇, 只有一件."

36) 목은의 14대 후손인 李光靖(1714~1778)이 지은 『牧隱先生年報』에 의하면, 목은이 65세 때 어떤 사람에게 손수 쓴 편지가 있다고 했는데, 密庵 李栽가 "이 편지가 세상에 전해 내려오는 목은 이 선생이 손수 쓴 편지라 하니, 오래된 일이라 자세히 알 수는 없다(密庵李公

亭의 글에도 書가 들어 있듯이, 대부분의 문집에는 書가 들어 있기 마련이다. 이런 점 등을 고려할 때, 목은의 글은 現存 문집에 수록되지 않은 작품들도 있을 것이며,[37] 따라서 現傳하는 목은의 문집은 완전하지 못하다는 것을 전제로 해야 할 것이다.

본 고에서는 민족문화추진회에서 영인한 『韓國文集叢刊』 3∼5에 影印·收錄된 『牧隱藁』를 텍스트로 한다.

栽跋云, 此五十六字, 世傳以爲牧隱李先生手簡, 世遠不可得以詳矣)." 라고 小注를 달아 놓았다.

37) 현재 『목은문집』에 실려 있는 작품 수는 234편이다. 하지만 『동문선』에 실려 있는 「中寧山皇甫城記」·「賀平定安南箋」, 『高麗墓誌銘集成』에 있는 「金台鉉妻王氏墓誌銘」, 『三峰集』에 실려 있는 「鄭宗之詩文錄跋」·「鄭三峰金陵紀行詩文跋」과 「送子虛詩序」 등을 합치면 240편이 된다. 이것으로 보아 현존 문집 이외에 더 많은 작품이 존재할 가능성이 높다고 하겠다.

II. 牧隱의 文論

　지금까지 牧隱 文學觀에 관한 연구는 김경수·안영훈·임형택·
유호진38) 등에 의해 상당한 진척을 이루었다. 김경수는, 문학사상
연구는 사유체계의 분석에서 출발한다는 인식하에 사대부 계층은
상승하고 몸은 몰락하는 기묘한 아이러니 속에서 이색의 문학이
갖는 이중적 사유체계·이중적 세계관의 비밀을 중심으로 논의하
였고, 안영훈은 목은의 생애와 文藝意識을 중심으로 논의하면서
載道的 文學觀에 주목하였다. 임형택은 고려 말 士의 東人意識과
文明意識이라는 표제하에 士로서의 자기 각성에 주목하여, 목은에
있어서 문장의 의미는 道學의 정신적 기초 위에 세워진 儒家的
문학관의 확립이었고, 詩道의 회복은 性情의 회복이라는 논의를
펼치고 있다. 유호진은 詩와 文에 나타난 여러 양상들을 고찰하고
당대 문단의 상황과 사회적 배경을 중심으로 목은 문학론의 배경
을 밝히는 데 중점을 두었다. 이러한 일련의 연구 이외에도 단편
적으로 언급한 논의들도 있기에, 대략적인 牧隱 文學觀의 특징이
도출되었다고 하겠다. 본 고에서는 이러한 연구 성과를 바탕으로
목은의 文論에 한정해 좀 더 세부적으로 고찰하고자 한다.

---

38) 安永勳, 「李穡 文學 硏究」, 경희대 석사논문, 1993.
　　柳浩珍, 「牧隱 李穡의 文學觀」, 『한문학논집』 제17집, 槿域漢文學
　　會, 1999.

1. 漢·唐 古文에 대한 愛好

牧隱은 26세 되던 해 5월에 부친의 3年喪을 마치고 당시 李齊
賢이 知貢擧였던 明經科에 수석으로 합격한다. 稼亭 李穀(1298~
1351) 역시 이제현의 門生이므로, 父子가 동시에 門生이 된 것이
다. 恩門과 門生의 관계는 唐나라 때에 성행했다가 宋나라 말년에
와서 쇠해졌으나 우리 동방만은 儒敎를 숭상하고 文治를 앞세워
恩門의 영광과 급제의 아름다움에 대해 中原에서도 따를 수 없다
면서 모두 찬탄하고 있다고 그 자신이 밝힌 바 있다.[39] 또한 "座
主에 대해서 門生은 마치 아버지에 대하여 아들과 같은 관계인 것
이다."[40]라고 언급한 적도 있다. 이처럼 座主와 門生의 관계는 父
子 사이와도 같으며 혈연처럼 단단한 관계 속에서 지속되었다.[41]
이제현과 목은 역시 좌주와 문생의 관계에 있었으므로, 목은은 이
제현을 아버지처럼 믿고 따랐을 것이다. 그러므로 목은이 李齊賢
의 古文에 적지 않은 영향을 받았을 것이라는 사실은 미루어 짐작
할 수 있겠다.

牧隱과 이제현의 古文에 대한 영향관계는 차후에 논하기로 하
고, 牧隱 이전의 古文史에 대해 간략히 살펴보면, 우리나라의 古文
은 문인지식층의 일각에서 儒學思想의 발전에 편승하여 騈文과 科
文에 대해 雕蟲篆刻이라는 비판들이 고조되면서 古文運動이 서서
히 일어난다. 金富軾(1075~1151)에 의해 비로소 시작되었다가 이

---

39) 『목은문고』 권8, 「贈宋子郊序」, 63면 a~c.

40) 『목은시고』 권24, 「……然門生之於座主, 猶子之於父也. ……」, 330면 b.

41) 劉永奉, 「高麗 時代의 座主와 門生」, 『한문학보』 제2집, 우리한문학
회, 2000, 76면 참조.

제현에 와서 古文風이 완전히 정착을 보게 되었다.[42] 이제현은 당시의 文風이 章句를 꾸미는 데로 기울게 된 원인을 科試의 폐단에서 찾아내고는 이를 시정하기 위해 策問의 부과를 시험토록 하였는데, 策問은 내용의 전달을 위주로 한 글이기 때문에 질박한 문장이 뒤따르게 마련이라는 생각에서였다. 즉 그는 道의 전달을 위해선 순정한 문장이 필수적 조건임을 역설하면서 古文運動을 주도하였던 것이다.[43] 목은 역시 益齋의 門生으로서 당시 이러한 시대적인 분위기 속에서 자연스럽게 古文을 愛好하게 되었던 것이다.

短髮漸知飄暮雪   짧은 머리는 점차 저녁 눈발을 알겠으며
新詩漫擬靄春雲   새로운 詩는 공연히 성한 봄 구름에 비기네
平生自信無他望   평생에 자신하는 건 별다른 소망은 없으나
餘力猶能學古文[44]   남은 힘으로 여전히 古文을 배울 수 있음이라네

첫구에서 짧아진 머리가 점차 저녁 눈발임을 알겠다는 것은 머리가 희어져 늙었음을 의미한다. 그러니 이 詩의 前後에 지어진 연대와 더불어 추정해 볼 때, 이 詩는 대략 50세에 지은 것으로 추정된다. 평생 자신하는 것은 별다른 소망이 있는 것이 아니라 남은 힘이 있어 아직 古文을 배울 수 있는 것이라 했다. 恭愍王死後 목은은 爵祿은 계속 유지하고 있었으나 활약이 미비했던 이 시기에 古文을 배울 수 있다는 것에 自負를 하고 있는 것이다. 마지막 구에 '猶'라는 부사를 삽입하여, 어떤 상황이 계속 변하지 않

---

42) 金都鍊,「韓國古文의 發展過程과 特性」,『한국 고문의 원류와 성격』, 태학사, 1998, 80~83면 참조.
43) 金時晃, 「李齊賢의 文學思想」, 『韓國文學思想史』, 啓明文化社, 1991, 232면.
44) 『목은시고』권6, 「又賦二首自歎」, 23면 c.

는 것을 나타냄으로써 이전에도 계속 古文을 짓고 있었음을 시사
해 주고 있다고 하겠다.

浮雲富貴早希顔   부귀는 뜬구름이라 顔子만 희망했거니
況復年來已掛冠   더구나 年來엔 벼슬도 그만두었음에랴
獨向古文誰放膽   홀로 古文을 향해 누가 放膽文을 쓸런고
每逢新事我摧肝45) 늘 새일 만나면 나는 간장이 꺾인다네

禑王 6년 목은은 53세에 병으로 자리에 눕게 된 이후, 국가에
소임을 다하지 못한다는 이유로 관직에서 물러나기를 여러 차례
희망했다. 이 때문에 관리가 俸祿을 보내도 사양하고 받지 않았다
고 한다. 부귀도 뜬구름처럼 여겨 顔回처럼 살기를 희망했는데, 근
래엔 벼슬도 사양했다는 것이다. 이런 시점에서 '세심한 주의를 기
울여서 문법에 맞추어 쓰는 小心文과 소소한 문법에 구애받지 않
고 대담하게 문장을 쓰는 放膽文을 누가 쓸 수 있느냐?'고 목은은
反問한다. 끝으로 목은은 새로운 일을 만날 때면 언제나 갖은 고
생 끝에 극도로 상심함을 드러내어, 당시 그의 의지대로 그의 이
상이 실현되지 않음에 대한 회의를 드러내 보이고 있다. 여기서
우리는 古文을 지향하는 그의 의지를 엿볼 수 있는 것이다.

내가 17세 때 東堂試에 응하여 「和氏璧賦」를 지었고, 21세에는
燕都의 국학에 들어가서 月課를 지었는데, 吳伯尙 선생이 나의 賦
를 칭찬하여 늘 "가르칠만하다." 하였다. 그 후 본국에 돌아와서는
癸巳년의 동당시에 응하여 「黃河賦」를 짓고, 鄕試에서는 「琬圭賦」
를 지었으며, 會試에서는 「九章賦」를 지었는데, 지금 모두 기록하

---

45) 『목은시고』 권17, 「夏日卽事」, 199 d～200면 a.

지 않는다. 이는 古文도 아니요 내 뜻도 아닌데, 나의 뜻이 아니면
서도 이것으로 출신을 한 것은 바로 이것이 아니면 부모를 영화롭
게 봉양할 계제가 없기 때문이었으니, 아, 슬프다.46)

중국에서는 가르칠 만하다는 칭찬을 받았고, 우리나라에서는 科
擧에 응시해 부모를 영화롭게 하여 立身揚名하는 결정적 계제가
된 賦에 대해서는 지금 모두 기록하지 않고 버린다고 하였다. 그
이유는 본인의 뜻도 아닌데다 古文이 아니기 때문이라는 것이다.
牧隱이 '나의 뜻이 아니면서도 이것으로 출신을 한 것은 바로 이
것이 아니면 부모를 영화롭게 봉양할 계제가 없기 때문이었다.'라
고 한 것은 당시 과거제도의 폐단에 관해 언급한 것이다. 이러한
폐단에 대한 지적은 牧隱 이전 이른 시기에 崔冲이나 金富軾 등
에게서 이미 보이며,47) 이제현에 이르러서도 나타난다. 고려 전기
의 문학은 浮華한 문장을 짓는 일에 기울였기 때문에 문장의 末弊
가 심했다. 詩 · 賦 · 論의 과목만 부과하고 時政의 득실을 논하는
글을 과목으로 채택하지 않음으로써 道를 표방하고 천명할 수 있
는 길이 없었던 것이다.48) 끝의 탄식인 '嗚呼悲哉'에서는 당시 古
文이 아닌 賦, 즉 科擧의 浮華한 문장만이 우대를 받는 문단 풍토
에 대한 목은의 아쉬움을 읽을 수 있다.

---

46) 『목은시고』 권1, 「予年十七歲, 赴東堂賦和氏璧, 二十一歲, 入燕都國
   學月課, 吳伯尙先生賞予賦, 每曰可敎. 旣歸, 赴癸巳東堂賦黃河, 賦
   琬圭, 賦九章, 今皆不錄. 非古文也, 非吾志也, 非吾志而出身于此,
   非此無階於榮養耳. 嗚呼悲哉.」, 521면 b~c.
47) 李鍾文, 「高麗前期의 文學思想」, 『韓國文學思想史』, 계명문화사, 1991,
   55~64면 참고.
48) 朴性奎, 「高麗朝의 文學思想」, 『韓國文學思想史』, 계명문화사, 1991,
   39면.

그러면 牧隱이 이처럼 古文을 愛好하였는데, 그가 모범으로 삼고자 했던 古文은 구체적으로 어떤 것이었을까?

> 내가 젊어서 중원에서 노닐 적에, 진신 선생이 "文은 漢나라를 본받아야 하고 詩는 唐나라를 본받아야 한다."고 논하는 것을 들었는데, 왜 그런 것인지 까닭을 알지 못했다.
> ……詩文에 정신을 집중할 수가 없어서 예전에 터득했던 한두 가지마저도 거의 닳아 없어져버리는 지경에 이르고 말았다.[49)

> ― 前略 ―
> 文非西漢未爲古   文은 西漢의 것이 아니면 예스럽지 못하고
> 詩到建安方是高[50)   詩는 建安體라야 바야흐로 고상하다네
> ― 後略 ―

첫 번째 예문은 목은이, 金九容이 고금의 詩文 약간 권을 정리하자, 『選粹集』이란 이름을 붙여주고 序文으로 써 준 글이다. 選粹의 의미는 정수만을 뽑았다는 의미로, 뽑히려면 粹해야 하고 粹하면 뽑힌다는 뜻을 그 속에 내포하고 있다.[51) 결국 목은이 생각한 정수한 文이란 漢의 文이라고 여겼던 것이다. 그런데 후에 한림원에 들어가 있을 때는 천하가 어지러웠고, 더구나 모친의 연로로 벼슬을 그만두고 돌아왔다가 다시 벼슬한 뒤로 직무에 충실한 나머지 예전

---

49) 『목은문집』 권9, 「選粹集序」, 72면 c. "穡少也游中原, 聞縉紳先生之論曰, '文法漢, 詩法唐.' 未知其所以也. ……不能專志, 所得一二, 亦皆消磨殆盡."

50) 『목은시고』 권2, 「夜坐有感」, 531면 b.

51) 『목은문고』 권9, 「選粹集序」, 72면 c. "又集古今詩文若干卷, 先生又名之曰, 選粹集. 選取昭明, 粹取姚炫, 其義則選其粹也. 選則粹, 粹則選, 所以歎美其作者."

에 터득했던 漢의 文마저 모두 없어졌다고 自嘆하고 있다.

두 번째 예문은 20대 중반에 지은 詩로, 文은 西漢의 것이라야 예스럽고 詩도 漢 末 建安七子라야 고상하다고 했다. 이 두 예문에서 확인되었듯이 목은은 漢의 古文을 典範으로 삼았음을 알 수 있다. 목은은 漢의 古文을 典範으로 삼았을 뿐 아니라 직접 익혀서 썼다고 말하고 있다.

父子聯翩輦轂塵　　父子가 연이어 천자의 조정에 들어가
玉堂深處接芳茵　　옥당의 깊은 곳에 꽃다운 자리 참여하니
三韓人物中朝識　　삼한의 인물을 中朝에서 다 알게 되었고
西漢文章下筆親52)　西漢의 문장은 붓으로 써서 친하여졌네

稼亭과 牧隱 父子는 서로 연달아 元나라 과거에 급제해 문장으로 천하를 울렸다. 위 詩는 50대 초반에 지어진 것으로, 稼亭과 목은 父子가 元의 과거에 급제하여 중국에서 유명해졌으며, 西漢의 문장으로 직접 작품을 지었다고 말하고 있는 것이다. 이것은 그 당시 목은이 지은 文이 西漢의 文이라는 것이다. 『東人詩話』에 실린 竹澗의 말을 인용해 보면,

　　牧老는 젊어서 중국에서 노닐면서 그곳 文人才士들과 자신만만하게 자웅을 겨루었다. 그가 詩文을 지을 때 글자 하나 글귀 하나라도 법도가 엄정하여 옛사람의 작품에 비해 손색이 없었다.53)

라고 했는데, 여기서 옛사람의 작품이란 西漢의 작품을 말함이다.

52) 『목은시고』 권11, 「自詠」, 110면 a.
53) 『동인시화』 하, 33조, 185면. "牧老少遊中原, 與文人才士, 頡頏爭雄. 爲詩文, 一字一句, 法度森嚴, 無愧於古之作者."

다시 말해 목은은 예스러운 西漢의 古文을 본받고자 했으며, 또 손수 짓기도 했음을 알 수 있다.

그런데 목은은 漢古文만 아니라 唐宋古文도 典範으로 삼고자 했다.

　　── 前略 ──
　　泰山北斗韓吏部　　　태산북두처럼 추앙을 받는 韓吏部는
　　力排異端仍補苴　　　이단을 극력 배척하고 틈 난 곳을 보충했네
　　歐王曾蘇冠趙宋　　　구왕증소는 趙宋에서 으뜸을 차지했고
　　中間作者皆丘墟　　　중간의 작자들은 모두 적막하기만 한데
　　程朱道學配天地　　　程朱의 道學만은 천지와 짝이 되어
　　直揭日月行徐徐54)　　곧 밝은 해와 달이 하늘에 운행하는 것 같았네
　　── 後略 ──

이 詩는 50대 초반, 김구용의 『選粹集』과 『周官六翼』에 序를 지어 주고 그에게 부쳐 준 詩이다. 목은은 이단을 극력 배척하여 世敎에 도움을 준 韓愈를 泰山과 北斗라 표현하였다. 이어서 宋나라의 歐陽修 · 王安石 · 曾鞏 · 蘇氏 父子 등 宋의 古文家를 으뜸으로 꼽고 있다. 唐과 宋의 古文家들을 높이 평가하고 있는 것이다. 그런데 그다음을 이어가는 중간엔 작가들이 없다가 程朱가 나타난다고 했다. 程子와 朱子의 道學을 해와 달과 같은 존재로 추켜세우고 있는 것이다. 古文의 전통에 道學의 정신을 결합시킨 논리이다.55)

牧隱은 이처럼 唐의 한유, 宋의 구양수 · 왕안석 등 唐宋古文家

---

54) 『목은시고』 권10, 「寄贈金敬叔少監」, 79면 a.
55) 임형택, 앞의 논문, 305면.

들을 泰山北斗처럼 문장의 으뜸으로 여겼다. 그런데 이러한 당송 고문가 중에서도 목은은 한유와 구양수를 가장 좋아하였다. 그리 하여 "韓氏와 歐氏를 배척하기를 좋아하는 점이 눈에 뜨이는데, 韓氏와 歐氏로 말하면 내가 스승으로 삼는 분들이다."[56]라든지, "韓文公은 내가 스승으로 모시는 분이다."[57]라고 하여, 이 두 사 람을 스승으로 삼고 있음을 公布하고 있다. 그런데 목은은 이 두 사람 중에서도 구양수보다 한유 쪽으로 더 경도되었던 것 같다. 목은은 "태산북두처럼 추앙 받는 韓吏部" · "韓子의 古文은 唐나 라의 태산북두다(韓子古文唐北斗)."[58]라고 하여, 한유에게 최대의 찬사를 보내고 있다. 또한 한유가 "오직 진부한 말을 힘써 제거한 다(惟陳言之務去)."[59]고 힘써 제창했듯이, 목은 역시 "이는 모두 진부한 말이니 힘써 버려야 한다(摠是陳言宜務去)."[60]라 하여, 그 의 創作論을 수용하기도 하였다.

强揩病目讀韓文　　억지로 병든 눈 닦고 韓愈의 글을 읽으면서
擬向殘年教子孫　　남은 생애에 자손을 가르치려 하는데
最是一篇原道在　　그중에 가장 중요한 「原道」 한 편이 있어
且從格物更燖溫[61]　우선 格物로부터 다시 연구를 거듭하노라

그런데 唐나라 때에 韓愈가 홀로 孔氏를 존중할 줄 알아 문장이

---

56) 『목은문고』 권13, 「跋護法論」, 112면 c~d. "然喜闢韓歐氏, 韓歐氏 吾所師也."

57) 『목은문고』 권2, 「漁隱記」, 12면 c. "文公吾所師也."

58) 『목은시고』 권7, 「自詠」, 41면 b.

59) 『韓愈集』 권16, 「答李翊書」, 165면.

60) 『목은시고』 권13, 「雪」, 135면 b.

61) 『목은시고』 권7, 「贈李浩然」, 33면 c.

마침내 크게 변하게는 되었으나, 그의 「原道」한 편만 보더라도
그 득실이 어떠한지 충분히 살펴 볼 수 있다 하겠다. 그 뒤 宋나
라시대에 이르러 韓氏를 으뜸으로 삼아 古文을 배운 자가 歐公
몇 사람에 지나지 않았다.[62]

牧隱은 이처럼 韓愈를 泰山北斗로 추앙하면서, 그의 수많은 작
품 가운데 「原道」를 대표작으로 여기고 있다. 「原道」는 남은 삶
동안 자손을 가르치는 데 중요한 교재이며, 상하득실을 살펴볼 수
있는 글이기 때문이라는 것이다. 이 「원도」는 老·佛 등 이단을
강력히 배척하고, 堯·舜·禹·湯·文·武·周·孔·孟으로 이어
져 온 斯道를 극력 尊崇한 글이다. 목은이 한유의 「原道」를 높이
평가한 것을 보면 목은이 숭상한 古文 역시 斯道를 숭상하는 내
용적인 지향을 추구한 것이라 할 수 있을 것이다.

그러므로 목은은 화려한 修辭를 위주로 하는 騈儷文의 창작은
즐기지 않았던 것이다. 목은은,

― 前略 ―
四六文章我最疏　　　사륙 문장은 내가 가장 서툴러
胡蘆依樣白頭餘[63]　　백발토록 양식에 따라 조롱박을 그렸을 뿐이네
― 後略 ―

라고 하여, 四六 騈儷文이 가장 서툰데 그나마도 옛사람이 그려
놓은 양식에 따라 조롱박을 그리는 것처럼 작품을 모방하기만 하

---

62) 『목은문집』 권9, 「選粹集序」, 72면 b. "至于唐韓愈氏, 獨知尊孔氏,
文章遂變. 然於原道一篇, 足以見其得失矣. 宋之世, 宗韓氏學古文者,
歐公數人而已."

63) 『목은시고』 권10, 「卽事」, 91면 a.

고, 새로운 것은 스스로 창안해 내지 못했다고 했다. 또한 表文을 지으라는 임금의 명을 듣고 쓴 詩에서는, "내 변려문에 어긋남이 많음을 가소롭게 여긴다(自笑騈儷多齟齬)."[64)라고 하여, 변려문에 뛰어나지 않았음을 自笑하고 있다. 그런데 목은이 지은 表文이 중국 황제에게 여러 차례 칭송을 받았다고 하니, 결코 목은의 말대로 변려문에 서툰 것은 아닐 것이다. 더구나 홍건적을 평정한 뒤에 충정을 進達한 表文인 「平紅賊後陳情表」에 대해, 송백옥이 "應製 事大 글이 이와 같이 精篤하니, 공의 뛰어난 재주는 古文이나 騈文 모두 뛰어나지 않은 것이 없다."[65)고 칭송하고 있다. 古文뿐 아니라 騈文도 우수하였던 것이다.

지금까지 살펴보았듯이, 목은은 古文을 상당히 愛好하였다. 그가 본받고자 한 古文은 漢의 古文과 唐宋의 古文이었다. 하지만 목은은 어떤 특정 시대만을 모범으로 삼고자 한 것은 아니었던 것 같다.

― 前略 ―

欲學漢唐猶戞戞　　漢唐의 문장을 본뜨려 해도 삐걱대기만 하는지라
坐看庭際滴成紋[66)　앉아 뜰을 보노라니 물방울이 무늬를 이루네
― 後略 ―

이 詩는 50대 중반기에 왕명을 받고 碑文을 짓는데, 비가 오자그 비를 보고 지은 詩이다. 왕명을 받아 짓는 碑文이니만큼 다른

---

64) 『목은시고』 권27, 「冬至日知申~」, 379면 c.
65) 『東文集成』, 李穡條, 76면. "小黎曰, 應製事大文字, 若此精篤. 公之通才, 古文騈儷, 無適不善."
66) 『목은시고』 권32, 「雨」, 461면 b.

일반 글에 비해 더 많은 노력과 주의를 기울여야 했을 것이다. 목
은은 漢과 唐의 문장을 본뜨려 했으나 여의치 않아 뜰에 떨어지는
빗방울 무늬만 물끄러미 바라보고 있다고 하였다. 여기서 주목을
요하는 글자가 '猶'자이다. 이 '猶'자를 통해 우리는, 지금까지 목
은이 산문을 짓는 데 있어 漢과 唐의 문장을 典範으로 삼으려 했
지만 여의치 않아 서로 삐걱대기만 하므로, 떨어지는 빗방울을 바
라보며 허탈감 속에 漢과 唐의 古文에 대한 애착을 토로하고 있
는 牧隱의 모습을 읽을 수 있는 것이다. 이렇듯 漢唐의 古文에 대
한 애착을 보이면서도, 牧隱은 어떤 사람이 "무엇을 스승으로 삼
아야 하느냐?"고 묻자, 그는 "스승은 사람 속에 있지도 않고 서책
속에도 있지 않으니, 혼자서 터득할 수밖에 없다. 혼자서 터득해야
한다는 이 평범한 진리야말로 堯舜 이래로 한 번도 바뀐 적이 없
었다."고 대답을 하였다고 한다.[67] 이것으로 보아, 목은이 생각한
글쓰기의 스승은 唐宋의 古文家도 漢唐의 서책도 아니라 혼자서
터득하는 自得을 최고의 이상적 경지로 삼고자 했던 것이 아닌가
한다.

2. 文의 내용으로서 道의 重視

牧隱은 古文을 애호한 문학가였다. 古文은 당대의 기교나 형식
을 지나치게 尊崇한 변려문에 대한 반발에서 비롯되었다. 즉 변려
문이 자구의 浮艷함 · 對章의 잘 맞음 · 聲律의 어울림 등 형식적

---

67) 『목은문고』 권12, 「答問」, 107면 c~d. "又問宜何師? 曰, 師不在人
也, 不在書也, 自得而已矣. 自得也者, 堯舜以來, 未之或改也."

인 것만을 추구할 뿐, 문장의 내용은 외면하였기 때문에 발생하였다.68) 목은 역시 古文家로서 浮華한 글에 대해 배격하였다.

옛날의 학자는 학문으로 장차 聖人이 되려 했으나 지금의 학자는 학문으로 벼슬을 구하고자 합니다. 詩를 외우고 書를 읽지만 道를 즐겨함이 깊지 못하여, 번화한 수식만을 다투는 데에는 이미 뛰어났고, 문장을 아로새기고 글귀를 다듬는 데에 마음을 지나치게 쓰니, 뜻을 정성스럽게 하고 마음을 바로잡는 功效가 어디에 있겠습니까?69)

이 글은 元나라에서 공부하던 중 부친의 사망소식을 듣고 급히 귀국하여 공민왕 원년(1351)에 時政에 관한 5가지 개혁안70)을 제시했는데, 그중 문학을 숭상하고 무력을 증강시킬 것을 건의하는 도중에 나온 것이다. 지금의 학자들은 학문을 통해 벼슬을 구하기에 급급하여 詩를 외우고 書를 읽기는 하지만 道를 즐기지 않는다. 그러므로 수식이나 문장을 아로새기는 일에만 지나치게 마음을 쓰고 있다. 그러니 誠意·正心하는 功效를 어떻게 이룰 수 있겠는가? 이것이 목은이 바라본 당시의 文風이었다. 앞서 보았듯이, 이것은 목은의 시대에 이르러서도 고려 전기의 부화한 文風이 아

---

68) 김도련,「古文의 성격과 전개양상」,『한국문학연구입문』, 지식산업사, 1982, 274면.

69)『고려사』115권,「列傳」28권, 李穡條, 524면 d~525면 a. "古之學者, 將以作聖, 今之學者, 將以干祿. 誦詩讀書, 嗜道未深, 而繁華之戰已勝, 彫章琢句, 用心大過, 而誠正之功安哉?"

70) 5가지 시정개혁안은 다음과 같다. 첫째, 田制를 바로잡을 것. 둘째, 국방을 튼튼히 하여 왜구를 막을 것. 셋째, 문학을 숭상하고 무력을 증강시킬 것. 넷째, 학교를 일으켜 배움을 충실히 할 것. 다섯째, 이단을 물리쳐 나라에 충성토록 할 것.

직 완전히 사라지지 않았음을 말해 주는 것이다. 이러한 목은의
건의는 스승인 益齋가 시대의 병폐를 바로잡으려면 사대부의 인간
자세를 바로 일으켜 세워야 하는데, 그러자면 무엇보다 文風을 개
선시킬 것을 생각해 章句나 익히는 弊風을 사라지게 할 기본적인
문교정책을 건의했던 것과 비슷하다고 하겠다.[71]

　牧隱은 당시의 그릇된 文風을 바로잡고자, 아직 벼슬도 하기 직
전인 進士로서 上疏하여 강력한 시정개혁을 건의하였던 것이다.
결국 목은은 지금의 학자가 아니라 예전의 학자처럼 誠意 · 正心
하여 학문을 통해 聖人이 되는 것이 가장 이상적인 것이라 여겼던
것이다. 그래서 孔子와 孟子의 학문을 講明하고, 도교와 불교를
축출하여 만세토록 가르침을 내려 준 周敦頤와 程子 형제의 공로
를 기리기도 했으며, 또한 宋이 망하자 元나라에 와서는 許衡이
그 학술을 응용하여 元 세조를 도와 치세를 이루었다고 칭송해마
지 않았던 것이다.[72]

　牧隱은 詩文을 모아서 選集을 편찬할 때, 뽑히려면 粹해야 하고
粹하면 뽑힐 수 있다고 했다. 이것은 選에 들려면 작품의 내용이
道를 싣고 있어야 한다는 암묵적인 표현인 것이다. 이러한 목은의
생각이 "李穡은 학관들과 經籍의 내용을 토론하면서 程朱의 뜻과
맞게 하여 학자들이 詞章을 익히는 폐습에서 벗어나도록 하고, 心
性 · 性命의 근원을 궁구하게 하였다."[73]는 평으로, 조선시대 文人
에게서 詞章을 익히는 폐습에서 벗어난 공로를 인정받게 된 것이

71) 임형택, 「高麗末 益齋의 古文倡導」, 『한국 문학사의 시각』, 창작과
　　비평사, 1984, 29~30면.
72) 『목은문고』 권9, 「選粹集序」, 72면.
73) 『世祖實錄』, 권72, 676면. "惟李穡兼成均, 討論經籍之蘊, 妙契程朱
　　之志, 使學者祛口耳詞章之習, 窮心性性命之源."

다. 이처럼 목은은 번화한 수식이나 문장을 아로새기는 형식보다
道를 중심으로 한 내용을 중요시하였던 것이다. 목은 문학은 한마
디로 "문장은 도덕에서 나온다(文章出道德)."74)인 것이다. 그래서
"그가 말하고자 하는 것을 문장으로 표현해 내는 것도 그 道를 顯
現하려 함일 뿐이요, 자기 한 몸을 드러내어 과시하려고 해서가
아니었다."75)고 하여, 朴在中이 쓴 글은 자기과시가 아닌 道를 싣
고 있다고 말하고 있는 것이다.

그러면 목은이 중시한 道의 범주는 어떠한 것인가? 그것은 다음
장에서 자세히 거론될 理氣나 修養論을 바탕으로 한 性理思想과
制民産 · 興王道 등이 위주가 될 것이다. 그렇지만 목은은 내용적
인 측면인 道의 범주를 이것만으로 제한하지는 않았던 듯하다. 그
는 "우리 유가에서 格物致知와 誠意正心을 통하여 修身齊家 治國
平天下를 이룬다고 한다면, 불가에서는 澄念과 止觀을 통하여 우
리의 본원인 自性이 天眞佛임을 깨달아 생사의 苦海에서 사람들
을 濟度하여 寂滅에 들어가게끔 하니, 둘 사이에 과연 무슨 차이
가 있겠는가?"76)라고 하여, 유학의 格物致知 · 誠意正心이 불교의
澄念 · 止觀과 차이가 없다고 보았다.

또한 "道家의 학파에 대해서는 司馬遷이 지은『史記』의 기록을
통해서 알아볼 수가 있다. 老子가 周나라의 柱下史로 있다가 때를
만나지 못하자 五千言의 글을 남겼다. 여기에서 두 번 전해져 蓋

---

74)『목은시고』권21, 「追記索子翔語」, 121면 c.
75)『목은문고』권3, 「菊澗記」, 21면 c. "其所以文其言也, 將以顯其道也,
   非圖顯其身也."
76)『목은문고』권3, 「澄泉軒記」, 27면 c. "吾儒以格致誠正而致齊平, 則
   釋氏之澄念止觀, 以見本源, 自性天眞佛, 度人於生死波浪, 而歸之寂
   滅, 豈有異哉?"

公에 이르게 되었는데, 이때 趙參이 그를 文帝에게 천거하여 漢나라에 형벌이 필요 없는 시대를 열게 되었으니, 비록 우리 儒者가 천하에 쓰인다 하더라도 모두 이처럼 아름다운 효과를 거둔다고는 꼭 장담할 수 없을 것이다."77)고 하여, 공민왕에게 올린 개혁안에서는 도교의 폐단에 대해서 비판을 하였지만, 이 글에서처럼 형벌이 없는 시대를 만든 것에 대해서는 우수하게 평가하고 있다. 그래서 徐居正은 "선생의 시는 經史에 뿌리를 두고 있어서 법도가 삼엄하다고는 하더라도, 다시 老莊과 불교의 서책을 종횡으로 출입하는가 하면, 심지어는 稗官小說에 이르기까지 빠짐없이 채집하고 있다."78)고 지적하고 있다. 이러한 경향은 목은만의 특징은 아니다. 座主인 이제현 역시 文이 말단이고 道가 근본이라는 의식을 지니고 있었으며, 道의 범위를 儒家에만 한정시키지 않았다. 이제현은 道·佛의 사상에 깊은 조예가 있었기 때문에 道의 범주를 道·佛의 사상에까지 확산시켜 넓게 잡고 있었던 것이다.79) 이러한 양상은 조선과는 달리 고려시대는 思想의 자유로운 왕래가 가능했기 때문이다.

　『論語』에 "文이 質을 이기면 겉만 번드르르해지고, 質이 文을 이기면 촌스럽게 된다."는 말이 나오는데, 이 바탕이야말로 文飾의 근본이라고 해야 할 것이다. 그럼에도 불구하고 文飾이 바탕

---

77) 『목은문고』 권7, 「送徐道士使還序」, 57면 b. "道家者流, 馬史所載可見. 老氏周柱下史, 不遇也, 著書五千言. 再傳而至蓋公, 曺參薦之文帝, 致漢刑措, 雖吾儒用天下者, 其成效未必皆若是之美也."

78) 『목은고』, 「부록」, 78면 c~d. "先生之詩, 雖本經史, 法度森嚴, 而亦復縱橫出入於蒙莊佛老之書, 以至稗官小說, 博採不遺."

79) 崔榮殷, 「益齋의 文學批評 硏究」, 계명대 석사논문, 1989, 17~19면 참조.

을 이겨온 것이 오래된 까닭에, 화락하고 단아한 아름다움과 충성과 신의의 독실함이 완전히 사라져 보이지 않게 되었다. 그리하여 비록 아름다운 자질의 소유자라 할지라도 함께 휩쓸려 빠져버린 나머지 세속의 흐름에서 자신을 구해내지 못하고 있으니, 文飾의 폐단이 극에 달했다고 하겠다. 이런 상황에서 오직 文飾만을 계속 숭상하다 보면 혹 근본을 잃어버린 채 지엽만을 좇게 되고 말 것이니, 이를 구제하는 방법상 조금 치우친 감이 없지 않지만 그래도 바탕에다 비중을 더 두는 것이 차라리 나으리라는 생각이 들기도 한다.80)

이 글은 韓脩(1333~1384)의 네 아들의 이름을 지은 뒤에 또 字를 붙여주고 나서 뜻을 해설해 달라는 부탁을 받고 지어 준 글이다. 인용문은 尙質이라는 이름을 풀이한 것으로, 『論語』·「雍也」편의 글을 인용해 質과 文의 관계를 설명하고 있다. 바탕이 文飾의 근본이어야 하는데, 文飾이 바탕을 이겨온 까닭에 愷悌하고 忠信한 인간의 심성이 사라지게 되었고, 文飾을 계속 숭상하다 보면 本을 잃고 末만 따르게 된다는 것이다. 그러므로 이러한 병폐를 구제하기 위한 방법으로는 약간 치우친 감이 있다고 하더라도 바탕에 비중을 두는 것이 더 낫다는 것이다. 무엇이 本이어야 하고, 무엇이 末이어야 하는지 本末의 輕重에 대해 언급하고 있는 것이다. 本末의 경중은 다음 글에서도 나타난다.

(그런데 이러한 현상은) 문장에만 국한된 것이 아니다. 외면을 꾸미는 풍조가 날로 불어난 나머지 내면에 쌓인 것이 날로 깎여

---

80) 『목은문고』권10,「韓氏四子名字說」, 78면 b~c. "語云, 文勝質則史, 質勝文則野. 質者, 文之本也. 文勝久矣. 愷悌之美, 忠信之篤, 泯而不彰. 雖有美質, 淪胥而莫能自拔於流俗, 文之弊極矣. 於是而惟文之是尙, 則或失其本而趨乎末. 故救之之術, 雖若偏焉, 莫如重質之爲愈也."

나가서, 지엽만 무성해진 채 근본이 허약해지고 말았으니, 너무나
도 괴이한 일이다. 가령 근본이 실로 굳건해지기만 한다면 지엽
따위가 무성해진들 또한 무슨 유감이 있겠는가? 또한 무슨 유감
이 있겠는가?[81]

외면을 꾸미는 풍조가 불어난 결과 내면에 쌓인 것이 날로 깎여
나가 나무로 비유하자면 가지나 잎만 무성했지 뿌리나 줄기는 허
약해져 버렸다는 것이다. 위의 인용문들이 딱히 문학에 대한 언급
은 아니라 할지라도, 인간의 심성을 언급하면서 그 이면에는 형식
과 내용의 문제를 내포하고 있다. 그런데 마지막 부분에는 강조효
과를 드러내기 위해 反復의 기법을 사용하여, 만약 뿌리와 줄기가
튼튼하다면 잎과 가지가 무성해도 아무런 상관이 없다고 하였다.
즉 本만 튼튼하면 末은 무성해져도 상관이 없듯, 내용이 충실하다
면 형식은 화려할 수도 있다는 것이다. 바로 형식에 대한 여운을
남겨둔 것이다. 이러한 여운은 다음 詩에서 좀 더 구체화된다.

文章一小技	문장은 하나의 작은 기예지만
亦從時尙趣	또한 시 속의 숭상한 바를 따르나니
綺麗似文錦	화려한 것은 고운 비단 같고요
質樸如枯株	질박한 것은 마른 나무 등걸 같아야지
誰知各適用	누가 알랴, 각각 맞추어 씀에 있어
奮迅仍煦嫗[82]	분발하여 따스하고 아름답게 하랴?
― 後略 ―	

---

81) 『목은문고』 권12, 「辭辨」, 107면 c. "非獨文也. 凡飾於外者日增, 而
積於中者日削, 枝葉茂而本根弱, 甚可怪也. 使本根苟壯而扶疏其枝葉
也, 亦何傷哉, 亦何傷哉."

82) 『목은시고』 권17, 「古風」, 199면 c.

　목은은 '문장은 小技(文章一小技)'라 했다. 다른 詩에서도 "여사로 삼은 문장은 천하에 제일이로다(餘事文章擅斗南)."[83]고 언급했듯이, 문장은 道에 비해 小技요 餘事라 여겼다. 그래서 나무 등걸 같은 질박함을 중시한 것이다. 하지만 고운 비단 같은 화려한 표현도 결코 도외시하지는 않았다. 그래서 화려함과 질박함을 각각 맞추어 써서 따스하고 아름답게 할 사람이 누구인가라고 목은은 自問하고 있는 것이다. 내용과 표현의 가치 모두에 의미를 부여하고 있다고 하겠다.

　牧隱은 栗亭 尹澤(1289~1370)의 逸藁에 붙인 序文에, "栗亭 선생은 雄偉한 기량을 가지고, 『春秋』에 통달하고 蕭統의 『文選』을 전공하였으므로, 문장이 여기에서 나오게 되었다. 그래서 선생의 座主인 益齋 선생께서도 공의 문장에는 예스러운 기운이 감돌고 있다고 여러 차례 칭찬하였다."[84]고 했다. 栗亭 先生은 타고난 바탕이 雄偉한데다 『춘추』에 통하고 『문선』을 전문적으로 연구하였으므로 제대로 된 문장이 나오게 되었다는 것이다. 『춘추』는 道를 담고 있는 글이기에 문제가 되지 않지만, 『문선』은 雕蟲篆刻을 대표하는 책이다. 그런데도 목은은 이 두 책으로 인해 문장이 나오게 되었으며, 이제현이 古氣가 있다고 여러 차례 칭찬한 것에 동의하고 있다. 이것은 다시 말해 문학은 道를 담아야 하는 것이며, 동시에 잘 다듬어진 것이어야 한다는 의미인 것이다. 이처럼 목은은 문장이란 小技이며 내용이 우선시되어야 한다고 이야기하면서 형식을 도외시하기보다도 일정하게 의미를 부여하고 있었던 것이다.

---

83) 『목은시고』 권8, 「有感」, 51면 d.

84) 『목은문고』 권8, 「栗亭先生逸藁序」, 64면 d. "栗亭先生以雄偉之器, 通春秋, 攻蕭選, 文章於是焉出. 先生之座主益齋先生, 屢稱公之文有古氣."

이것은 牧隱이 본받고자 했던 唐나라의 古文 역시 그러했다. 한유와 유종원은 載道論者로서, 道를 강조함에 못지않게 文을 강조하여 새로운 散文美 창조를 추구하였다. 이들의 道 강조는 文에 앞서는 것이 아니며 형식미만의 추구에 대한 수정인 것이다. 한유와 유종원은 이른바 '明道'를 주장하면서도 동시에 文彩를 크게 강조하면서 새로운 산문미학의 형식 규범을 건립하였던 것이다.[85] 이러한 경향은 李齊賢도 역시 그러했다. 益齋가 雕蟲篆刻之徒를 비판한 것은 문예의 가치를 부정하기 위해서가 아니라 단지 그 당시의 문학이 참된 道의 전달보다는 기교적인 면으로 흐르고 있음을 지적하고 이를 시정하기 위해서였다. 즉 익재는 문학의 기능을 道의 전달에 두고 있지만 그 수단으로써 문예적 기교의 가치도 인정하였던 것이다.[86]

3. 風敎的 효용성의 추구

牧隱은 앞서 보았듯이, 古文家로서 道가 本이고 文이 末이라는 기본적 입장을 지니고 있었다. 다음의 인용문 역시 이러한 자신의 입장을 표명하면서, 문학의 효용에 관해서도 언급하고 있다. 그는 문학이 시대의 변화와 밀접한 관계가 있다고 믿었다.

문장은 외적인 것이다. 그러나 그 뿌리는 마음속에 박혀 있다. 그런데 마음이 밖으로 드러나는 것은 시대의 상황과 관련이 있다.

---

85) 오수형, 「唐代의 散文美學 研究」, 『중국문학』 제35집, 2001, 42~45면 참조.
86) 김시황, 앞의 논문, 221면.

> 그렇기 때문에 詩를 읽는 사람은 風雅의 正變에 대해서 감회가
> 없을 수 없다. 그 뒤 말세에 들어와서는 章句의 수준이 날이 갈
> 수록 저하되기만 하였으니, 正音이 다시 진작되지 않아도 이상할
> 것이 없게 되었다.87)

이 글도 앞서 보았던 栗亭 尹澤의 逸藁에 붙인 序文으로, 목은
은 '문장은 외적인 것'이라 했다. 앞 절에서 보았듯이 문장을 小技
나 餘事로 보아 내적인 道에 비중을 두고 있다. 그런데 外에 해당
된 문장은 그 뿌리가 마음속에 있다고 했다. 그 마음이 밖으로 드
러날 때, 곧 문장으로 표출될 때는 시대의 상황과 밀접한 상관관
계가 있다는 것이다. 그러므로『詩經』을 읽을 때면 周나라의 흥망
성쇠에 대해 읊은 正變에 대해 감회가 생길 수밖에 없다는 것이
다. 즉 독자의 입장에서 그 문장에 담긴 의미를 읽고 감회를 느끼
는 것은 시대와 밀접한 관계를 맺고 있기 때문이라는 것이다. 그
뒤 세상이 더욱 어지러워지자, 문장도 날이 갈수록 저하됨을 안타
까워하고 있다. 결국 문장이란 本이 아니라 末이긴 하나, 마음에
뿌리를 두고 있으며 시대와 관련을 통해 이 마음이 밖으로 드러나
문장이 된다고 본 것이다. 목은은 다른 글에서도, "문장의 혈맥이
라는 것은 천지와 더불어 흘러내려 오는 것이니, 세상의 도덕이
흥하고 쇠하든 세상 사람들이 중시하든 경시하든 간에 어찌 그 사
이에 어긋나는 점이 있을 수 있겠는가?"88)라고 하여, 문장은 시대
의 반영이라는 점에 효용의 가치를 인정하고 있는 것이다.

---

87)『목은문고』권8,「栗亭先生逸藁序」, 64면 d. "文章外也. 然根於心,
心之發, 關於時. 是以誦詩者, 不能不有感於風雅之正變焉. 叔世章句,
日趨于下, 無怪乎正音之不復作也."
88)『목은문고』권8,「贈宋子郊序」, 63면 b. "文章血脈, 與天地同流, 夫
豈汚降輕重之所可齟齬於其間哉?"

다음은 迂叟 羅興儒의 詩集 序文으로 詩와 世道에 관한 언급이 지만 文에도 적용될 수 있을 것이다.

> 詩라는 것은 世道와 중요한 관련성을 지니고 있으니, 그 속에 임금의 교화와 백성의 마음이 그대로 드러나기 때문이다. 세상의 교화가 쇠퇴하면서 『詩經』의 詩가 변하여 離騷의 詩가 되었는데, 漢나라 이래로 五言과 七言의 詩가 출현하면서는 詩의 변화가 극도에 이르게 되었다. 옛날의 古詩와 후대의 律詩를 함께 펼쳐 놓고 비교해 보면 그 질박함과 공교한 면에서는 비록 차이를 보이지만, 그래도 각자의 性情을 쏟아내면서 자신이 말하고자 하는 바를 자기의 방식대로 표현하고 있으니, 그 詩의 표현 속에서 우러나오는 기운을 살펴보면 그 작가가 처했던 世道의 升降을 본바닥 들여다보듯 환히 알 수가 있다.[89]

詩는 世道와 중요한 관련성을 지니고 있어서, 그 詩의 표현 속에서 우러나오는 기운을 살펴보면 작가가 처했던 世道의 상승과 하강을 손바닥 보듯이 알기 쉬울 것이라는 것이 이 글의 핵심이다. 목은은 詩에 임금의 교화와 백성의 마음이 그대로 드러나게 되기 때문에 중요하다고 했다. 여기서의 임금의 교화가 그대로 드러난다는 것은 「詩經大序」에 의하면 '上以風化下'에 해당될 것이고, 백성의 마음이 그대로 드러난다고 하는 것은 '下以風刺上'에 해당될 것이다. 그런데 詩가 世道와 중요한 관련성이 있는 것은 임금의 교화와 백성의 마음이 그대로 드러나기 때문이라는 것이다. 목은은 詩는 임금이 詩歌를 사용하여 아래 백성을 風化하는 '上以風化下'

---

89) 『목은문집』 권9, 「中順堂集序」, 69면 d. "詩道所係重矣. 王化人心, 於是著焉. 世敎衰, 詩變而爲騷, 漢以來五七言作, 而詩之變也極矣. 雖其古律並陳, 工拙異貫, 亦各陶其性情而適其適, 就其詞氣而觀之, 則世道之升降也, 如指諸掌."

와 백성이 詩歌를 사용해 임금을 풍자하는 '下以風刺上'에 나타난 『詩經』의 효용론을 동시에 지니고 있다고 말하고 있는 것이다.

그렇지만 목은은 세상의 교화가 쇠퇴하면서 詩도 변했다고 보았다. 여기서 '世敎'는 『詩經』에 담겨 있는 풍자적 의미보다는 風化的 의미에 중점을 두고 있음을 보여주는 것이다. 목은은 『詩經』 詩를 수용하면서 『詩經』 詩에 담긴 사회 비판이나 풍자보다는 주로 『詩經』 詩를 통한 도덕적 효용에 초점을 맞추고, 이 詩들을 통하여 사람들을 風化하여 사회의 풍기를 개변시킬 수 있을 것으로 생각했던 것이다.90) 즉 목은은 詩가 지닌 諷刺와 風化의 존재를 동시에 인정하면서도 風敎 쪽에 더 기울어져 있음을 알 수 있다.

다음 글은 金九容(1338~1384)에게 써 준 詩序로, 世道와 문학의 효용에 관한 목은의 생각이 잘 드러난 글이다.

그런데 이 저술들은 모두 문장만을 수록해 놓은 만큼 전해지고 전해지지 않는 것이 급한 문제가 아니라고 하겠지만, 『周官六翼』과 같은 책은 벼슬자리에 있는 사람들이 좌우명으로 삼아야 할 내용이 들어 있는 만큼, 만약 전해지지 않는다면 지극한 정치의 은택이 아래에까지 미치지 못하게 될 것이다. 그리고 보면 世道와 관계되는 것이 어찌 중요하다고 해야 하지 않겠는가. 따라서 敬叔은 이 점에 대해서도 각별히 마음을 쏟아야 할 것이다. 경숙이 만약 "나는 목판에 새겨서 명산에다 보관해 두고 뒷날의 군자들을 기다릴 뿐 이 책이 널리 전해지느냐의 여부는 알 바가 아니다."라고 말한다면, 내가 경숙에게 기대하고 있는 것이나 사대부들이 노래를 부르며 찬미하고 있는 것 모두가 虛文이 되고 말 것이니, 경숙은 더욱 힘써야 할 것이다.91)

---

90) 정재철, 「이색 시에 있어서 시경시의 형상화」, 『이색 시의 사상적 조명』, 집문당, 2002, 196~197면 참조.

牧隱은 이 단락에 앞서 『東國文鑑』·『東人之文』·『銀臺集』·『東
國李相國集』 등의 저술들은 문장만을 수록해 놓은 것인 만큼 傳受
의 문제는 급한 문제가 되지 않는다고 하였다. 그렇다고 이들 문집
자체를 부정한 것은 아니다. 다만 실용적 목적, 즉 문학의 風敎的 목
적으로 보았을 때 이것들은 문장만이 수록되어 있기 때문에 전수에
있어서 시급한 문제가 되지 않는다는 것이다. 그러나 『주관육익』은
다르다는 것이다. 이 책은 벼슬자리에 있는 사람들이 座右銘으로 삼
아야 할 내용이 들어 있는 책으로, 벼슬아치들이 소중히 여겨야 하는
책이다. 그러니 만약 전해지지 않는다면 ‘至治’, 즉 지극한 정치의
은택이 아래에까지 전해지지 못할 것이라 했다. 목은은 “대체로 詩
歌란 政事의 아름다움을 형용하여 인심을 바르게 하고 世道를 붙들
어 세우는 것이니, 우리가 마땅히 힘써 행할 것이다.”[92]라고 하여,
詩의 효용성에 대해 언급한 적이 있다. 즉 문학이란 인심을 바로잡으
며 世道를 지탱하는 風敎的 효용성을 지녀야 한다는 것이다. 이 책
이 전해지느냐 전해지지 않느냐는 世道와 관계가 있으니, 김구용은
이 점에 각별히 주의를 하라고 언급하고 있다. 단지 보관만이 목적이
라면 목은이나 사대부들의 기대에 부응하지 못하는 것이며, 판각하
여 널리 전해져서 여러 벼슬아치들이 이것을 보고 좌우명으로 삼아
야 이 책의 효용이 있다는 것이다. 김구용이 더욱 힘써야 할 점은 이
것이라고 목은은 당부하고 있다.

91) 『목은문고』 권9, 「贈金敬叔秘書詩序」, 74면 a~b. “然此皆文章爾.
傳不傳, 非所急也. 周官六翼, 在位者之座右銘也. 如其不傳, 至治之
澤不降矣. 其關於世道, 豈不重哉. 敬叔當盡心焉. 若曰, 吾刻之板,
藏之名山, 以竢後之君子, 傳之廣不廣, 非所知也, 則吾所望於敬叔,
與夫士大夫所以歌詠嘆美者, 皆爲虛文矣. 敬叔其益勉之哉.”
92) 『목은시고』 권11, 「……夫歌詩所以形容政事之美, 正人心, 扶世道,
吾黨所宜勉焉……」, 96면 d.

牧隱은 이처럼 문장만 실려 있는 여러 책들보다는 벼슬아치가
명심해야 할 내용이 담겨 있는 『周官六翼』이란 책이 널리 간행되
어 관리들이 보고 지침으로 삼아야 하는 것이 문학이라 여겼던 것
이다. 이 글에서 문학이란 단지 전하는 것이 목적이 아니라 지극
한 정치의 은택이 아래에까지 미칠 수 있는 風敎的 문학으로써 실
용적으로 쓰일 수 있어야 한다는 문학의 효용에 대한 목은의 입장
을 읽을 수 있다.

牧隱은 이처럼 문학은 風敎的 效用을 지니고 있어야 한다고 하
면서, 독자들에게 감화를 주는 性情의 도덕적 효용에 대해서도 언
급하였다. 다음은 金九容이 古今의 詩文 약간 권을 정리해 『選粹
集』이라 이름하고 부탁한 序文에 쓴 글이다.

> 孔子는 堯임금과 舜임금의 도를 받들어 계승하고 문왕과 무왕
> 의 법을 드러내어 밝히면서 『詩經』과 『書經』을 정리하여 편찬하
> 고 禮와 樂의 제도를 제정하였다. 그리하여 나라의 정치를 바람
> 직한 방향으로 인도하고 사람의 性情을 바로잡음으로써, 풍속이
> 모두 한결같이 되게 하고 만세토록 태평을 누릴 수 있는 근본 바
> 탕을 마련해 주기에 이르렀다. …… 그리하여 지금에 와서는 모두
> 몇몇 家의 詩文 가운데 性情을 風化하는 것과 관련된 약간 편을
> 정리해서 약간 권으로 정리하기에 이르렀다.93)

孔子가 『詩經』과 『書經』을 删定하고, 禮樂의 제도를 정비함으
로써 나라의 정치가 바람직한 방향으로 인도되고 사람의 性情도
바로잡아졌다는 것이다. 목은에 있어서 性情은 자신의 성정의 표

---

93) 『목은문고』 권9, 「選粹集序」, 72면 b~c. "孔氏祖述堯舜, 憲章文武,
删詩書, 定禮樂. 出政治, 正性情, 以一風俗, 以立萬世大平. …… 于
今凡若干家, 詩文有關於風化性情者若干篇, 釐爲若干卷."

출과 독자에게 감화를 주는 두 가지 양상으로 나타난다. 먼저 앞
선 인용문에서 보았듯이, 작가는 각자의 성정을 쏟아내면서 자신
이 말하고자 하는 것을 자기의 방식대로 表現한다고 했다. 이것은
"문장은 도덕에서 나오는 것이요, 성정은 華夷의 구별이 없이 균
등하다(文章出道德, 性情均夷夏)."94)라는 언급에서 보듯이, 문장이
도덕에서 나오는 근거가 바로 성정 그것이다. 목은은 "그리하여
날씨가 화창하고 경치가 좋은 날에는 사람들을 불러 노래하고 서
로들 번갈아 가며 唱和하면서 성정을 닦아 길렀으니, 이는 詩의
흥취를 깊이 터득했기 때문이라고 하겠다."95)고 하여, 詩의 興趣
란 性情의 陶冶로 보았다.

  다음은 문학은 사람의 성정을 바로잡는 역할을 해야 한다는 것
이다. 목은은 어려서부터 詩를 읽어 오면서도 참다운 詩의 맛을
느끼지 못하다가 유독 孔子의 '思無邪'라는 한마디 말씀과 髣髴하
게 되어야 하리라고 다짐했다고 한다. 그런데 陶隱의 詩語를 보니
한 점 티끌도 없이 灑落한 느낌을 주었을 뿐만 아니라, 추구하는
방향이 또 오직 거기에 있었으므로, 사람들에게 성정의 바름을 느
끼게 하여 삿됨이 없게끔 인도하고 있는 것을 보고 기뻐한 나머지
詩藁 뒤에 序文을 써서 준다.96) 즉 사람들에게 성정의 바름을 느
끼게 하여 '思無邪'의 경지에 이르게 하는 역할이 문학이라는 것

---

94) 『목은시고』권12,「追記索子翔語」, 121면 c.

95) 『목은문고』권2,「陽軒記」, 19면 a. "或良晨美景, 招呼謳歌, 更唱迭
    和, 陶冶性情, 詩之興味, 得之深矣."

96) 『목은문고』권13,「書陶隱詩藁後」, 109면 a. "予少也讀詩, 而不知其
    味. 獨於夫子所取思無邪之一語, 想像髣髴, 老之至矣, 而不能忘也.
    陶隱詩語, 旣落無一點塵, 而其趣惟在於此, 足以感人情性之正, 而歸
    於無邪矣. 予是以喜之甚, 題其卷後而歸之."

이다. 효용론적 견해를 기술하고 있는 사람들에 관하여서 말한다면, 그들의 문학에 관한 이론들은 강조점에 있어서만 서로 다르다. 통치자의 관점에서 정부를 돕는 것으로 보든, 백성의 관점에서 비평과 반항의 한 방법으로 보든 간에, 혹자는 문학의 정치적인 기능을 강조하였고, 또 다른 사람들은 개인적 덕성에 관한 문학의 효과를 강조하였다.[97] 목은의 경우는 이 두 가지 사항에 강조점을 두면서 문학의 정치적 기능에 대해 좀 더 깊은 관심을 두었던 것 같다.

牧隱은 사람의 性情이 문학으로 바로잡아짐으로써 풍속이 한결같이 되고 만세토록 태평을 누릴 수 있는 근본 바탕을 마련하기에 이른 결과가 생겨났다고 본 것이다. 이 글은 성정을 풍화시키는 詩文을 선정하였다고 『선수집』의 성격에 관해 언급하면서, 동시에 목은이 희망하는 문학의 효용을 잘 보여준 글이라 하겠다.

牧隱은 "이에 내가 너무 기뻐한 나머지 그 책의 제목을 『주관육익』이라고 지어 주는 한편 각 관직을 그렇게 명명한 뜻을 대략 서술하여 벼슬자리에 있는 군자들에게 알려 줌으로써 위로는 국가를 저버리지 않게 하고 아래로는 경숙의 뜻을 저버리지 않게 하였다."[98]고 하여, 『주관육익』에 서문을 쓴 이유가 風敎的 의도였음을 밝히고 있다. 또한 羅興儒의 글이 멀리 전파된다면 무엇보다도 공민왕께서 儒學을 숭상하신 성대한 덕이 멀리까지 흘러 넘치게 될 것이라고 하였으며,[99] "그래서 내가 이렇게 글을 지어

---

97) 劉若愚 著, 『中國의 文學理論』, 李章佑 譯, 명문당, 1994, 284면.

98) 『목은문고』 권9, 「周官六翼序」, 73면 c. "予喜之深也, 題其目曰, 周官六翼, 略述其所以命官之義, 以告在位君子, 庶幾上不負國家, 下不負敬叔云."

99) 『목은문고』 권9, 「中順堂集序」, 70면 a. "況我先王崇儒盛德, 洋溢內

뒷날 主試官과 응시생들의 법도로 삼게 하는 바이다."100) · "내가 이런 사연을 글로 남기게 되었는데, 후세 사람들이 여기에서 하나의 교훈을 얻을 수 있을 듯하다."101)고 하여, 문학이 지닌 풍교적 효용성에 대해 여러 글 속에서 이야기하고 있다. 송백옥이 "고려 말 불교를 숭상할 때에 간간이 승려들과 주고받은 글이 많기는 하지만, 인륜을 돕고 유교를 돈독하게 한 교화가 성대히 말 속에 넘치고 있으니, 실로 우리 동방의 斯文을 열어 놓은 宗이다."102)라고 언급한 것은 목은의 이러한 교화적 측면을 염두에 둔 말이라 하겠다. 이런 敎化爲主의 文學觀은 부친인 李穀에게서 이미 보이고 있다.103)

그렇다면 목은의 이러한 文論은 어디에서 淵源한 것일까? 먼저 부친 稼亭에게서 찾아질 수 있을 것이다. 柳思訥(1375~1440)은 "목은의 도덕과 문장의 아름다움은 실제로 稼亭에게서 말미암았다."104)라 하였고, 金尙憲(1570~1652)도 "목은의 학문은 그의 아버지 稼亭 선생에게서 나왔다."105)라 하였다. 徐居正은,

---

外, 則迂叟是集, 亦一助也."

100) 『목은문고』 권13, 「跋愚谷諸先生送洪進士詩卷」, 111면 c~d. "予故書之, 以爲後日主司擧子之法."

101) 『목은문고』 권20, 「宋氏傳」, 170면 c. "予故傳其事, 庶後人之當取法焉."

102) 『동문집성』, 「牧隱李先生集文鈔引」, 3면. "當麗末尙釋之時, 間多酬應禪家之文, 其扶倫敦儒之化, 藹然溢辭, 實啓我東方斯文之宗."

103) 李炳赫, 「稼亭의 思想과 그 文學」, 『한국한문학논문선집』 제10집, 불함문화사, 1996, 45~46면 참조.

104) 『稼亭集』, 「稼亭集跋」, 239면 d. "牧隱道德文章之美, 實由於稼亭."

105) 『淸陰先生集』 권38, 「稼亭集重刊序」, 582면 c. "牧隱之學, 出於其父稼亭先生."

稼亭과 牧隱 부자는 서로 연달아 元나라 과거에 급제하여 문장
으로 천하를 울렸는데, 지금 두 사람의 문집이 세상에 널리 전하
고 있다. 목은의 稼亭에 대한 관계는, 子美 杜甫와 杜審言, 子瞻
蘇軾 · 子由 蘇轍과 老泉 蘇洵 등의 관계와 같아서 스스로 家法
을 지니고 있다.106)

라고 하여, 중국의 杜甫나 蘇軾의 경우와의 비유를 통해 牧隱과 稼
亭의 학문적 연원의 관계를 家法에 두고 있다고 했다. 이렇듯 목은
은 經國에 뿌리를 두고 철저한 文以載道의 바탕 위에서 敦厚 · 的實
한 風格을 보여 당시의 詞章에만 치우쳤던 文風을 이변시켰던107)
稼亭의 영향을 많이 받았던 것이다.

家法뿐 아니라 恩門인 이제현에게서도 영향을 받았던 것으로
보인다. 任元濬(1423~1500)은 "고려 말에 이르러 益齋 李齊賢이
古文學을 창도하였으며, 牧隱 父子가 좇아서 화답했다."108)고 하
여, 益齋가 창도한 古文을 목은이 이어받았다고 하였다. 또 조선
世宗 때 成均司藝였던 金泮은, "우리 동방의 世敎는 숭상할 만합
니다. 崔致遠 · 薛聰 · 安珦 이후에 오직 益齋 李齊賢이 있어 道學
을 唱鳴하고, 牧隱 李穡이 그 正印을 이어받았습니다."109)고 하여,
목은에게 끼친 익재의 영향에 대해 언급하고 있다. 앞서 보았듯이,
익재와 목은은 座主와 門生이었으므로, 목은이 익재에게서 영향을

---

106) 『동인시화』 하, 186면. "稼亭牧隱, 父子相繼, 中皇元制科, 文章動
　　天下, 今二集盛行於世. 牧隱之於稼亭, 猶子美之於審言, 子瞻子由
　　之於老泉, 自有家法."

107) 황재국, 「이곡 문학 연구」, 경희대 박사논문, 1984, 1면.

108) 『四佳集』, 「四佳集序」, 221면 c~d. "迄于季世, 益齋李公, 倡以古
　　文之學, 牧隱父子, 從而和之."

109) 『世宗實錄』 권59, 世宗 15년 2월 癸巳.

받은 것은 당연한 일일 것이다.

또한 元나라에 유학했던 시절 그곳의 文人들에게서도 영향을 입었을 가능성이 깊다고 하겠다. 목은이 학문을 깊이 있게 궁구하게 된 계기는 21세에 元의 국자감에서 수학하면서부터이다. 그는 국자감에서 수학하면서 그곳의 老成한 문장가들을 찾아보았으며, 이들이 펼치는 논설을 듣고 그들의 德容을 흠모하곤 하였다.[110] 목은은 "그 사이에 당대의 名卿과 재능이 있는 대부들의 家集을 얻어다가 읽어 볼 기회를 가졌다. 비록 그 詩文들의 깊고 얕은 정도를 속속들이 파악할 여유는 없었지만, 모두 그런 대로 혼자서 즐기기에는 충분하였다."[111]고 하여, 元나라에 유학하던 시절 당대 名卿大夫들의 家集을 구해 즐겼다고 하였듯이, 元의 文人들의 영향도 적지 않았을 것이다.

鄭道傳(?~1398)의 다음과 같은 언급은 목은의 文論의 淵源을 종합적으로 잘 제시하고 있다고 하겠다.

> 근세의 큰 선비로 鷄林 益齋 李公과 같은 분이 있는데, 비로소 古文學을 창도했으며, 漢山 稼亭 李公과 京山 樵隱 李公이 좇아서 호응했다. 지금 牧隱 李 先生은 일찍이 집안의 가르침을 잇고, 中原에 가서 배워서 스승과 벗의 바른 연원을 얻고, 性命·道德의 說을 궁구했다. 우리나라로 돌아온 후 여러 제자들을 이끌었다.[112]

---

110) 정재철, 앞의 논문, 11~24면 참조.

111) 『목은문집』 권7, 「雪谷詩藁序」, 52면 d. "間又獲時之名卿才大夫家集讀之, 雖不盡解深淺, 皆足以自樂."

112) 『三峯集』 권3, 「陶隱文集序」, 342 d~343면 a. "近世大儒, 有若鷄林益齋李公, 始以古文之學倡焉, 漢山稼亭李公京山樵隱李公, 從而和之. 今牧隱李先生, 早承家庭之訓, 北學中原, 得師友淵源之正, 窮性命道德之說. 旣東還, 延引諸生."

집안의 가르침을 이었다는 것은 익재의 古文學을 좇아 호응한 稼亭을 이었다는 것이고, 중원에서 배웠다는 것은 元나라 유학 시절에 관한 언급이다. 결국 목은은 座主인 益齋와 부친 稼亭의 古文을 계승하였으며, 元에서 배운 性理學思想으로 여러 후진들을 先導하였던 것이다.

지금까지 牧隱의 文論에 관해 살펴보았다. 牧隱 文論의 특징은 조선조에 들어 문학이 詞章과 載道로 二元化되기 이전에 이 둘 다의 성격을 공유하고 있다는 것이다. 그런데 서술 과정에서 드러났듯이, 목은의 이러한 文論이 목은만의 특징이라고 규정지을 수는 없다. 그 당시 권문세족과 대항하던 新興士大夫들에게 있어서 공통으로 드러나는 특징이기도 한 것이다.

Ⅲ. 牧隱 散文의 內容

牧隱은 4360여 題로 8000여 首에 이르는 詩와 240편에 달하는 散文을 남겼다. 목은의 이러한 많은 산문 작품이 어떻게 형성되었는지 李詹은 그 과정을 다음과 같이 밝혀 놓고 있다.

선생은 다섯 번이나 貢擧를 관장하여 한 시대의 명사들이 모두 선생의 문하에서 나왔고, 또 수년 동안 병으로 휴직하고 한가히 지내면서 빈객을 접대할 적에는 아무리 이단을 주장하는 사람이 오더라도 물리치지 않았다. 그리고 사대부의 墓道에 세우는 碑碣 이나 잔치를 베풀고 떠나는 이를 송별하는 글로부터 浮屠의 方外 에 관한 작품에 이르기까지 요구만 있으면 그냥 받아들여서 붓을 들고 신처럼 줄줄 써 내려가되, 처음부터 마음을 쓰지 않고도 묘 하게 그 최선의 경지에 이르고 겸하여 온갖 條理를 총괄해서 성 대히 大家가 되었다.[113]

다섯 번의 知貢擧를 거친 후, 병으로 휴직할 때 목은은 異端者 와도 교유를 맺어 浮屠들의 요청이 있으면 글을 지어 주었으며, 또한 사대부들의 碑碣이나 송별 때 지어 주는 送序 · 贈序에 이르

---

113) 『목은고』, 「牧隱先生文集序」, 501면 a∼b. "五知貢擧, 一時名士, 皆出門下. 且累年移疾閑居, 容接賓客, 雖異端者至, 亦不麾之. 士大 夫墓隧碑碣, 讌游餞行, 以至浮屠方外之作, 有求輒應, 下筆如神, 初 不用意, 妙臻其極, 兼總條貫, 蔚爲大家."

기까지 어떠한 사람이든 요구만 있으면 지어 주었다는 것이다. 河崙(1347~1416)도 목은의 「神道碑」에서 "만년에는 한가히 지내면서 이따금 산수의 사이를 유람하여 심심소일을 하였는데, 그간에 方外人이라도 혹 종유하려는 이가 있으면 거절하지 않았고 詩文을 요구하는 이가 있어도 아끼지 않았다."[114]고 하였다. 목은은 方外人이라도 詩文을 요구만 하면 누구든 써 주었다는 것이다. 심지어 배 안에서 10일간 만난 스님에게 지어 준 글도 있다.[115] 『牧隱文藁』에 보이는 다양한 양식의 글들은 이렇게 해서 형성된 것이다. 『목은문고』에 실려 있는 산문 작품들을 일관해 보면 다음과 같다.

> 1권~6권: 74편[116]의 記로, 그의 산문 중에서 가장 많은 부분을 차지한다. 「此君樓記」・「西京風月樓記」처럼 樓亭記가 대부분이며, 「遁村記」・「陽村記」처럼 號나 堂號에 대한 記도 상당부분 포함되어 있다.
>
> 7권~9권: 39편[117]으로 序와 贈序가 포함된 것으로 문학이나

---

114) 『목은고』, 「神道碑」, 513면 c. "晩年居閑, 往往遊山水間, 以自消遣. 方外之人, 有欲從遊者不拒, 有求詩文者不斳."

115) 『목은문고』 권8, 「贈元上人序」, 65면 a~b.

116) 『동문선』 권76에 『목은문고』에는 없는 「中寧山皇甫城記」를 목은의 작품으로 싣고 있다. 이 작품의 끝에 "금상께서 옛일로 의논하여 교서를 내리시어 서인이 되게 하고, 또 전례대로 편의한 데로 좇으라는 명을 주시었다(今上議舊, 降敎書爲庶人于此, 玆又例賜從便)." 라는 말이 있는데, 태조 원년(1392)에 유배에서 해제되어 庶人이 되었고, 다음 해에 편리한 대로 살도록 허락을 받은 것으로 보아, 이 「中寧山皇甫城記」는 목은의 작품이 확실한 듯하다. 그렇다면 목은의 記는 모두 75편이 된다.

117) 『三峰集』 권4에 「李牧隱送子虛詩序卷後題」라는 글이 있는데, 이것으로 보아 목은의 「送子虛詩序」라는 작품이 있었을 것으로 추정된

思想에 대한 자료로써 중요한 내용이 담겨 있다.

10권: 21편의 說이 실려 있다. 이름이나 字를 지어 주고 풀이하는 名字說이 대부분으로 그의 思想을 엿볼 수 있는 자료가 많다.

11권: 事大表箋으로 28편[118)이 실려 있다. 古文이 아닌 변려문으로 쓰여 있다.

12권: 讚銘箴 등 사물에 대한 인식과 수양에 관한 것이 18편 실려 있다.

13권: 15편[119)의 跋文과 3편의 祭文이 있는데, 그의 批評觀을 엿볼 수 있는 자료들이다.

14권~19권: 28편[120)의 碑誌類 작품이 실려 있는데, 이성계나 이제현 등의 史蹟이 담겨 있다. 崔岦이 우수하다고 평한 것을 보더라도[121) 문학적 성취가 뛰어난 부분이라 하겠다.

20권: 7편의 傳이 실려 있다. 고려시대의 傳으로는 현재 전하는 것 중에는 가장 많은 작품이라, 종래의 연구에서 주목받아 왔던 작품들이다.

이처럼 목은은 다양한 양식을 구사하여 240편의 산문 작품을 남겼다. 이것은 고려시대에 있어 이규보 다음으로 많은 산문 작품을 남긴 것이다.

이처럼 목은 산문의 대부분은 주변 사람들의 청탁이나 임금의

다. 그렇다면 목은의 序는 모두 40편이 된다.

118) 『동문선』 권32에는 『목은문고』에는 없는 「賀平定安南箋」을 목은의 작품으로 싣고 있다. 이 글이 목은의 表箋文을 뽑아 실어 놓은 작품들 중에 중간부분에 포진된 것으로 보아 이것도 역시 목은의 작품일 것이다. 그렇다면 목은의 事大表箋은 모두 29편이 된다.

119) 『三峰集』 권8에 「鄭宗之詩文錄跋」·「鄭三峰金陵紀行詩文跋」이라는 2편의 글이 실려 있다. 그렇다면 목은의 跋文은 모두 17편이 된다.

120) 『高麗墓誌銘集成』에 목은의 작품으로 「金台鉉妻王氏墓誌銘」이 실려 있다. 그렇다면 목은의 碑誌類는 모두 29편이 된다.

121) 『竹窓閑話』, 59면. "簡易曰, ‘……近觀牧隱文集碑銘墓誌, 冠絶古今’."

명령에 의해 지어진 작품이 대부분이다. 그렇기 때문에 주제를 자유자재로 선택할 수는 없었다. 청탁의 글이 그러하듯이, 주어진 범위의 한도 내에서 제재를 선택하여 주제에 접근하였을 것이다. 작자의 의식이 많은 부분 제약을 받을 수밖에 없는 것이다. 그렇지만 역으로 생각하면, 제한된 제재나 주제를 통해 드러난 글에서 오히려 작가 의식의 지향점을 쉽게 읽을 수도 있을 것이다. 내면적 욕구에 의해 지어진 글과 청탁에 의해 지은 글을 단순 비교함은 무의미하겠지만, 청탁에 의한 글에 있어서 제재의 선택과 배열에 작가의 상당한 고심은 필연적일 것이다. 이런 점에서 목은의 산문에 있는 내용을 고찰함으로써 그가 지향하고 있는 의식의 일면을 엿볼 수 있을 것이다.

1. 性理學思想의 표출

牧隱은 性理學에 대한 조예가 상당히 깊었다. 1361년 홍건적의 병란을 겪은 뒤로 학교가 피폐하고 해이해졌으므로, 공민왕이 학교를 부흥시키고자 崇文館의 옛터에 성균관을 짓고, 講授의 인원이 적은 관계로 한때의 經術하는 선비로서 金九容·鄭夢周·朴尙衷·朴宜中·李崇仁 같은 이들을 선발하여 모두 다른 관직으로 學官을 겸하게 하고, 목은을 그 우두머리로 삼아 대사성을 겸하게 했다. 다음 해 봄에 사방에서 학자들이 모여들자, 여러 사람들이 經書를 분담하여 敎授하면서 매일 講을 마친 후 서로 疑義를 논란하여 각각 최고의 경지를 이루었는데, 목은은 온화한 모습으로 한가운데 앉아서 經義를 辨析하고 折衷하는데, 반드시 程朱의 뜻에 합치되도록 힘쓰며 밤새도록 피곤함도 잊었다. 그리하여 동방에 성리학이 크게 진흥됨으로써, 학자들이 記誦詞章을 추향하는 관습을 버리고 身心性命의 이치를 연구하여 斯道를 높일 줄 알아서 이단에 미혹되지 않고 의리를 밝히고자 하여 功利를 꾀하지 않았으니, 儒風과 학술이 환하게 일신된 것은 모두 목은이 후진을 가르친 힘이었다.122) 이러한 공로로 滄江 金澤榮(1850~1927)을 비롯한 여러 사람들로부터 "李牧隱은 益齋의 門生으로 程朱學을 처음으로 창도했다."123)는 칭송을 받게 된 것이다.

牧隱은 그의 제자인 權近의 말대로 '理學에 조예가 매우 깊었지만(尤深於理學)',124) 성리학에 대한 그의 학설을 체계적으로 기록하여 남겨 둔 글이 없다. 다만 작품 속에 단편적으로 표출되어 있을 뿐이다. 그러므로 본 장에서는 단편적으로 드러난 그의 性理學思想이 어떤 것이며, 또한 문학 작품에 어떻게 활용되고 있는지 고찰해 보기로 한다.

牧隱은 性理學思想의 다양한 측면에 대해 자신의 議論을 개진하고 있다. 본 고에서는 이러한 내용들을 크게 思辨的 측면과 實踐的 측면으로 나누어 고찰하고자 한다.

---

122) 『목은고』, 「行狀」, 507면 b~c. "初自辛丑經兵之後, 學校廢弛. 王欲復興, 改創成均于崇文館之舊址. 以講授員少, 擇一時經術之士若永嘉金九容烏川鄭夢周潘陽朴尙衷密陽朴宜中京山李崇仁等, 皆以他官兼學官. 以公爲之長, 兼大司成, 自公始也. 明年戊申春, 四方學者集, 諸公分經授業. 每日講畢, 相與論難疑義, 各臻其極. 公怡然中處, 辨析折衷, 必務合於程朱之旨, 竟夕忘倦. 於是東方性理之學大興, 學者祛其記誦詞章之習, 而窮身心性命之理, 知宗斯道而不惑於異端, 欲正其義而不謀於功利. 儒風學術, 煥然一新, 皆先生敎誨之力也."

123) 『金澤榮全集』, 「雜言 四」, 430면. "李牧隱以益齋門生, 始唱程朱之學."

124) 『목은고』, 「行狀」, 509면 c.

思辨的 측면을 고찰함에 있어서, 가장 먼저 접근해야 할 부분이 理氣論이다. 理氣는 성리학에 있어 宇宙論의 근간이기 때문이다. 먼저 목은의 氣에 관한 언급부터 살펴보기로 한다. 다음은 門生인 廉廷秀가 자신의 거처를 萱庭이라 짓고 記文을 청탁하자 지어 준 「萱庭記」의 일부분이다.

> 하늘과 땅 사이에 氣가 충만해 있는데, 사람은 물론이고 다른 생물들도 모두 이 氣를 받아서 살아가고 있다. 그런데 무리를 나누어 같은 종류끼리 모여 살면서, 물은 축축한 곳으로 우선 번져 가고 불은 건조한 곳으로 먼저 타들어 가는 차이를 보이는 등 외면적으로는 각양각색으로 어지럽게 뒤섞여 있는 것처럼 보이기도 하지만, 내면적으로는 그야말로 질서정연하여 찬연히 빛나는 가운데 그 조리가 한 번도 문란해진 적이 없었다.[125]

천지를 氣로 인식하여 사람과 사물은 이 氣를 받아 생성된다는 것이다. 이것은 朱子(1130~1200)의 "천지는 다만 氣뿐이다(天地只是一氣)."[126]라는 사상과 窮極의 자리를 太虛로 삼고 太虛를 氣로 단정하여 氣의 聚散에 의하여 인간 만물이 生滅한다고 주장한 張橫渠(?~1077)와 같은 맥락을 지니고 있다.[127]

이러한 목은의 氣에 관한 생각은 다른 글에서도 자주 볼 수 있다. "道가 太虛의 상태에 있을 때에는 본래 무형이지만, 이 세상에 다양한 사물의 현상이 존재하게 되는 것은 오직 그 太虛의 氣가 그렇

---

125) 『목은문고』 권2, 「萱庭記」, 15면 b. "天地氣也. 人與物受是氣以生. 分群聚類, 流濕就燥. 外若紛揉, 而內實秩然粲然, 倫理未嘗紊也."

126) 『朱子語類』 권53, 1286면.

127) 이기동 지음, 『동양삼국의 주자학』, 정용선 옮김, 성균관대출판부, 2003, 113~117면 참조.

게 작용하기 때문이다. 그렇기 때문에 크게는 천지가 되고, 밝게는 日月이 되며, 흩어져서는 風雨와 霜露가 되고, 치솟아서는 山嶽이 되며, 흘러서는 江河가 되는 것이다."128)라고 하여, 氣에 의해 천지 만물이 생성됨을 제시하였고, "하늘과 땅이 개벽될 때에 가볍고 맑은 기운이 위에 있게 되었는데, 人物이 태어날 적에 이 기운을 품부 받아 온전하게 된 이가 바로 聖人이요 賢人이다."129)에서는 氣의 차별성을 말하기도 하였다.

그런데 이 氣를 받아 생성된 사물은 "같은 소리는 서로 응하고 같은 기운은 서로 구하며, 물은 습한 곳으로 흐르고 불은 건조한 곳으로 나간다."130)는 『周易』·「乾卦·文言 九五」에 있는 孔子의 말을 인용해, 겉으로 보기에는 무질서한 것처럼 보이지만 내면에는 질서정연한 법칙이 내재해 있다고 보았다. 결국 만물이 생성될 때, 모든 人과 物이 氣를 받아 형성되는데 무질서가 아닌 질서정연한 가운데 생성된다는 것이다. 목은은 여기서 氣를 규정하는 가운데 만물에 내재한 윤리성을 강조함으로써 근원적 법칙으로써 理의 존재를 확인하였다. 氣가 근본적이고 구체적인 존재임을 밝히면서 동시에 理, 곧 온갖 사물의 다양함에 내재하는 질서와 윤리에 주목하고 있는 것이다.131) 목은은 외면적으로는 각양각색으로

---

128) 『목은문고』 권1, 「西京風月樓記」, 8면 b. "雖道之在大虛, 本無形也. 而能形之者, 惟氣爲然. 是以大而爲天地, 明而爲日月, 散而爲風雨 霜露, 峙而爲山嶽, 流而爲江河."

129) 『목은문고』 권5, 「淸香亭記」, 36면 c. "天地之判也, 輕淸者在上, 而 人物之生, 稟是氣以全者, 爲聖爲賢."

130) 『주역』·「乾卦·文言 九五」, 86면 d, 대동문화연구원, 1984. "同聲 相應, 同類相求, 水流濕, 火就燥."

131) 琴章泰, 「牧隱 李穡의 儒學思想」, 『牧隱 李穡의 生涯와 思想』, 일 조각, 1996, 141~142면 참조.

어지럽게 뒤섞여 있는 것처럼 보이기도 하지만, 내면적으로는 그 야말로 질서정연하여 찬연히 빛나는 가운데 그 조리가 한 번도 문란해진 적이 없는 이 세계의 질서와 윤리를 사람도 역시 지켜나가야 한다고 보았던 것이다.

그런데 이렇게 되고자 한다면 지켜야 하는 삶의 자세가 있다고 했다. 즉 氣를 받은 士君子는 소년 시절에 글을 읽으며 사물의 이치를 탐구해 가야만 천하의 사리에 밝아질 것이요, 장년 시절에 임금을 섬기며 사물을 다스려야만 천하의 사리에 공평해질 것이다. 그렇게 되면 마음이 넓어져서 사사로움이 없게 되어 累가 되는 일이 없을 것이며, 마음이 활짝 펴지면서 쾌활해질 것이니 마음에도 손상이 없게 되는 것이다. 그러면 和氣가 감돌면서 모든 일이 순리대로 전개되고 얼음이 녹듯 모든 갈등이 해소될 것이니, 그 사이에 털끝만큼이라도 서로 어긋나는 점이 생길 수 없게 된다는 것이다.132) 결국 목은은 氣에 의해 생성되는 만물들을 설명하면서 온갖 사물의 다양함에 내재하는 질서와 윤리를 제시함으로써 門生인 廉廷秀 역시 이러한 士君子처럼 질서정연하면서도 조리 있는 삶의 자세를 지니도록 說敎하고 있는 것이다.

다음은 宋明理學의 핵심인 理에 대해 살펴보기로 한다.

隱이라는 말은 눈으로 볼 수 없는 것을 의미한다. 理라는 것은 이처럼 隱微하다고 하겠으나, 그것이 사물 사이에 드러날 때에는 그 자취를 찬연히 드러내게 마련이다. 이렇게 본다면 隱과 顯은

---

132) 『목은문고』 권2, 「萱庭記」, 15면 b. "士君子, 少也讀書而格物, 則天下之事理致其明, 壯也事君而理物, 則天下之事理歸于平. 蕩蕩也何累於吾氣, 愉愉也何傷於吾心, 怡然理順, 渙然氷釋, 夫豈有一毫之齟齬於其間哉?"

상반되는 관계에 있다고 할 수 없으니, 體와 用은 그 근원이 하나인 것이 분명하다. 그러면 이러한 안목에 입각해서 顯에 대한 설명을 정리해 보기로 하겠다. 하늘이 높고 땅은 낮은 가운데 만물이 각각 특성을 발휘하며 산재해 있다. 그리하여 하늘 위에는 日月과 星辰이 두루 퍼져 배열되어 있고, 대지 위에는 산악이 치솟고 강하가 흐르고 있으니, 이것을 顯이라고 해야 하지 않겠는가? 그러나 이것이 그렇게 된 이유를 아는 이는 드물다고 하겠다. 그리고 임금은 높고 신하는 낮은 가운데 온갖 법도가 닦여서 거행되고 있다. 그리하여 詩書와 禮樂이 성대하게 일어나고, 典章과 文物이 아름답게 장식하고 있으니, 이것을 바로 顯이라고 해야 하지 않겠는가? 그러나 이것이 어디에서 온 것인지 아는 이는 드물다고 하겠다.133)

이 글은 門生인 姜隱이 之顯이라는 字에 대한 해설을 부탁하기에 지어 준 「之顯說」의 일부분이다. 목은은 그의 이름인 '隱'과 字 가운데 하나인 '顯'이라는 대조적인 의미를 지닌 글자를 가지고 풀어가고 있다. 隱이란 눈으로 볼 수 없는 것으로, 理란 이처럼 隱微한 것이나 이 理가 사물 사이에 드러날 때에는 찬연히 자취가 드러난다는 것이다. 목은은 다른 글에서도 "대저 理는 어떤 일정한 형체가 없이 모든 사물에 깃들어 있다. 그리하여 만물이 表象하는 바에 따라 그 理가 顯現되어 있는 것이다."134)라고 하여, 理는 無形이지만 이 理로 인해 온갖 형상이 이루어진다고 했

133) 『목은문고』 권10, 「之顯說」, 82면 b. "隱不可見之謂也. 其理也微, 然其著於事物之間者, 其迹也粲然. 隱也顯也非相反也, 蓋體用一源也明矣. 請畢顯之說. 天高地下, 萬物散殊, 日月星辰之布列, 山河嶽瀆之流峙, 不曰顯乎? 然知其所以然者鮮矣. 尊君卑臣, 百度修擧. 詩書禮樂之興, 典章文物之賁飾, 不曰顯乎? 然知其所由來者亦鮮矣."
134) 『목은문고』 권3, 「葵軒記」, 20면 d. "夫理無形也, 寓於物. 物之形也, 理之着也."

다. 그러니 隱과 顯은 상반된 것이 아니므로, 體와 用은 그 근원
이 하나라는 것이다.

목은은 이러한 體用論에서, 하늘과 땅의 자연현상이나 君臣 관
계와 같은 사회현상들은 모두 理를 바탕으로 顯인 用의 작용현상
으로 파악하였다. 그래서 자연현상으로는 하늘은 높고 땅은 낮으
며 하늘 위에는 日月星辰이 두루 펼쳐져 있고 대지 위에는 산악
이 솟고 강이 흘러 만물이 각각 특성을 발휘해 산재해 있는 것이
며, 사회현상으로는 임금은 높고 신하는 낮은 가운데 온갖 법도가
닦여서 거행되고 있으며 詩書와 禮樂이 성대하게 일어나고 典章
과 文物이 아름답게 장식하고 있다고 한 것이다.

이렇게 본다면 顯의 道라고 하는 것은 바로 우리의 마음을 잘
살펴서 하늘의 德에 이르는 것이라고 결론지을 수 있겠다. 따라서
士君子가 현재의 위치에서 마땅히 행해야 할 일을 충실히 이행하
는 가운데 어느 상황에서든 스스로 만족하지 않는 것이 없는 경지
에 이르게 되면 가슴속이 시원하고 깨끗해져서 마치 맑은 바람이
불어오고 개인 달빛이 비치는 것처럼 될 것이니, 그러한 경지 속
에서는 아무리 음험하고 삿된 것들이라도 그 정체를 숨기지 못할
것이요, 도깨비나 물여우도 그 형체를 숨기고서 도망가지 못하게
될 것으로 보았다.[135] 士君子가 행해야 할 일, 이것이 목은이 이
글에서 말하고자 한 精髓인 것이다.

牧隱은 강직하고 씩씩한 까닭에 간특하고 사악한 일을 만나면
곧장 거꾸러뜨렸던 姜隱의 기개에서 士君子의 면모를 보았다.[136]

---

135)『목은문고』권10,「之顯說」, 82면 c. "是以顯之道, 觀乎吾心, 達乎
天德而已矣. 士君子素其位而行, 無入而不自得, 胸中洒落, 如光風
霽月, 陰邪無所遁其情, 鬼蜮無所遁其形矣."

136) 같은 곳. "蓋君子人也. 剛毅之氣, 觸姦邪而立推."

실제 姜隱은 공민왕 18년(1369)에 목은의 문하에서 과거급제 후 司憲糾正이 되었는데, 이때 權臣 金興慶의 從者가 말을 타고 가면서 臺諫들을 만나도 내리지 않으니 姜隱이 그를 꾸짖어 말에서 내리게 하였다. 이 일로 김흥경의 미움을 받아 벌을 받게 되기도 한다.137) 이렇듯 목은은 理라는 성리학사상의 원리를 언급하면서, 士君子는 마땅히 행해야 할 일을 충실히 이행하여 隱할 것이 하나도 없는 행위를 해야 할 것을 勸勉하고 있는 것이다.

다음으로는 天과 人의 관계에 대한 天人論을 살펴보기로 한다. 孔子와 孟子는 도덕의 근거로써 天命을 인정하였고, 墨家는 天과 鬼神의 인격화를 시도하였으며, 荀子는 天과 人의 관계를 天으로부터 해방된 인간의 주체성을 확보하였다. 순자는 天과 人을 분리시켰는데, 목은은 '天人無間'을 주장하고 있다. 중국 주자학에서 창조자로서의 天과 피조자로서의 인간관계는 命과 性을 매개로 하여 결부되는 合一의 관계이나,138) 목은은 天과 人을 직접 무매개적으로 결부하고 있다. 아래 인용문은 西京의 風月樓에 대해 지은 記文이다.

그런데 하늘과 사람 사이에는 간격이 없는 만큼 서로 어긋남이 없이 감응하기 마련이다. 그렇기 때문에 彝倫이 베풀어지고 政教가 밝아지면, 일월이 궤도를 따라 순행하고 풍우가 제때에 맞으며, 景星과 慶雲과 醴泉과 朱草 등의 祥瑞가 이르게 마련이다. 반면에 彝倫이 무너지고 政教가 폐해지면, 일월이 흉조를 고하고 풍우가 재앙을 일으키며, 彗孛가 날아다니는가 하면 산이 무너지고 물이 마르는 등의 변고가 일어나게 마련인 것이다. 그렇다면

137) 『고려사』 권124, 「열전」 권37, 金興慶條.
138) 이기동 지음, 앞의 책, 198면.

治亂의 기미는 人事를 살펴보면 알 수 있고, 治亂의 조짐은 風月
을 통해 충분히 예견할 수가 있다.[139]

앞서 보았던 氣의 작용으로 天地가 형성되었다는 다음에 이어지
는 부분이다. '天人無間'이요 '天人感應'이라는 것이다. 즉 하늘과
사람은 서로 간격이 없으며, 하늘과 사람은 서로 감응한다는 것이
다. 天人感應으로 말미암아 彝倫이 베풀어지고 政敎가 밝아지면,
자연현상이 순조롭게 일어나고 고대 태평시대에 나타났던 상서로
운 현상으로 德星인 景星과 오색 채색 구름인 慶雲과 단물이 솟
는 醴泉과 붉은 색의 향초인 朱草가 나타난다. 반대로 彝倫이 무
너지고 政敎가 폐해지면, 자연현상은 순조롭지 않으며 고대 재난
과 전쟁의 징조로 받아들였던 彗孛가 나타나고 나라가 망할 징조
인 산이 무너지고 물이 마르는 현상이 나타난다는 것이다. 이러한
天人感應說은 天의 현상을 빌어 권력자인 군주가 無所不爲의 권
력을 함부로 휘두를 수 없게 하는 제약을 가하기도 하였다.

牧隱은 人事를 보면 治亂을 알 수 있고, 風月을 통해 治亂을
알 수 있다고 하였다. 그런데 지금 風月을 통해 살펴보니, 中原이
바야흐로 안정을 되찾아 사방에 걱정할 일이 없게 되었으니 이른
바 治世라고 할 만하다는 것이다. 따라서 우리 국가가 한가한 틈
을 타서 政刑을 제대로 닦아 나간다면 백성이 편안해지고 物産이
풍부해질 것이니, 맑고 아름다운 이 강산 어느 곳에 가더라도 吟

---

139) 『목은문고』 권1, 「西京風月樓記」, 8면 b. "天人無間, 感應不忒. 故
倫敍而政敎明, 則日月順軌, 風雨以時, 而景星慶雲醴泉朱草之瑞至
焉. 彝倫斁而政敎廢, 則日月告凶, 風雨爲災, 而彗孛飛流, 山崩水渴
之變作焉. 然則理亂之機, 審之人事而可見, 理亂之象, 求之風月而
足矣."

風弄月할 만한 곳이 아닌 데가 없게 될 것이다. 이럴 때 "그저 경치에 취해 죽치고 앉아 노닐기만 하면서 의리를 해치고 名敎를 상하게 할 뿐이라면 군자가 말하기를 부끄러워할 것이니, 뒤에 오는 자들은 이 점을 생각해서 몸가짐을 신중하게 해야 할 것이다."140) 라고 하여, 군자의 몸가짐에 대한 당부로 끝을 맺고 있다. 목은은 風月樓라는 현판의 이름에서 風과 月을 가지고 氣의 작용과 천인감응을 통해 治亂의 정치사상에까지 확대ㆍ발전시켜 後來者의 몸가짐에 대해 당부하고 있는 것이다.

다음은 목은의 宇宙觀인 無極論에 대해 살펴보기로 한다. 無極이라는 두 글자는 周敦頤의 「太極圖說」에 쓰여 있는데, 「태극도설」은 『周易』ㆍ「繫辭傳」의 "易에는 태극이 있는데, 이것이 兩儀를 낳고 양의는 四象을 낳는다."141)에서 근원을 하고 있다. 목은은 "하늘의 體는 그 근본을 태극에 두고서 만물로 흩어진다."142)든지, "태극은 寂의 근본이며, 그것이 한 번 움직이고 한 번 고요함에 따라 만물이 순일하게 변화한다."143)는 언급에서 알 수 있듯이, 우주의 근원을 太極으로 보고 있다. 다음은 養眞齋에 쓴 記文으로, 無極의 '眞'과 養眞齋의 '眞'을 연결시켜 命名의 의미를 풀이하고 있다.

대저 사람은 氣라고 하는 것을 받아서 생명을 영위하는데, 그 것은 바로 강건한 乾의 기운과 유순한 坤의 기운이요, 이것을 다

---

140) 같은 곳. "今中原甫定, 四方無虞, 所謂理世也. 我國家及閑暇, 修政刑, 民物阜康, 江山淸麗, 無適而非吟風弄月之地. ……不然, 流連光景, 害義傷敎, 君子所羞道也. 後之來者, 尙愼之哉."

141) 『주역』 권21, 「繫辭 上」, 607면 c. "易有太極, 是生兩儀, 兩儀生四象."

142) 『목은문고』 권10, 「可明說」, 80면 b. "天之體, 本於太極, 散於萬物."

143) 『목은문고』 권6, 「寂菴記」, 49면 a. "太極寂之本也, 一動一靜而萬物化醇焉."

시 구체적으로 나누어서 말한다면 水·火·木·金·土이다. 그리
고 陽奇陰耦와 陽變陰化의 근원을 찾아본다면 無極의 眞으로 귀
결될 뿐이다. 이 無極의 眞에 대해서는 언어와 문자를 가지고 표
현하기 어려우나, 『詩經』에서 "상천의 일은 소리도 없고 냄새도
없다."고 한 것이 바로 無極의 소재임을 암시한 것이 아닌가 싶
다. 그래서 周子는 太極圖를 지을 때에도 "無極而太極"이라고 하
였으니, 이는 대개 太極이 하나의 無極이라는 것을 찬양하기 위
한 것이었다 하겠다.144)

牧隱은 앞서 氣를 논한 부분에서 보았듯이, 사람은 氣를 받아서
생명을 영위하는데 이 氣가 乾과 坤으로 陰과 陽이요, 더 구체적
으로 분류하면 水·火·木·金·土인 五行이라고 하였다. 『周易』
의 "하늘의 운행이 강건하다." · "땅의 도는 유순하다."145)의 내용
을 인용하여, 陰과 陽을 풀이하고 있는 것이다. 그리고 홀수인 陽
이 奇數이고 짝수인 陰이 耦數인데, 바로 이 하늘의 生數와 땅의
成數가 서로 어우러져서 일어나는 만물의 온갖 변화를 일으키는
陽奇陰耦와 陽變陰化가 無極의 眞으로 귀결된다는 것이다. 無極
은 太極과 별도로 존재하는 것이 아니라 無極이면서 太極이라 했
다. 無極이 곧 太極인 것이다. 이 太極이자 無極은 소리도 없고
냄새도 없는 우주 최초의 모습인 것이다. 목은은 이렇게 주돈이의
「태극도설」을 인용하여 無極의 眞을 도출해 내고 있다.

---

144) 『목은문고』 권3, 「養眞齋記」, 23면 b~c. "夫人之受是氣以生也, 乾
健坤順而已矣. 分而言之, 則水火木金土而已矣. 求其陽奇陰耦, 陽
變陰化之原, 則歸於無極之眞而已矣. 無極之眞, 難乎名言矣. 詩曰,
上天之載, 無聲無臭. 其無極之所在乎. 故周子作太極圖, 亦曰, 無極
而太極. 蓋所以贊太極之一無極耳."

145) 『주역』 권1, 「乾卦 · 象辭」, 76면 d. "天行健.";『주역』 권2, 「坤卦 ·
文言」, 107면 a. "坤道其順乎."

본래 周敦頤의 학문적 목적은 聖人이 되는 것이었는데, 그가 우
주론을 전개하여 만물의 생성원리를 설명하는 이유는 어디에 있는
것일까? 주돈이가 목적으로 하는 性을 회복하고 聖人이 되는 것은
모두 내면적 반성에 있기 때문에, 외면적 · 객관적 근거는 어디에도
없다. 결국 復性 · 成聖의 수양 과정의 확실한 근거를 가진 방법으
로 착상한 것이 바로 외부세계이다. 외부세계에서 변화하는 외부의
사물을 관찰하여 그 안에서 변화하지 않는 부분(性)을 발견할 수
있다면 그 외부의 사물을 자기에게 치환함으로써 자기의 性을 인
식하는 것이 가능하기 때문이다.146) 목은은 주돈이의 이러한 목적
을 인식하고서 외부적 인식을 거울에 비유하였다. 거울에 비치는
대상 자신이 아름답거나 추하게 보일 따름이지 정작 거울 자체는
아무 자취도 남기지 않는다. 그러니 거울이 어떤 대상을 비춰준다
해서 그 대상에 영향을 받는 일은 전혀 없다는 것이다.147)

결국 목은은 이러한 인식을 바탕으로 사람이란 존재도 태어나면
서부터 이미 無極의 眞을 구비하고 있다는 것을 알 수 있는데, 오
직 大人의 자격을 갖춘 사람만이 그것을 내부에서 잃지 않기 때문
에 大人이 될 수가 있는 것이니, 외부로부터 그것을 얻어서 大人
이 될 수 있는 것이 아니라고 하였다.148) 즉 外物에 영향을 받지
않아야 大人이 될 수 있다는 것이다. 목은은 姜蓍(1339~1400)가
비록 병이 들긴 하였지만 그래도 자신의 거처에 養眞이란 현판을
내걸었던 것을 보면 그가 外物의 유혹에 넘어가지 않으리란 것을

---

146) 이기동, 앞의 책, 98면 참조.

147) 『목은문고』권3, 「養眞齋記」, 23면 c. "譬之鏡, 妍媸在乎物, 而鏡則
無迹, 曷嘗以照物之故, 爲物所汙哉."

148) 같은 곳. "是知人之生旣眞矣. 惟大人者不失之. 故能爲大人耳, 非大
人之從外得也."

확신했던 것이다.[149] 또한 權近의 「有明朝鮮國贈諡恭穆姜公墓誌
銘」에서도 "여러 벼슬을 거쳤으나 법을 엄격히 지켜 아첨하지 않
았다."[150]는 언급을 통해 볼 때, 姜蓍가 外物의 유혹에 흔들리지
않았던 사실을 알 수 있다. 실제로 姜蓍는 고려 말에 이색·정몽
주와 뜻을 같이하여 고려왕조를 끝까지 지키려 하였고, 이로써 공
양왕 4년(1392)에 정몽주가 살해되자 結黨謀亂의 죄를 입어 成石
璘·李元紘 등과 유배되기도 하였다.[151] 목은은 주돈이의 「태극도
설」을 통해서 姜蓍의 이러한 外物에 유혹당하지 않음을 養眞의
'眞'자를 가지고 記文을 구성하였다. 성리학에서 중요한 우주론인
無極을 가지고 청탁자의 인품과 居處의 이름을 연결시켜 글을 엮
어가고 있는 것이다.

끝으로 목은의 修養論的 측면을 고찰하기로 한다. 초기 朱子學
이 전래될 때에는 자연 元대 주자학자들의 영향을 받아 理氣論에
대한 관심보다는 實踐篤行에 주목하고 있었다. 그러나 목은은 앞
서 보았듯이 理氣에 관한 思辨的 측면에 관심을 가졌을 뿐만 아
니라 실천적인 면에 있어서도 관심을 기울였다.

이렇게 본다면 임금을 섬기고 어버이를 모시는 일을 비롯해서
자신의 행동을 다스리고 外物에 응하는 일 모두를 오직 中和뿐이
다. 이 中和에 이르기 위해서는 먼저 戒懼와 愼獨으로부터 시작
해야 한다. 戒懼는 무엇을 말함인가? 天理를 보존하는 것을 의미
한다. 愼獨은 무엇을 말함인가? 人慾을 막는 것을 의미한다. 天理

---

149) 같은 곳. "姜公雖病, 能以養眞扁其齋, 則其不誘於物, 斷可知矣."
150) 『陽村集』 권39, 「有明朝鮮國贈諡恭穆姜公墓誌銘」, 343면 c. "歷任
　　　中外, 守法不阿."
151) 『고려사』 권46, 「世家」 권46, 恭讓王 4년 秋 7월.

를 보존하고 人欲을 막는 일 모두가 지극한 경지에 이르게 되면
聖學도 여기에서 끝난다고 하겠다.152)

이 글은 李文和(1358~1414)가 伯中이라는 字에 대한 해설과
孝와 忠을 하려면 무엇을 근본으로 삼아야 하느냐는 물음에 대답
한 「伯中說贈李壯元別」이란 작품이다. '伯中에 대한 說을 지어서
李壯元에게 작별선물로 주다.'라는 제목에서도 알 수 있듯이, 양식
상 說이면서 글을 지어 주는 贈序의 양식을 동시에 지니고 있는
특이한 작품이다.

목은은 임금을 섬기는 忠과 어버이를 모시는 孝, 자신의 행동을
다스리고 外物에 응하는 行己應物은 中和에 입각해야 한다고 보
았다. 그에 의하면, 中和란 사람이 태어날 때 陰陽과 五行의 덕을
이미 갖추고 있다. 이것을 이른바 性이라고 하는데, 이 性 속에
忠과 孝라는 이름이 따로 존재하지 않는다. 고요히 움직이지 않는
것과 거울처럼 텅 비고 저울처럼 공평한 것이 바로 性의 體라고
할 것이니 그 이름을 中이라 하고, 감응하여 마침내 통하는 것과
구름처럼 떠가고 물처럼 흘러가는 것이 바로 性의 用이니 그 이름
을 和라고 했다.153) 결국 목은은 性의 體를 中이라 하고, 性의 用
을 和라 하여 性을 體用의 관점에서 中和로 인식하고 있다.

목은은 이 中和에 이르기 위해서는 戒懼와 愼獨으로부터 시작
해야 한다고 하였다. 戒懼와 愼獨은 『中庸』에 있는 내용으로, 군

---

152) 『목은문고』 권10, 「伯中說贈李壯元別」, 84면 b. "是則事君事親, 行
己應物, 中和而已. 欲致中和, 自戒愼始. 戒懼之何? 存天理也. 愼獨
焉何? 遏人欲也. 存天理, 遏人欲, 皆至其極, 聖學斯畢矣."

153) 같은 곳. "夫人之生也, 具健順五常之德, 所謂性也. 曷嘗有忠與孝
哉. 寂然不動, 鑑空衡平, 性之體也, 其名曰中. 感而遂通, 雲行水流,
性之用也, 其名曰和."

자는 남이 보지 않는 곳에서도 경계하고 조심하며, 남이 듣지 않
는 곳에서도 걱정하고 두려워해야 하기에 戒懼에 힘쓰고, 숨기는
것보다 더 잘 드러나는 것은 없으며 미세한 것보다 더 잘 나타나
는 것은 없기에 愼獨해야 한다. 즉 存天理와 遏人慾의 수양 과정
이 필요하다는 것이다. 朱子가 "덕을 닦는 사람은 人慾을 제거하
고 天理를 보존해야 한다."154)고 했듯이, 수양의 과정에서 人慾은
제거의 대상이요 天理는 보존의 대상인 것이다.

목은 역시 朱子의 사상을 이어 存天理하고 遏人慾하면 최고의
지극한 경지인 聖學에 이른다고 하면서, 윤리규범에 따라 살며 물
질적인 욕망을 제거할 것을 주장하고 있는 것이다. 存天理하고 遏
人慾하면 中和에 이르는 것이며, '忠孝는 中和와 다른 두 갈래가
아니니(曰忠曰孝曰中曰和, 夫豈異致哉)',155) 忠孝의 실천이 곧 中
和의 실현이 되는 것이다.

그러나 이러한 것을 실천하기란 쉬운 일이 아니다. 목은은 自問
自答의 수법을 통해 다음과 같이 말하고 있다.

    선비가 천년 뒤에 태어나서 학문에 뜻을 둔다고 한다면, 발을
돋우고서 지향해 나아가야 할 곳이 과연 어디에 있다고 하겠는
가? 지금 어떤 사람이 여러 사람들에게 외치기를, "舜임금이나 周
公처럼 되려고 공부하는가?" 하면, 필시 모두가 "감히 하지 못할
일이다(不敢)."라고 대답할 것이요, 반면에 "柳下惠나 子莫처럼
되려고 공부하는가?" 하면, 필시 모두가 "그런 것은 하고 싶지 않
다(不欲)."고 대답할 것이다. 하지만 그들의 행실을 객관적으로 살
펴보면, '不敢'의 말을 그대로 지키고 있는 것은 예외가 없는 반

---

154) 『성리대전』 권65. "朱子曰 修德之寔在乎去人欲存天理."
155) 『목은문고』 권10, 「伯中說贈李壯元別」, 84면 b.

면에, '不欲'의 말을 그대로 실천하는 경우는 또 많이 볼 수 없는 실정이다.156)

라고 하여, 실천의 어려움을 말하고 있다. 그러면서 伯中은 中正의 경지로 나아가려고 하는 점이 있다고 하면서 뒷날 많은 것을 성취할 수 있으리란 기대와 勸勉으로 글을 끝맺고 있다. 목은은 伯中의 中이라는 글자와 李文和의 和, 그리고 忠孝에 대한 그의 물음에 대해서 中和라는 성리학사상과 연결시켜 戒懼와 愼獨을 통해 임금을 섬기는 忠과 어버이를 모시는 孝, 자신의 행동을 다스리고 外物에 응하는 行己應物의 실천을 제시하고 있는 것이다.

목은은 修養論의 방법으로 本然之性의 회복을 제시하기도 했다. 다음 인용문은 李百之가 자신의 字를 可明이라 짓고 해설을 부탁하기에 지어 준 글이다.

　모든 사람들이 본래부터 착한 천성을 지니고 태어나건만은 어질고 못난 사람과 지혜롭고 어리석은 사람의 차이가 생기는 것은 무엇 때문이라고 하겠는가? 앞에서는 氣質이 천성을 가리고 뒤에서는 物慾이 천성을 막기 때문이라고 하겠다. 그리하여 날마다 흐릿하고 몽롱한 상태로 빠져 들어가 급기야는 꽉 막혀서 고질병으로 굳어진 나머지 어떤 약으로도 고칠 수 없는 지경이 되고 마는 것이다. 아, 사람으로 태어나서 이 지경에까지 이르게 된다면, 어찌 슬픈 일이라고 해야 하지 않겠는가? 하루라도 자신의 私慾을 극복하고서 禮로 돌아가기만 한다면, 마치 맑은 바람이 불어와서 모든 흐린 기운을 말끔히 씻어 주는 것처럼 될 것이다. 그리하

---

156) 『목은문고』 권10, 「伯中說贈李壯元別」, 84면 b~c. "士生千載之下, 有志乎學, 所當企而慕者, 安所在歟? 今有人呼於衆曰, 願學大舜乎周公乎? 必皆曰, 不敢. 願學下惠乎子莫乎? 必皆曰, 不欲. 然夷考其行, 果於不敢者皆是, 果於不欲者, 又未之多見."

여 마음속이 찬란하게 빛나 하늘과 땅을 통찰하고 神明의 도리에
도 통하게 될 것이다.157)

목은은 本然之善을 본래부터 누구나 갖추고 있는 것이라 하였
다. 그런데 어질고 못난 사람과 지혜롭고 어리석은 사람의 차이가
생기는 것은 氣質과 物慾 때문으로 보았다. 목은은 다른 글에서도,
"사람이 이 덕을 하늘에서 받아 모든 이치를 몸 안에 갖추고서 외
부의 온갖 일에 응하니, 이것이 바로 本然의 善이다. 그런데 사람
이 氣質에 구애를 받기도 하고 物慾에 가려진 나머지 이 덕을 잃
는 경우도 생기는데, 하늘에서 얻은 것을 자기 몸에서 잃어버릴
가능성이 있기 때문에 덕을 虛位라고 말하기도 한 것이었다. 하지
만 그 本然의 體만큼은 없어진 적이 없다."158)고 하여, 物慾과 氣
質 때문에 本然의 善을 잃어버리기도 한다고 보았다. 그런데 本然
之善을 잃어버리는 기간이 길어지면 어떤 약으로도 고칠 수 없는
고질병이 되어버린다고 했다.

목은은 이어서 감정의 표출인 '嗚呼'라는 詠嘆을 사용해 내용을
전환하여 결론에 이르러 극복할 방안을 제시했다. 그 방안은 克己
復禮인 것이다. 이렇게 克己復禮만 할 수 있다면 그 결과는 맑은
바람이 불어와 흐린 기운을 말끔히 씻어주어 마음속이 찬란하게

---

157) 『목은문고』 권10, 「可明說」, 80면 a. "本然之善固在也, 而人有賢不
肖智愚之相去也, 何哉? 氣質敝之於前; 物欲拘之於後. 日趨於晦昧
之地, 否塞沈痼, 不可救藥矣. 嗚呼! 人而至此, 可不悲哉. 一日克己
復禮, 則如淸風興而群陰之消也. 方寸之間, 粲爛光明, 察乎天地, 通
于神明矣."

158) 『목은문고』 권10, 「韓氏四子名字說」, 78면 c. "人之得乎天而具衆
理, 應萬事, 本然之善也. 氣質或拘之, 物欲或蔽之. 於是乎失之矣.
得之於天, 失之於己, 故曰虛位. 然其本然之體, 未嘗亡焉."

빛나 하늘과 땅에 통찰하게 된다고 하였다. 딱딱한 議論에서 질병이나 바람을 통한 비유를 사용하여 문장을 부드럽게 유도하고 있다. 목은은 氣質과 物慾에 의해 막힌 本然之善을 회복하는 방안으로 克己復禮를 제시하여, 성리학사상의 실천적인 면을 통해 李百之의 字인 明을 풀이하고 있는 것이다.

지금까지 性理學思想을 思辨的 측면과 實踐的 측면으로 나누어 목은의 글에 어떻게 활용되었는지 그 양상을 살펴보았다. 목은은, 鄭道傳의 「心氣理篇」·「心問天答」·「佛氏雜辨」 등과 權近의 「入學圖說」·「五經淺見錄」처럼 전문적이고 체계적인 성리학설을 한 편도 남겨 놓지 않았다. 다만 위에서 살펴보았듯이 자신의 글을 구성해 나가는 데 있어서 단편적인 성리학사상을 통해 자신의 논리를 전개시켜 나가기 위한 방편으로 활용하고 있는 것이다.

그런데 性理學은 적어도 고려시대 睿宗·仁宗 무렵(12세기)부터 알려지기 시작하였다. 하지만 이 무렵 활동한 이규보의 글에는 성리학에 대한 언급을 찾을 수 없다. 심지어 白頤正으로부터 성리학을 처음 배웠다는 이제현의 글에서도 성리학의 실천적인 덕목은 보이지만, 理氣論的 言辭는 전혀 보이지 않는다. 그 결과 이제현은 조선시대 학자들로부터 "성리학을 좋아하지 않았다(不樂性理之學)."[159]는 비평을 듣기도 하였던 것이다. 李穀에 이르러서야 動·靜·誠·敬 등의 언급이 나타나기 시작하다가, 부친의 영향과 元 국가감에서의 수학을 통해 목은은 성리학사상에 있어 상당히 깊이 있는 수준에 이르게 된 것이다. 목은은 성리학사상을 사상적인 측면에서만 논의하고 그친 것이 아니라 그러한 성리학사상을 통해 당시 사대부의 행동이 어떠해야 하는지에 대한 勸勉이나 說敎에 그 목적을 두어 활용했

---

159) 『고려사』 권110, 「列傳」 권23, 李齊賢 條, 419면 b.

던 것이다. 이러한 점이 牧隱 散文의 내용양상 중 가장 두드러진 특징이라 할 수 있을 것이다.

2. 社會 改革 思想

牧隱이 살았던 고려 말은 많은 변화가 있었던 시대였다. 홍건적과 왜구의 침입으로 잦은 戰亂이 있었으며, 국제 정세는 元나라에서 明나라로 교체가 되었고, 국내에서는 權臣들이 跋扈하여 내란이 끊임없이 이어진 시기였다. 이렇듯 혼란한 시기에는 각종 폐단이 생길 수밖에 없는 것이다. 목은은 "생각건대 선대왕들이 창시하여 물려 준 제도와 계승 유지할 규범이 빈틈이 없는데, 4백여년이란 세월 동안에 말세의 폐단이 전혀 없을 수 없다."고 언급하면서, "그 법을 바꾸지 않으면 그 폐단을 제거하기 어렵다."[160]라 단정 짓고 있다. 이것이 목은의 기본적 입장이며 개혁의 시작점이라 할 수 있다.

그렇다면 이러한 각종 폐단을 개혁할 구체적 방안은 무엇인가? 목은의 정치적 이상은 "백성들의 생활 근거를 마련해 주면서 王道政治를 일으키는 것."[161]이었다. 그러면 '制民産'하고 '興王道'하기 위해 어떻게 해야 하는가? 목은의 입장을 차례대로 살펴보기로 한다.

---

160) 『고려사』 권115, 「열전」 권28, 이색 조, 522면 b. "洪惟我祖宗創垂之制, 持守之規, 無所不至. 四百餘年, 末流之弊, 豈盡無有. ……不更其法, 難去其弊."
161) 『목은문고』 권9, 「農桑輯要後序」, 69면 b. "蓋制民産, 興王道, 予之志也."

1) 피폐한 風俗 改革

牧隱은 그 출신지가 서울에서 멀리 떨어진 鄕村이고, 그 가문이 대대로 鄕吏로 지내온 在地勢力이었으므로 삶의 기반은 농촌이라고 할 수 있다. 목은이 중국에서 유학하면서 과거에 급제하고, 高麗에서는 대학자로서 門下侍中이라는 최고의 관직에 올랐지만, 그는 항상 국가의 근간을 이루는 백성에 대한 관심과 애정을 잃지 않았다.[162] 그래서 목은은 백성의 생활 근거를 마련해 주는 '制民産'을 자기의 이상으로 삼았던 것이다. '制民産'이란 『孟子』에 나오는 말로, "반드시 위로는 부모를 섬길 수 있어야 하며, 아래로는 妻子를 기를 수 있어야 한다. 풍년이 들었을 때는 한 해 동안 배불리 먹을 수 있으며, 흉년이 들어도 죽음에서 면할 수 있어야 한다."[163]에서 引用한 것으로, 백성들에게 삶의 근거를 마련해 주는 것을 의미한다. 그런데 당시에는 국내외적으로 백성의 삶을 궁핍하게 하는 요소들이 散在해 있었다.

우선 國外的으로 볼 때, 歲貢의 해결이 시급한 문제였다. 元나라에 이어 明나라에서도 많은 양의 歲貢을 요구해 왔다. 고려가 明에 요청한 가장 중요한 것 중의 하나가 歲貢問題였다. 明은 심지어 使臣까지 가두면서 歲貢을 요구하였다. 고려는 이러한 明의 요구에 마지못하여 進獻盤纏色을 설치하여 금 5백 근·은 5만 냥·포 5만 필·말 5천 필을 보내기도 하였다.[164] 특히 金義가 明의 사신을 죽

---

162) 박성규, 「李穡의 現實認識과 風俗詩」, 『고려후기 사대부문학 연구』, 고려대출판부, 2003, 220면.

163) 『孟子』, 「梁惠王 上」, 471면 a. "必使仰足以事父母, 俯足以畜妻子, 樂歲終身飽, 凶年免於死亡."

164) 김성준, 「고려 말의 정국과 원·명 관계」, 『한국사』 20, 국사편찬위

이고 도망치자,[165] 황제는 진노해서 세공으로 良馬 5천 필·금 백 근·은 5만 냥·세포 5만 필을 바치라고 수량을 증액해서 요구해 왔 다. 이에 목은은 禑王 5년(1379), 다음과 같이 表文을 지어 올린다.

> 小邦은 땅이 척박해서 금이나 은이 나오지 않는데, 중국에서도
> 잘 알고 있습니다. 또 소방의 말에는 두 종류가 있는데, 북방에서
> 들여온 胡馬와 나라 안에서 생산되는 鄕馬가 바로 그것입니다.
> 그런데 鄕馬는 마치 노새와 같아서 그 속에서는 좋은 말을 얻을
> 수 없고, 胡馬는 백에 하나 둘 정도라는 것을 중국에서도 알고
> 있는데, 요즘 들어서는 왜적으로 인하여 손상을 입어 거의 없어진
> 상태입니다. 또 무명 같은 피륙이 나라 안에서 생기기는 합니다만
> 수효가 만 필의 단위에 이르게 되면 참으로 마련해 내기가 어렵
> 습니다.[166]

금과 은이 우리나라에서 나오지도 않는데 요구함은 부당하다는 것이다. 또한 良馬 5천 필의 요구에 대해 鄕馬인 우리나라의 말은 노새와 같아 좋지 못하고 북방에서 들여온 胡馬가 좋은데 얼마 되 지 않는 그마저도 왜구의 침입으로 손상을 입어 세공으로 바치기

원회, 1994, 375~378면 참조.

165) 우왕 즉위년(1374) 11월에 명나라 사신 蔡斌·林密 등과 함께 貢馬 를 호송하던 金義가 開州站에서 채빈을 죽이고 임밀을 납치하여 甲 士 300명·공마 200필과 함께 北元으로 망명한 사건을 말하는데, 이 로 인하여 양국의 관계가 급속히 냉각되어 이후 10여 년 동안 외교 관계가 원만하게 진행되지 못하였다.(『고려사』 권131, 「反逆列傳」, 金義條)

166) 『목은문고』 권11, 「王大妃陳情表」, 94면 a. "小國地薄, 不產金銀, 中國之所知也. 馬有二種, 曰胡馬者, 從北方來者也. 曰鄕馬者, 國中 之所出也. 國馬如驢, 無從而得良焉. 胡馬居百之一二, 亦中國所知 也. 近因倭賊損傷殆盡. 布疋雖出於國中, 然數至於萬, 誠難充辦."

가 어려우며, 무명은 비록 생산이 되기는 하지만 수량이 5만 필에 이르면 충당할 수 없다고 하였다. 그래서 "세공의 조서를 거두시고 小邦 자신이 편리한 대로 도모하게 하여 시절에 따라 토산물을 바치는 것으로 길이 준칙을 삼게 해 주소서."[167] · "해마다 조공하는 물품 역시 小邦으로 하여금 定數에 구애받지 말고 힘이 닿는 대로 마련해서 바치도록 허용해 주십시오."[168]라고 表文을 올려, 高麗가 편의대로 시절에 따라 토산물을 바치거나, 힘이 닿는 대로 바칠 수 있도록 배려해 줄 것을 요청하였다. 목은이 이처럼 중국 조정에 간절히 요청한 것은 이러한 모든 세공물은 백성들의 주머니에서 나와야 하는 것이기 때문이다. 세공물이 많으면 많을수록 백성들의 삶은 고달파지는 것이다. 목은은 이렇게 백성들에게 삶의 근거를 마련해 주기 위해 논리적이면서 曲盡하게 表文을 지어 올렸다. 그 결과 이후로 歲貢이 많이 절감되었다고 한다.

그리고 국내적으로는 왕실과 權門勢族들의 부패와 사치가 심했다. 고려 말은 정권을 잡은 權門勢族들에 의해 사회의 모순이 심화되고 있었다. 소위 權門勢族의 존재는 고려 후기의 사회에 하나의 새로운 양상을 낳게 하였다. 이들 권문세족은 개인의 이익을 확대시킴으로써 국가의 제도를 통한 지배층 전체의 공동 이익을 저버렸기 때문이다. 이들의 私慾으로 농장의 규모가 山川을 경계로 하거나 온 州郡에 걸치는 광대한 것도 있었다. 또한 왕의 莊 · 處의 수는 360곳에 달하였다고 한다.[169]

---

167) 같은 곳. "收歲貢之詔, 使小邦私圖其宜, 時節獻土物, 永永遵守."

168) 『목은문고』 권11, 「陳情表」, 93면 b. "歲貢之物, 亦容小邦不拘定數, 隨力所辦以獻."

169) 이기백, 『한국사신론』, 일조각, 1992, 216면 참조.

　　그런데 지금은 私慾만 앞세워 끝없이 치달리고 있는 까닭에 술
수를 써서 서로 배척하는가 하면 간교한 꾀를 써서 자신의 세력을
확장하고 있는데, 그런 와중에서 완전함을 구하려다가 거꾸로 비난
을 초래하는 경우도 비일비재한 실정이다. 이것이야말로 거짓을 행
하는 것이니, 날로 졸렬해지는 일이라고 해야 하지 않겠는가?[170)

　　앞 절에서 살펴보았던 養眞齋에 쓴 記文으로, 無極의 眞을 설
명한 다음 부분이다. 목은은 사람이란 존재는 태어나면서부터 이
미 無極의 眞을 구비하고 있는데, 오직 大人만이 내부에서 그것을
잃지 않는다고 생각하였다.[171) 그러나 大人이 되지 못한 사람은
私慾만 앞세워 술수를 써서 서로 배척하는가 하면, 간교한 꾀로
자신의 세력을 확장하기도 한다. 眞을 실행하고 있는 姜蓍와는 반
대로 私慾만을 채우고 있는 당시 권문세족들에 대한 목은의 비판
을 읽을 수 있는 대목이다.

　　牧隱은 당시 私慾에 눈이 어두운 李仁任과 廉興邦에 대해, "侍
中 이인임은 한미한 집안에서 생장하였는데 재상이 되자 田民을 빼
앗아 차지하고 한꺼번에 큰 집 세 채를 지었으며, 左使 염흥방도 역
시 수탈을 일삼으니, 나라를 그르칠 자는 반드시 이 두 사람일 것이
다."[172)라고 두 사람을 탄핵하였다. 권문세족은 본래 지주층 이상의
경제적 기반을 갖고 있는데다가 지속적인 관료 배출을 통하여 국가
로부터 祿科田·祿俸을 지급받아 경제적 기반을 확대하고 있었다.

---

170) 『목은문고』 권3, 「養眞齋記」, 23면 c～d. "今也私勝而不已, 用術以相
　　傾; 用奸以自植, 反致求全之毀者, 纍纍有之. 其作僞, 不日日拙乎."
171) 같은 곳, 23면 c. "是知人之生旣眞矣. 惟大人者不失之, 故能爲大人耳."
172) 『고려사』, 「열전」 권28, 이색 조, 528면 d. "侍中李成林生長矮屋,
　　及爲宰相, 廣占田民, 一時並起三第, 左使廉興邦亦以取斂爲事, 誤
　　國家者, 必此二人也."

권문세족은 이렇게 축적한 부를 토지에 재투자하여 매득 · 개간 등의 방법으로 토지소유의 규모를 확대하였다. 게다가 세족층의 일부는 수조지의 확대 · 토지점탈 · 賜牌를 통해 농장을 형성하여 경제력을 집중시켰다. 그러므로 고려 후기 권문세족층은 權門이든 그렇지 않든 간에 사회모순을 심화시키고 있었던 주체였다.[173] 목은은 이들의 이러한 私慾에 대해 일침을 가하면서, "『孟子』에 '마음을 기르는 방법으로는 욕심을 적게 하는 것보다 좋은 것이 없다.'는 내용이 들어 있는데, 이 寡慾이라는 말을 가지고 眞을 기르는 第一義로 삼는 것이 어떨까 싶다."[174]는 말로, 이 작품의 끝을 맺고 있다. 寡慾만이 眞을 기르는 방법이요 私慾을 없애는 지표로 여긴 것이다. 이것은 물론 姜蓍 한 개인에 해당하는 이야기이기는 하지만, 당시 私慾을 일삼고 있는 權門勢族 모두를 겨냥한 것이기도 하다.

그리고 牧隱이 살았던 당시 풍속은 사치가 만연해 있었다. 물론 이러한 사치는 일반인들에게서 볼 수 있는 현상은 아니다. 당시 정권을 잡고 있었던 權門勢族에게 나타나는 현상인 것이다. 목은은 그의 詩에서,

貧家寂寂樗蒲戲   적막한 가난한 집에서는 윷놀이 벌어지고
甲第紛紛玳瑁筵   시끌벅적한 부잣집에서는 가무잔치가 한창이네
銷沮閑藏猶可恕   조용한 놀이는 용서할 수 있다지만
酣歌恒舞適增愆[175] 흥이 넘치는 歌舞는 허물만 더할 뿐이네

---

173) 김광철, 「권문세족과 신진사대부」, 『한국사』 19, 국사편찬위원회, 1996, 85면.
174) 『목은문고』 권3, 「養眞齋記」, 23면 d. "鄒國有言曰, 養心莫先於寡欲, 請以寡欲爲養眞第一義."
175) 『목은시고』 권6, 「十二月十六日庚申夜, 女兒達且不睡」, 32면 b.

라고 하여, 貧家와 甲第의 대립적 방식을 통해 상대적 貧富의 차이를 확연히 드러내고 있다. 또한 부자들의 호사스러운 연회자리에 대한 부정적 시각을 통해 貧家들의 삶을 동정하기도 하였다. 다음 글은 門生인 宋文貴가 자기 이름의 '貴'자를 中자로 바꾸고, 자신의 거처를 築隱이라 이름 짓고서 청한 記文이다.

지금 士大夫들이 일단 자기들의 소원을 이루고 나서 행동하는 것을 보면, 사는 집을 화려하게 꾸미고 먹는 음식을 풍성하게 하고 있을 따름이다. 그리하여 안으로는 자기들의 욕심을 채우기에 급급하고, 밖으로는 자기들의 영화를 과시하기만 하면서 오직 그렇게 할 수 있는 날이 부족할까 걱정만 하고 있는 형편이다. 그러한 생활이 요행히 자식에게 전해지고 손자에게 전해지기를 바라는 것은 대개 무모한 일이라고 하지 않을 수 없다.176)

당시 士大夫들의 사치스러운 삶을 신랄하게 비판하고 있다. 당시 士大夫란 물론 권문세족을 의미한다. 그 당시 세상에서 顯達하는 방법으로는 儒者가 되는 것·官員이 되는 것·武人이 되는 것으로 세 가지 길이 있었다.177) 그런데 사대부들이 그 가운데 하나인 官員이 되어 일단 관직에 등용되기만 하면 화려하게 꾸미고 살며 풍성하게 먹는 등 온갖 사치를 자행하고 있었다. 그리하여 안으로는 자기들의 욕심만 채우고 밖으로는 자신들의 위치를 과시하기만 할 뿐, 백성들의 삶은 관심의 대상에서 제외되고 있는 실정이었다.

---

176) 『목은문고』 권5, 「築隱齋記」, 38면 d. "今夫士大夫得志行己, 華其居; 豊其食. 內以適其欲; 外以夸其榮, 日惟不足. 幸而傳之子, 又幸傳之孫, 蓋無幾也."

177) 같은 곳 b~c. "凡顯于世者三, 曰儒, 曰吏, 曰武."

이러한 사회하에서는 올바른 풍속이 존재할 리 만무하다. 50대 중반에 지어진 것으로 추정되는 「贈休上人序」를 보면,178) "지금은 풍속이 모두 무너져서 아비와 자식의 관계가 서로 어긋나고 형과 아우가 서로 도모하는가 하면, 逆臣이 잇따라 일어나고 완악한 백성들이 자꾸 난리를 일으키고 있는 실정이다."179)라고 하였다. 당시 아비와 자식, 형과 아우 간에 天倫의 풍속이 무너지고 있음을 말하고 있는 것이다. 또한 逆臣이 일어나고 백성이 난리를 일으키고 있음도 제시하였는데, 실제로 공민왕 12년에는 親元派인 金鏞이 공민왕의 反元 정치에 대한 반발로 興王寺에서 왕을 해치려하였고, 1382년에는 寧海郡에서 楊水尺들이 난을 일으키는 등 풍속이 피폐한 상황이었다. 逆臣과 天倫뿐만 아니라 "제자가 스승을 저버리지 않고 자손이 선조를 저버리지 않는 것이야말로 내가 바라는 바이다. 내가 바라는 바이다."180)라고 한 그의 언급을 통해, 제자가 스승을 저버리거나 追遠報本하지 않는 당시 피폐한 풍속에 대한 목은의 안타까움을 읽을 수 있다.

당시 士大夫들은 사치스러운 생활과 私慾을 채우며 영화를 과시하는 이러한 삶이 자식이나 손자 대에까지 전해지지 않을까 염려하고 있었다. 當代로서 사치와 과시가 끝나는 것이 아니라 무모하게도 다음 세대에까지 이어지기를 바라고 있었던 것이다. 그러나 목은은 당시 권문세족과는 달리 그러한 것을 무익하다고 여겨,

---

178) 休上人이 목은보다 몇 살 더 많은데, 60에 가까운 나이에 휴상인이 이 글을 청한 것으로 보아 50대 중반일 것으로 보인다.

179) 『목은문고』 권8, 「贈休上人序」, 63면 a. "今夫風俗之敗也, 父子相夷, 兄弟相猶, 逆臣繼起, 頑民屢倡亂."

180) 『목은문고』 권2, 「寶蓋山地藏寺重修記」, 13면 a. "弟子不負師, 子孫不負祖, 吾所望也, 吾所望也."

"어찌 문장을 다음 세대에 전함이 있으랴, 단지 청백한 삶을 여러 후손에게 남기려 한다(豈有文章傳再世, 只將淸白遺諸孫)."181)고 하여, 淸白을 후손에게 남겨주려 하였다.

牧隱은 이 「築隱齋記」를 다음과 같은 당부의 말로 끝맺었다. "그런데 이번에 집을 짓고 거처하면서 사방에 벽만 서 있을 뿐 마냥 적막하게 하고 있으니, 여기에서 日彰의 中이 무엇인지를 볼 수 있다고 하겠다. 띠풀로 지붕을 얹고 흙섬돌을 쌓은 것은 聖人께서 그 中을 적용하신 것이요, 樓臺를 화려하게 하고 궁실을 사치스럽게 한 것은 후세에서 그 中을 잃어버린 것이라고 할 것이니, 내가 이를 통해서도 日彰의 그 中을 더욱 아끼고 싶은 마음이 드는 것이다."182)라고 하여, 당시 사치스러운 권문세족의 삶에 비해 사방에 벽만 서 있을 정도로 검소한 宋文貴의 築隱齋에 대해 찬탄하고 있다. 그러면서 "그러니 日彰은 오직 中만을 붙잡고 있도록 하라. 그러면 종신토록 版築을 하더라도 싫어하지 않게 될 것이요, 초상화를 그려서 널리 찾는다 하더라도 마음에 그다지 내키지 않게 될 것이다. 中 그것이 사람이 알아줄 성격의 것이겠는가? 아니면 하늘이 알아줄 성격의 것이겠는가? 善을 행하는 이에게 복을 내리고 惡을 행하는 자에게 화를 내려 각자 드러나게 해주는 하늘의 도리야말로 원래 어긋남이 없다고 할 것이니, 일창은 더욱 노력하도록 하라."183)고 하여, 끝으로 치우침도 모자람도 없

181) 『목은선생년보』 58세조, 「有感」.

182) 『목은문고』 권5, 「築隱齋記」, 38면 d. "於是築室自居, 環堵蕭然, 日彰之中在焉. 茅茨土階, 聖人之用其中也, 瑤臺瓊室, 後世之失其中也. 日彰之中, 予益慕焉."

183) 같은 곳, 38 d~39면 a. "日彰惟中之是執焉. 終身于築, 非所惡, 以形旁求, 非所欲. 中乎, 在人乎? 在天乎? 福善禍淫, 厥類惟彰, 天道

는 中庸의 道를 실현할 것을 당부하고 있다. 이러한 당부는 송문귀 개인의 문제에 국한된 것이 아니라, 사치를 일삼고 있는 당시 權門勢族에게 中을 실현할 것을 勸勉하며 쓴 것이다. 안석경이 "이 부분은 憤世에서 나온 것이다. 시대의 변화를 겪어보았기 때문에 마땅히 그러한 사실을 안 것이다."184)라고 했듯이, 목은은 당시를 살면서 겪었던 피폐한 풍속에 대해 憤世하고 있었던 것이다.

牧隱은 또한 사회가 피폐해지고 백성들의 삶이 궁핍해지는 원인으로 불교의 폐단을 지적하기도 하였다. 다음은 공민왕 원년(1352)에 사찰의 亂立과 승려수의 증가에 대해 올린 상소문이다.

우리 태조께서 나라를 세우신 이래로 사찰과 민가가 三三五五 뒤섞이더니 중세 이후로 그 무리들은 더욱 번성하여 五敎와 兩宗이 이익의 소굴로 화하고 냇가와 산굽이마다 절이 없는 곳이 없게 되었습니다. 그 결과 부처의 무리가 비루해졌을 뿐만 아니라 나라의 백성들 역시 놀고먹는 자가 허다하게 되어 識者들은 매양 가슴이 아팠습니다.185)

사찰의 난립과 그로 인해 승려들의 증가로 사찰은 이익의 소굴로 변했으며, 사찰이 얼마나 많았는지 산과 강 어느 곳이든 절이 없는 곳이 없게 되었다는 것이다. 그 결과 승려들도 비루해졌으며 백성들도 놀고먹는 자가 많아졌다고 했다. 승려들의 증가는 자연

自不僭也, 日彰其益勉焉."
184) 『삽교집』 하, 「牧隱文抄」, 639면. "末言發於憤世. 涉時變者, 故當知之."
185) 『고려사』 권115, 「열전」 권28, 이색 조, 525면 b~c. "我太祖化家爲國, 佛刹民居, 參伍錯綜, 中世以降, 其徒益繁, 五敎兩宗, 爲利之窟, 川傍山曲, 無處非寺. 不惟浮屠之徒, 浸以卑陋, 亦是國家之民, 多於遊食, 識者每痛心焉."

양민의 수적 감소를 불러올 수밖에 없는 것이다. 목은은 "지금 머리를 깎고 무리 지어 노니는 자들이 거의 나라의 반을 차지하고 있으니, 수백 년 위로 거슬러 올라가 찾아보더라도 지금처럼 불교가 성행한 적은 있지 않았다고 할 것이다."[186]라고 하여, 그 당시 승려들의 숫자가 많았음을 탄식하고 있다. 양민의 감소는 나라 稅收의 감소로 이어져 결국 사회문제를 일으키게 되는 것이다. 또한 많아진 무리들을 관리하기 위해 사찰 측에서는 고리대업에도 종사하였다. 이러한 상황은 고려 후기로 오면서 더욱 심해져 목은이 '五教와 兩宗이 이익의 소굴로 변했다'고 비판하고 있는 것이다. 그 결과 공민왕은 즉위한 해에 유지를 내려 과도한 이자를 받지 못하게 하기도 하였다.[187] 불교에 대한 독실한 믿음을 지녔던 공민왕이 이러한 명령을 내린 것은 당시 폐단이 어느 정도로 심각한 것이었나를 보여주는 방증이라 할 수 있다.

牧隱은 이처럼 이른 나이인 25세의 젊은 나이에 목숨을 걸고 服中上書를 통해 사찰과 승려수의 문제에 대해 지적하기도 하였고, 39세 되던 해에는 문하시중인 柳濯을 위해 아래의 記文을 지으면서 사치스러운 사찰의 건립에 관해 문제점을 제기하고 있다.

그러니 비록 禍福의 설로 현혹시키고 행복을 빈다는 명분에 가탁하여 말할 수 없이 사치스럽고 화려하게 지어 국가의 재정을 탕진하고 백성을 병들게 하는 자들과 어떻게 비교할 수 있겠는가?[188]

---

186) 『목은문고』 권2, 「香山潤筆菴記」, 13면 c. "今夫髡而群游者, 幾半於國. 而求之數百年之上, 其道之行也益盛."

187) 『고려사』 권79, 공민왕 원년 2월 조.

188) 『목은문고』 권1, 「眞宗寺記」, 7면 a. "豈與夫眩禍福之說, 假祝釐之名, 極侈與麗, 傷財病民者比哉."

이 글은 柳濯이 그의 할아버지 柳淸臣이 건립한 眞宗寺를 다시
重修하고 목은에게 記文을 부탁하자 지어 준 「眞宗寺記」이다. 그
런데 유탁이 진종사를 지을 때는 서까래와 들보에 그려 넣은 단청
은 壯麗하지도 않고 초라하지도 사치스럽지도 않으며 누추하지도
않는 가운데, 날마다 인부 5백 명을 투입하여 60여 칸의 건물을
지으면서 관청의 비용은 축내지 않고 백성들의 노역은 착취하지도
않았다고 한다.[189]

그러나 柳濯의 이러한 행위와는 반대로 당시 사찰의 일반적인
실태는 禍福의 說로 백성을 현혹시켜 사치스럽고 화려하게 사찰을
지어 결국 국가의 재정은 다하고 백성들은 병들게 되는 피폐한 상
황이 자행되었던 것이다. 그중에서도 가장 큰 물의를 일으킨 사건
이 공민왕이 魯國公主를 위해 影殿을 축조하는 일이었다. 공민왕
은 사망한 왕비 노국공주를 위해 王倫寺에 영전을 짓는데, 지나치
게 화려하고 사치해서 수년이 지나도록 완성되지 못하자, 다시 馬
巖에 터를 잡고 더욱 크고 웅장하게 공사를 시작했다. 그러자 당
시 侍中인 유탁이 상소를 올렸는데, 왕은 네 가지 죄를 들어 유탁
을 죽이려 하였으나, 목은이 탄원하여 석방되기도 하였다.[190] 목은
은 이러한 점을 지적하면서 유탁의 효성과 관련해 그의 업적을 讚
嘆하고 있는 것이다. 다른 글에서도 "이 사찰은 사치스럽지도 않
고 누추하지도 않은 가운데 보는 이들로 하여금 외경심을 일으키
게 한다."[191]라는 등등의 언급을 통해서 볼 때, 목은은 당시 사치
스럽게 사찰을 건립함으로써 백성들의 삶을 피폐하게 하는 풍토에

---

189) 같은 곳, 6면 b. "橑題梲桷, 藻繪丹碧, 不壯不庫, 不侈不陋. ……其
    夫日役五百餘指, 其屋間計六十有奇, 費不官削, 役罔厲民."

190) 『고려사』, 「열전」, 이색 조.

191) 『목은문고』 권6, 「報法寺記」, 46면 c. "不侈不陋, 觀者起敬."

대해 비판을 가하여 백성들의 어려운 삶에 대해 동정의 시선을 보
내고 있음을 엿볼 수 있다.

牧隱은 이러한 불교의 弊害를 개혁하기 위해 다음과 같이 언급
하고 있다.

> 비록 그렇긴 하지만 세상의 이른바 호걸이라고 하는 자들을 보
> 면, 대부분 불교 쪽으로만 치달릴 뿐 우리의 道에 대해서는 거들
> 떠보지도 않고 있다. 그리하여 우리의 道가 간신히 끊어지지 않고
> 실낱같은 명맥만을 유지하게 되었으니, 이 허물은 장차 누구에게
> 돌려야 할 것인가?192)

세상의 호걸들이 대부분 불교 쪽으로 치중하고 '吾道' 쪽으로는
거들떠보지도 않는다는 것이다. 그리하여 吾道는 겨우 명맥만 유지
하고 있다고 한탄하고 있다. 결국 불교의 폐단을 바로잡으려면 불교
쪽으로 향하는 호걸들을 吾道, 즉 性理學 쪽으로 끌어와야 하는 것
이다. 목은이 조선시대의 사대부들로부터 불교에 아첨했다는 평을
듣기는 하지만, 기본적으로는 儒者로 자처하였기 때문에 그의 글
곳곳에서, "나는 평소에 불교를 좋아하지 않았다."193) · "나는 평소
에 불교의 교설을 달갑게 여기지 않았다."194)고 언급하고 있다. 그
렇지만 당시 고려의 상황에서는 목은은 불교를 부정할 수도 없었고
부정하지도 않았다. 다만 "도가 같지 않으면 함께 일을 꾀할 수 없
다."195)라는 孔子의 사상을 이어받아, 道가 다르기 때문에 함께 일

---

192) 『목은문고』 권1, 「眞宗寺記」, 7면 a. "雖然, 世之所謂豪傑者, 率此
　　之趨, 而不吾顧, 吾道也不絶如線, 將咎誰哉."

193) 『목은문고』 권2, 「天寶山檜巖寺修造記」, 16면 d. "予素不樂釋氏."

194) 『목은문고』 권4, 「砥平縣彌智山龍門寺大藏殿記」, 34면 d. "予素不
　　樂釋氏之敎."

을 할 수 없을 뿐이라 여겼던 것이다. 목은은 고려 말 불교의 폐단으로 인해 생긴 사회적 문제들을 성리학을 통해 해결책을 찾으려고 하였다. 그래서 姜蓍에게 고려의 풍속을 변화시키려면 이단을 몰아내는 일부터 시작해야 한다고 역설한 것이다. 불교에 대한 이러한 비판은 목은 이전 이제현에게서도 보인다. 다만 이제현과 목은 등은 아직 불교 그 자체를 배격하기보다는 사원의 폐해와 승려들의 非行을 공격하는 데 그쳤다. 그러나 정도전 등에 이르러서는 불교 자체를 인간의 윤리를 무시하고 나라를 해치는 것이라 하여 이를 극력 배격하기에 이른다.196)

牧隱은 이념적 문제뿐만 아니라 제도적 개선을 제시하기도 하였다. 목은은 엄격한 법령을 반포하여 이미 중이 된 자에게는 度牒을 발부하고 도첩이 없는 자는 곧 군대로 편입할 것이며, 새로 창설된 사찰은 일체 철거시키고 철거하지 않는 자가 있으면 곧 지방 고을 수령을 처벌하여 백성이 모두 중이 되는 일을 금해야 한다고 구체적 개선책을 제시하기도 하였다. 목은이 이렇게 구체적 개선책을 제시한 이유는, "임금은 신하들이 잘 모방하는 법이라 임금이 사찰에 재원을 낭비하면 재물을 고갈하게 되는 것이며, 그렇게 되면 백성들의 삶이 피폐해질 것이니, 폐해가 커지기 전에 미리 방비하여야 하기 때문이었다."197) 國庫의 탕진으로 재정상의 어려

---

195) 『목은문고』 권4, 「砥平縣彌智山潤筆菴記」, 33 d〜34면 a. "蓋道不同, 不相爲謀故也."

196) 이기백, 『한국사신론』, 일조각, 1992, 226면.

197) 『고려사』 권115, 「열전」 권28, 이색 조, 525면 c. "已爲僧者, 亦與度牒, 而無度牒者, 卽充軍伍, 新創之寺, 幷令撤去, 而不撤者, 卽罪守令, 庶使良民不盡髡緇.", 같은 곳, d. "但爲上者, 人所則效, 虛費者, 財所耗竭, 防微杜漸, 不可不愼."

움을 미연에 방지하여 國庫를 충당하는 주체인 백성들의 삶에 관
심을 표명하고 있는 목은의 마음이 담겨 있는 언급이다.

2) 王道政治의 추구

牧隱은 5가지의 服中上疏와 공민왕 5년(1356) 時政八事를 통해
田制의 紊亂이나 불교의 폐단 등을 지적하고 있다. 甲寅柱案을 바
탕으로 田制 문란을 해결하여 田柴科 祿科田으로 이어지는 고려의
田制를 계승하자는 생각이나, 과거제도를 개선하여 學制에서 科擧
制로, 科擧制에서 官制로 직접 연결시켜 고려 초기의 과거제도를
발전적으로 계승하자는 것, 그리고 政房을 혁파하여 吏·兵部를 통
해 합리적인 인사행정을 기하고자 한 것은 제도개혁론이 아니라 제
도정비의 반영이었다. 이렇게 볼 때, 목은은 인간의 본성을 중시한
윤리·도덕적 정치론으로 정치사회를 안정시키고자 하였다. 그리하
여 목은은 여말의 경제변동·신분질서의 혼란을 포함한 사회모순의
수습목표와 방법이 인간의 본성을 바탕으로 사회구조보다는 인간
개개인의 윤리도덕의 확립에 두게 되었던 것이다.198) 그래서 "죽은
귀신을 섬기고 산 사람을 다스리는 것이 천하의 大政인데, 그 근본
은 바로 仁·孝·誠·敬이라 할 것이다."199)라 하였던 것이다. 윤
리사상을 토대로 정치를 실현하자는 것이라 할 수 있다.

牧隱은 王道政治를 일으키는 '興王道'를 자기의 이상으로 삼았

---

198) 이문원, 「목은의 생애와 역사적 위상」, 『牧隱 李穡의 生涯와 思想』,
　　 일조각, 1996, 442~447면 참조.
199) 『목은문고』 권16, 「金純夫父母墓表」, 142면 c. "夫事神治人, 天下
　　 之大政也, 而仁孝誠敬爲之本."

다. 왕도정치는 주지하듯이 孟子에 의해 覇道政治와 대별하여 중
시된 정치사상이다. 왕도정치의 시작은 살아 있는 사람을 잘 부양
하고 죽은 사람을 장사지내는 데 유감이 없게 하는 것이다.[200] 목
은이 앞서 언급한 천하의 大政이 바로 그것이다. 그 중심사상은
물론 '덕으로 仁을 행하는(以德行仁)' 것이다. 목은도 孟子의 이러
한 정치철학을 실천하고자 했다. 그런데 당시는 奇轍·李仁任 등
權臣들에 의해 정치가 혼란스러워 나라의 기강이 제대로 잡히지
못한 때였다. 그래서 목은은 이인임과 염흥방의 탐욕에 대해 탄핵
을 했으며, 개와 고양이의 싸움에 비겨 권신들의 명리싸움을 풍자
하기도 하였다.[201]

牧隱은 그의 詩 「趙鈞伯和」에서, 중량의 단위인 鈞이 바른 역
할을 하여 매매를 하면 어린아이가 시장에 가더라도 물건 값이 마
땅히 절로 均平해 질 것이니, 이것이 바로 王道를 이룬 것이라 했
다.[202] 즉 王道의 완성은 鈞이 제대로의 역할을 하는 것으로, 이
것을 확대해석하면 신하와 임금 간의 역할이 제대로 수행되어야
王道도 실현된다는 것이다. 그래서 목은은 기강을 중시하여 상하
간의 질서 있는 정치를 원했다.

　　하늘과 땅 사이에 나라를 세우고 천제를 대신해서 일을 행하는
　　자를 天子라 하고, 천자를 대신해서 봉국을 나누어 다스리는 자
　　를 諸侯라고 한다. 그 지위에 각각 위와 아래가 있고 형세에 크

---

200) 『맹자』, 「梁惠王 上」, 458면 c. "養生喪死無憾, 王道之始也."
201) 『목은시고』 권18, 「靜坐聞猫狗將接, 赤脚適見而救之, 心語曰, 皆人
　　　畜也, 何不相悅如是哉. 吟得猫狗鬪一篇」, 227면 b.
202) 『목은시고』 권13, 「趙鈞伯和」, 130면 b. "鈞爲五權重, 和則王道行.
　　　聖道皎如日, 萬象無遁情. 浮雲蔽不久, 童子適市中, 物價當自平, 鈞
　　　通無折閱, 是曰王道成."

고 작은 차이가 있어서 결코 문란시킬 수가 없으니, 이것이 바로
『周易』에 履卦가 있게 된 까닭이라고 하겠다. 그렇긴 하지만 하
늘과 땅의 기운이 서로 통하면 泰卦를 이루고, 그 기운이 막혀서
통하지 않으면 否卦를 이루게 된다. 그렇다면 상하의 마음을 서
로 통하게 하면서도 대소의 분수를 정해지도록 하고, 그런 가운데
하늘의 명에 보답하면서 사람의 기강을 닦게 하기 위해서는 어떻
게 해야 하는가?[203]

이 글은 金九容이 관직 제도를 하나의 책으로 정리하고서 책의
이름과 序文을 목은에게 부탁하자, 『周官六翼』이라 命名하고서 지
어 준 글이다. 목은은 『周易』의 履卦에서 "위에 하늘이 있고 아래
에 못이 있는 것이 履卦이니, 군자는 이 괘를 응용해서 위와 아래
를 구분하여 백성의 뜻을 안정시킨다."[204]라는 말을 통해, 인간 사
회에서 상하의 신분을 구별하여 백성들의 마음을 안정시키는 것을
비유한 卦를 가지고 논리를 전개시키고 있다. 천자와 제후는 각각
상하가 있고 형세에 크고 작은 대소의 차이가 있어서 결코 문란해
져서는 안 된다는 것이다. 그러나 목은은 『周易』에서 두 卦를 인
용해, "하늘과 땅의 기운이 서로 통하는 것을 泰라고 한다(天地交,
泰)."라는 태평을 상징하는 泰卦를 통해 하늘과 땅이 서로 통할
수도 있고, "하늘과 땅의 기운이 서로 통하지 않고 막힌 것을 否
라고 한다(天地不交, 否)."라는 亂世를 비유하는 否卦를 통해 하

---

203) 『목은문고』 권9,「周官六翼序」, 72 d~73면 a. "國於天地間, 代天
行事者曰天子, 代天子分理所封者曰諸侯. 位有上下, 勢有大小, 截
然不可紊, 易之所以有履也. 然天地交而成泰, 否則否矣. 求其所以
通上下之情, 定大小之分, 答天命修人紀."

204) 『주역』 권5,「履卦・象辭」, 162면 b. "上天下澤履, 君子以辯上下定
民志."

늘과 땅이 서로 통하지 않을 수도 있다고 했다. 상하의 지위가 정해져 문란해서는 안 되지만 서로 통하지 않으면 亂世요, 서로 통해야만 태평한 시절이 된다는 것이다.

그렇다면 상하의 마음이 서로 통하면서도 주어진 분수에 맞도록 하고, 그런 가운데에서도 사람의 기강이 제자리를 잡기 위해서는 어떠해야 하는가?

> 관직에 있는 자들 모두가 자신의 직책을 준수하면서 마땅히 해야 할 일에 진력할 것을 생각하도록 하고, 만약 자신의 힘이 부족하면 힘껏 노력해서 보완을 할 수 있어야 한다. 그리하여 前日처럼 일단 떠나가 버리면 그만이라는 식으로 생각하지 않아야 한다.[205]

관직에 있는 자들이라면 상하를 불문하고 모두 자신의 직책을 준수하며 마땅히 해야 할 일에 진력해야 하는 것이다. 목은은 다른 글에서도 "일단 관직에 몸을 담은 이상 그 직분에 충실할 수밖에 없으니, 관직에 충실해야 하는 것은 비단 聖人뿐만이 아니라 군자라면 누구나 똑같이 그렇게 해야 하는 것이다."[206]라고 하여, 聖人뿐만 아니라 누구나 역시 관직을 맡았다면 주어진 책무에 충실해야 함을 언급하고 있다. 만약 힘이 부족하면 힘껏 노력하여 보완해야 한다. 이것이 목은이 생각한 이상적인 정치인 것이다. 그렇지만 그 당시 관리들의 行態는 목은의 이러한 생각과는 달랐다.

---

205) 『목은문고』 권9, 「周官六翼序」, 73면 c. "居官者咸有所遵守, 思盡其所當爲, 力不足, 則勉而及之, 不如前日之苟去而已焉."

206) 『목은문고』 권5, 「圃隱齋記」, 39면 a. "在其官, 則盡其職, 盡其職者, 非獨聖人爲然, 凡爲君子者之所共由也."

관직에 몸담고 있는 자들도 그냥 인습적으로 세월만 보내다가
교체되는 즉시로 곧장 떠나버리면 그뿐인데, 심지어는 무엇을 맡
고 있는지 물어보아도 "나는 아직 그런 것을 모른다."고 말하는가
하면, 녹봉이 얼마나 되는지 물어보아도 "내가 녹봉 약간 받는데
지금 벌써 몇 해가 지났다."라는 식으로 말하고 있는 실정이다.
아, 관직을 헛되이 설치해 놓았다고 말하지 않는다면 나는 그 말
을 믿지 못하겠다.207)

관직에 몸담고 있는 관리들이 임기만 채우는 식으로 임기가 끝
나면 곧장 떠나버린다는 것이다. 심지어 맡고 있는 직책이 무엇인
지도 모르는 경우도 있다는 것이다. 그러니 지금의 상황에서 관직
은 헛되이 자리만 만들어 놓은 것이라고 목은은 탄식하고 있다.
그뿐 아니라 당시는 "시대에 편승하여 가볍게 행동하는"208) 관리
들도 있었기 때문에, 사람을 임용할 적에는 그 적격여부를 상세히
따져야 한다고 했던 것이다.209) 그래서 목은은 『周官六翼』이란 책
에 대해 讚辭를 보내며,210) 이 책은 벼슬자리에 있는 사람들이 座
右銘으로 삼아야 할 내용이 들어 있으므로, 벼슬아치들이 소중히
여겨야 하는 책이니, 만약 전해지지 않는다면 '至治', 즉 지극한
정치의 은택이 아래에까지 전해지지 못할 것이라 했던 것이다.

牧隱이 이처럼 『주관육익』이란 책에 대해 찬사를 보내는 이유가

---

207) 『목은문고』 권9, 「周官六翼序」, 73면 b. "居官者因仍歲月, 得代卽
去, 至有問其官守則曰, 吾未之知也; 問其祿則曰, 吾受祿若干, 今已
若干年矣. 嗚呼! 不曰虛設, 吾不信也."

208) 『목은문고』 권2, 「陽軒記」, 18면 b. "輕以趨時."

209) 『목은문고』 권9, 「周官六翼序」, 73면 a. "其所以用人也詳."

210) 『목은문고』 권9, 「贈金敬叔秘書詩序」, 74면 a~b. "然此皆文章爾.
傳不傳, 非所急也. 周官六翼在位者之座右銘也. 如其不傳, 至治之
澤不降矣. 其關於世道, 豈不重哉."

무엇일까? 그것은 관직에 있는 자들 모두가 자신의 직책을 준수하면서 마땅히 해야 할 일에 진력할 것을 생각하도록 하고, 만약 자신의 힘이 부족하면 힘껏 노력해서 보완을 할 수 있게 해 주었기 때문이다. 그렇다면 구체적으로 자신의 직책을 어떻게 수행해야 하는가? 먼저 君主의 경우를 살펴보면, 다음과 같다.

> 上이 謙謙君子의 덕을 갖추었고 보면 그 도가 더욱 빛나게 되리니, 이것이 첫 번째 아름다움이다. 上이 허심탄회한 심경을 지녔고 보면 온갖 상서로움이 모여들 것이니, 이것이 두 번째 아름다움이다. 겸양하는 자세가 드러났고 보면 백성들이 앞으로 다투지 않게 될 것이니, 이것이 세 번째 아름다움이다. 文敎를 숭상하는 모습을 보였고 보면 백성들이 교화를 따를 줄 알게 될 것이니, 이것이 네 번째 아름다움이다. 知申事는 왕명을 출납하는 직책을 맡고 있으니 이른바 喉舌의 신하이다. 그런 신하를 후하게 대우하는 것이야말로 미쁘다고 해야 하지 않겠는가? 이것이 다섯 번째 아름다움이다. 字劃을 반드시 바르고 곧게 쓰면서 대소가 한결같이 되게 하였고 보면, 이는 또 專一함을 보여주려고 한 것인데, 專一함은 곧 誠과 통하는 말이다. 誠이 있고 난 다음에야 각 존재의 의미가 있게 되는 것이니, 이 誠이야말로 참으로 위대한 덕목이라고 해야 할 것이다. 하늘이든 사람이든 어떻게 이 誠에서 벗어날 수 있겠는가? 이것이 여섯 번째 아름다움이다.211)

이 글은 글씨와 詩에 능했다는 元나라 승려 普光의 글자에 恭愍王212)이 보충해서 써 준 두루마리 뒤에 적은 글이다. 왕의 덕을 6가

---

211) 『목은문고』 권13, 「書上扎補正雪菴大字卷後」, 108면 c. "上德謙謙則道光, 一也. 上心虛則善集, 二也. 示讓則民不爭, 三也. 右文則民知化, 四也. 知申事出納王命, 所謂喉舌也. 待之厚, 其不允乎, 五也. 字畫必正必直, 大小如一, 又以示夫專一也. 專一者誠, 誠而後有物, 大哉誠乎. 天人其外此諸, 六也."

지로 나누어 칭송하고 있다. 첫째가 謙謙君子이다. 『周易』·「謙卦」
의 "겸손하기 그지없는 군자는 몸을 낮추어 자신을 기른다."213)를
인용해, 군주의 최우선 덕목이 겸손함이라는 것이다. 두 번째는 마
음을 비워 온갖 상서로운 것들이 몰려오는 虛心이다. '虛心'은 『莊
子』의 '心齋'를 논하는 대목에서 "저 빈곳을 보아라. 텅 빈방에서
광채가 뿜어 나오지 않던가? 온갖 길하고 상서로운 것은 조용히 멈
추어 있는 곳에 모여드는 법이다."214)에서 인용한 것이다. 목은은
앞 단락에서도 "주상전하께서는 謙光의 자세로 若虛의 행동을 보여
주시면서 그 뛰어난 자질을 드러내 보이지 않고 계시니, 아! 얼마나
아름다운 일이라 하겠는가?"215)라고 하여, 이 두 가지 덕목을 칭송
하고 있다.

  그리고 겸양하는 자세로 말미암아 백성들 역시 임금의 모습을
본받아 앞으로 다투지 않을 것이라는 것이 세 번째 덕목이다. 네
번째는 임금이 文敎를 숭상하니 백성들은 교화를 따라 줄 것이라
하여, 군주가 좋아하는 것은 아래 사람들은 더 좋아한다는 孟子의
생각을 바탕으로 제시하였고, 다섯 번째는 신하를 잘 대접하는 왕
의 태도요, 마지막은 위대한 덕목인 誠을 지니고 있다는 것이다.
목은은 이렇게 표면적으로는 공민왕이 갖춘 여섯 가지 덕목을 칭
송하면서, 내면적으로는 君主가 지녀야 할 여섯 가지 덕목을 제시

---

212) 염흥방이 지신사가 된 것이 공민왕 16년이니, 이때의 上은 공민왕
    이다.
213) 『주역』 권6, 「謙卦·初九 象辭」, 197면 b. "謙謙君子, 卑以自牧也."
214) 『장자』 권2, 「內篇·人間世」, 14면, 『漢文大系』, 學古房, 1982. "瞻
    彼闋者, 虛室生白, 吉祥止止."
215) 『목은문고』 권13, 「書上扎補正雪菴大字卷後」, 108면 a. "然且謙光
    若虛, 不有其美, 猗歟休哉."

하고 있는 것이다.

牧隱은 또 신하의 역할에 대해서도 언급하였다. 구체적 사항은 다음 장에서 자세히 다루고 있기 때문에, 이 장에서는 원론적인 부분만을 살펴보기로 한다.

어버이를 섬기거나 임금을 섬기거나 그 도리는 똑같은 것이다. 자식이 부모에 대해서 그 도리를 제대로 다하여 극진히 섬기는 것과 신하가 임금에 대하여 그 도리를 제대로 다하여 극진히 섬기는 것, 이것이 바로 孝와 忠의 개념이라고 할 것인데, 程子가 "자기를 모두 바치는 것."으로 忠을 해석한 뒤에 사람들이 비로소 孝라는 것도 忠과 같다는 것을 알게 되었을 뿐이다. 이렇게 본다면 신하가 되어서 자기를 모두 바치는 그것은 바로 조정에 있어서의 孝라 할 것이요, 자식이 되어서 자기를 모두 바치는 그것을 바로 집안에 있어서의 忠이라 할 것이다. 따라서 벼슬할 때에는 기뻐했다가 그만둘 때에는 성을 낸다면 이것은 임금에게 자기를 모두 바치지 못하는 것임이 분명하고, 가까이 있을 때는 친근하게 굴다가 멀리 있을 때에는 잊어버린다면 이것은 어버이에게 자기를 모두 바치지 못하는 것임이 분명하다. 孝라는 것은 멀고 가까운 데에 따라 달라지지 않는 것이요, 忠이라는 것은 벼슬하고 그만두는 데에 따라 바뀌지 않는 것인데, 자기를 모두 바치는 자가 아니라면 어떻게 이것을 제대로 해낼 수가 있겠는가?216)

이 글은 조정에서 배척을 당하고 나서 어버이를 찾아뵈러 가는

---

216) 『목은문고』 권7, 「送朴中書歸覲序」, 56면 d. "且夫事親事君, 其道則同. 子之於父母, 事之能盡其道; 臣之於君, 事之能盡其道, 是忠孝之立名也. 程子以盡己訓忠, 然後人始知孝者亦忠焉而已爾. 然則爲臣而盡己, 在朝之孝也; 爲子而盡己, 在家之忠也. 仕而喜; 已而慍, 則必不能盡己於君, 近而狎; 遠而忘, 則必不能盡己於親. 孝不以遠近異; 忠不以仕已易, 非盡己者能之乎."

朴中書에게 준 「送朴中書歸覲序」라는 글의 일부분으로, 전체가 對比의 修辭를 사용하여 전개하고 있다. 자식의 도리인 孝와 신하의 도리인 忠이 같은 원리이며, 이 둘을 잘 이행하라는 것이 주요 골자이다.

신하는 조정에서 자기를 모두 바치는 것이 忠이다. 앞서 보았듯이 자신의 직분에 충실해야 기강이 서는 것이다. 그래서 목은은 朴中書가 조정에 있을 때의 모습을, "자신의 직분을 극진하게 수행할 것만을 생각하여 마땅히 해야 할 일이 있으면 하지 않은 일이 없었다. 그리하여 아침에 출근하고 저녁에 숙직을 하는 모든 일에 있어서 흐트러지는 모습을 보이지 않고 갈수록 성실한 모습을 보여주기만 하였다. 그러니 자신이 쓰이건 버려지건 승진하든 쫓겨나든 간에, 그것이 자기와 무슨 상관이 있어서 榮辱으로 삼을 가치가 있다고 생각했겠는가? 이것이 바로 박중서의 마음인 것이다."[217]라고 박중서의 忠을 그려내고 있다. 목은은 이러한 박중서에게서 신하의 도리인 忠을 발견한 것이다.

따라서 벼슬할 때는 기뻐했다가 그만둘 때에는 화를 낸다면 이것은 임금에게 자기를 모두 바치는 '盡己'를 한 것이 아니기 때문에 忠이 아니다. 그러니 忠이라는 것은 벼슬을 하느냐, 하지 않고 그만두느냐에 따라 바뀌어서는 안 되는 것으로, 상황에 따라 편의대로 바뀌는 것은 忠이 아니라는 것이다. 목은은 이렇게 신하가 임금에게 자기를 모두 바치는 '盡己'를 해야 하는 것이 忠이며, 관직에 있는 자들이라면 상하를 불문하고 모두 자신의 직책을 준수하며 마땅히 해야 할 일에 진력해야 하는 것이 바로 忠이라 보았

---

217) 같은 곳, c. "蓋於朝, 則思盡已之職, 當爲無不爲. 朝衙夕直, 不懈益虔而已. 用舍升黜, 何與於我, 而足以爲榮辱乎? 此中書之心也."

다. 고려 말 附元輩들이나 事二君도 불사하던 기회주의가 횡행하
던 혼란한 사회적·정치적 상황 속에서 신하가 나아가야 할 指標
를 제시하고 있는 것이다.

牧隱은 당시의 정치적 상황에서 신하와 군주가 각자 행해야 할
일들을 잘 이행하여 盡己하는 것이 훌륭한 정치라고 생각하였다.
그런데 이렇게 자신의 위치에서 자기를 모두 바쳐 기강을 세우는
것도 중요하지만, 신하와 군주 간에 조화가 또한 반드시 필요한
것으로 보았다.

  하늘과 땅처럼 크고 넓은 것도 오히려 서로를 의지하고 있는 터
  인데, 더구나 綱常과 風化가 직결되는 人倫의 아름다움이야 더 말
  해 무엇 하겠는가. 따라서 君臣 간에 서로 도움을 주고 朋友 간에
  서로 충고를 해 주어야만 제왕의 아름다운 정치를 유지할 수 있는
  것으로서, 서로 의지하지 않고 최고의 경지에 이를 수 있었던 경우
  는 지금까지 한 번도 있지 않았다. ……그렇게 되면 서로 갈등을
  빚는 일이 없이 건의를 하면 받아들이고 계책을 세우면 따라 주어
  자연히 공적이 이루어지고 정치가 안정될 것이니, 군신 간에 서로
  인연을 맺는 효과가 또 얼마나 아름답다고 하겠는가?218)

  人倫의 아름다움과 직결되는 綱常과 風化를 유지하기 위해서는
君臣 간에 도움을 주고 朋友 간에 서로 충고를 해 주어야만 아름다
운 정치를 유지시킬 수 있다고 보았다. 君臣과 친구 간에 의지하며
責善을 하면 三綱과 五常, 그리고 風化의 아름다움이 드러나 정치

---

218) 『목은문고』권10,「子因說」, 80면 c〜d. "天地大矣廣矣, 猶相依附,
   況人倫之懿, 綱常風化之所係者乎? 故君臣之相資; 朋友之相責, 所
   以維持帝王之治之美, 未有不相因而能致乎其極者也. ……無有齟齬,
   言聽計從; 功成理定. 所以相因之效, 不曰美歟?"

가 안정될 수 있다는 것이다. "임금이 바야흐로 학교를 일으켜서 教化를 앞세우고 刑名을 뒤로 하고 있는데도 儒術의 효과가 환하게 드러나지 않은 지가 오래되었다."[219]라는 언급처럼, 혼자의 힘보다는 君臣 간의 합심으로 기강을 바로잡아야 올바른 정치가 달성된다는 것이다. 다음의 글 역시 목은의 이러한 생각이 잘 드러나 있다.

옛날의 군자들은 자기 임금을 보좌하면서 그 의리를 극진히 행하였다. 그래서 임금 역시 그 신하들을 예우하면서 풍성함을 한껏 누리게 하였다. 그리하여 풍성하게 예우하고 의리를 극진히 행하는 가운데 뜻이 같아지고 기운이 합해져서, 울연히 구름이 용을 따르고 유연히 물고기가 물을 만난 것처럼 된 것이었다. 그리고 노년에 접어들어서도 쉬는 일과 쓰이는 일을 서로들 번갈아 가면서 하였으니 黃髮을 드리우고 白髮을 얹은 그 나이에는 몸에 매인 일이 없이 한가롭게 여생을 즐기는 것이 당연했을 텐데도, 자리를 떠났다고 해서 하루라도 국가를 잊은 적이 일찍이 있지 않았었다. 그리하여 의논할 일이 생기면 결단을 내리고 국난이 발생하면 뛰어들었으니, 군신 간에 어쩌면 그렇게도 깊이 서로들 마음이 들어맞았단 말인가? 그런데 내가 元巖에서 여러 원로들이 함께 모여 연회를 베풀며 唱和한 詩를 읽어보고는 여러 차례나 탄식을 금하지 못하였다.[220]

공민왕 10년(1361)에 홍건적이 개경을 함락하자 왕은 安東으로

---

219) 『목은문고』 권7, 「送江陵道按廉金先生詩序」, 56면 b. "上方興學, 先敎化而後刑名, 然儒之效不白久."

220) 『목은문고』 권9, 「元巖讌集唱和詩序」, 74면 d. "古之君子相其君也 盡其義, 故其君之所以禮貌者極其豊. 禮之豊; 義之盡, 志同氣合, 蔚 然而雲從龍; 悠然而魚在水. 及其老也, 更休迭用, 優游佚豫於垂黃 戴白之年, 而未始以去位, 一日忘國家. 有議則決; 有難則赴. 君臣之 間, 何其相得之深哉. 予於元巖諸老讌集詩, 蓋三嘆焉."

피난하였다가 2년 뒤에 개경으로 돌아온다. 이 글은 元巖에서 연회를 베풀고 唱和한 詩에 적은 글이다. 목은은 옛날 군자들은 의리를 극진히 하여 임금을 보좌하고, 임금은 신하들을 예우하여 뜻이 같아지고 기운이 합쳐졌다고 했다. 그리하여 "구름은 용을 따르고 바람은 범을 따르니, 성인이 나오시면 만물이 모두 우러러보게 마련이다."221)라는 『周易』의 이야기와 "물고기가 물을 만났다."라는 劉備가 諸葛孔明을 보고 말했던 故事를 통해 군신이 서로 감응하여 의기가 투합되는 상황에 대해 언급하고 있다.

또한 목은은 白髮을 드리운 신하가 노년기에 들어 물러나 쉬면서 한가히 여생을 보낼 만한데, 벼슬을 그만두었다고 모든 것을 잊는 것이 아니라 큰 일이 생기면 나라를 구하기 위해 뛰어들어 직분을 다했던 例話를 제시하고 있다. 즉 여러 老臣下들이 이미 늙긴 하였으나 임금이 扶蘇 남쪽 法宮 안에 계시지 못한 것을 가슴 아프게 여기고는, 솔선해서 무기를 잡고 서로 번갈아 야외의 막사에서 숙직하면서 風雨와 寒暑에도 그만두는 일이 없자, 이에 各級의 관원들이 이를 본받고 모범으로 삼아 각자 자신의 직책을 수행하면서 감히 결함이 있게 하지 않았으니, 조석으로 周旋하는 사이에 사람의 마음을 감동시켜 國體에 도움이 되게 한 것이 또한 많았던 것이다. 이렇게 본다면 廟堂에 앉아서 호령을 하는 것과 다른 것이 없는 것이라고 목은은 본 것이다.222) 목은은 이렇게 임

---

221) 『주역』 권1, 「乾卦·九五」, 86면 d. "雲從龍, 風從虎, 聖人作而萬物觀."

222) 『목은문고』 권9, 「元巖讌集唱和詩序」, 75면 a. "諸老旣老矣, 然痛上不在扶蘇之陽, 法宮之中, 身率橐鞬, 更直野次, 風雨寒暑不易. 百司庶僚, 是則是效, 各修厥職, 無敢有缺, 則其所以觀感人心, 裨益國體於朝夕周旋之間者多矣, 與坐廟堂出號令者奚擇哉?"

금을 보좌하는 신하와 신하를 예우하는 君臣 간에 서로 마음이 맞
는 정치, 그러한 정치가 바로 王道政治요, 이상적인 정치라고 여
겼던 것이다.

　그러나 결국 목은은 자신의 이상인 '制民產'과 '興王道'를 실행
에 옮기지 못했다.

　　백성들의 생활 근거를 마련해 주면서 王道政治를 일으키는 것
　이 바로 나의 뜻이었는데, 결국에는 이를 행할 수 없게 되고 말았
　으니, 이제 와서 내가 또 어떻게 하겠는가?[223]

　이렇게 "백성들이 경중을 식별하지도 못한 채 의리를 해치고 中
制를 무너뜨리고 있는데, 본심을 잃는 것이 이 정도까지 이르게
한 것이 어찌 백성들의 죄라고 할 수 있겠는가?"[224]라고 하여, 풍
속이 변한 것은 백성들의 죄가 아니라고 하면서, 자신의 이상을
실현시키지 못하고 있음을 안타까워하고 있다. 목은은 풍속이 날
마다 엷어지고 국가의 기강이 날마다 쇠퇴했지만, 이를 만회할 만
한 힘을 갖지 못한 채 하늘이 이끌어 주기만 바랄 뿐이었다.[225]
중소지주 출신으로서 이념적으로 성리학적 명분론에 기초하여 권
문세족과 맞섰지만, 현실적으로 농민에 대한 가혹한 수탈에 대항
할 정도의 정치적·경제적 힘이 미약했던 당시 신흥사대부들의 단
면을 잘 보여준다고 하겠다.[226]

---

223) 『목은문고』 권9, 「農桑輯要後序」, 69면 b. "蓋制民產, 興王道, 予
　　之志也. 而竟莫能行, 奈之何哉."
224) 같은 곳. "其不識輕重, 害義壞制, 失其本心如此, 又豈民之罪哉?"
225) 『목은시고』 권8, 「有感」, 59면 c. ― 前略 ― 風俗日偸薄, 綱常日陵
　　夷. 挽回我無力, 啓迪天有時 ― 後略 ―.
226) 정재철, 앞의 논문, 64면.

牧隱이 비록 '制民産'과 '興王道'를 실행에 옮기지는 못했지만 실천할 방안에 대해 다음과 같이 제시하고 있다.

그런데 백성의 생활근거를 마련해 주면서 王道政治를 일으키는 그 일로 말하면 또 이 정도로 그치지는 않을 것인데, 姜君은 이에 대해서도 일찍이 강구해 본 적이 있는가? 만약 그 일을 기필코 시행해 보려고 한다면 異端을 몰아내는 일부터 시작해야만 마땅할 것이다. 그렇게 하지 않는다면 우리 고려의 풍속을 변화시킬 길이 없을 것이요, 따라서 이 책에 기재되어 있는 것들도 한갓 글자로만 남게 될 것이니, 강군은 더욱 힘써야 할 것이다.227)

牧隱이 생각한 '制民産'과 '興王道'는 衣食을 넉넉하게 하는 방법과 재물을 풍요롭게 하는 방법을 비롯해서 씨 뿌리고 가축을 길러 번식시키는 것만을 의미하는 것은 아니라고 보았다. 만약 이런 기본적인 생활바탕을 실행하려면 반드시 異端을 몰아내는 것부터 시작되어야 한다고 보았던 것이다. 그렇게 해야지만 고려의 풍속이 변화될 것이요, 이 책에 기록되어 있는 내용들도 유용하게 쓸모가 있을 것이니, 姜蓍는 異端을 물리치는 일에 더욱 힘쓰라고 勸勉하고 있다. 결국 목은의 이상인 '制民産'과 '興王道'는 직면한 현실문제보다는 이념적 문제를 먼저 해결하는 異端을 물리치는 것으로부터 시작된다는 것이다. 그 異端을 대신하는 것은 당연히 性理學이 될 것이다. 목은은 性理學으로 異端을 대처하여 어지러운 사회분위기를 정비하려고 했던 것이다.

---

227) 『목은문고』 권9, 「農桑輯要後序」, 69면 c. "制民産, 興王道, 其事又不止此, 姜君亦嘗講之乎? 如欲必行, 當自闢異端始. 不然, 吾俗無由變, 此書所載, 亦爲徒文矣. 姜君尙勉施."

3. 出處上 갈등

牧隱이 살았던 당시는 국제적 · 사회적 · 사상적으로 각 방면에 걸쳐 여러 가지 변동이 발생했던 麗末鮮初의 혼란기였다. 사회가 어지럽고 혼란해질수록 사대부들은 出處에 대한 어려운 선택의 입장에 직면해야 한다. 자신의 인생에 대하여 진지할수록 사람들은 "어떻게 살아가야 할 것인가?" 하는 생활태도를 문제 삼게 된다. 특히 사회적으로 영향력이 큰 인물일 경우 생활태도는 중요한 문제가 된다. 그의 태도가 하나의 본보기로써 타인의 생활태도 결정에 영향을 끼치기 때문이다. 타인에 끼치는 영향을 논외로 하더라도, 그런 태도 여하는 스스로 고귀한 인생을 살게 하는가 천박한 인생으로 허송케 하는가를 결정하는 점에서, 우선 중요시하여야 할 문제이다.228) 坦坦大路의 宦路 생활을 하다 공민왕 死後의 방황, 수구파와 개혁파 간의 대립, 역성혁명 등 결코 범상치 않은 시대상황 속에서 牧隱은 자신의 出處에 대해 어떠한 관점을 지니고 있었을까?

孔子가 蘧伯玉을 君子라 칭찬하며 "나라에 道가 있으면 벼슬했고, 나라에 도가 없으면 거두어 숨길 수 있었다."229)라 언급했고, 孟子는 "궁해지면 혼자서 자신의 몸을 선하게 했고 영달하면 천하를 함께 선하게 해 나갔다."230)고 하여, 전통적으로 사대부는 '천하에 도가 있으면 벼슬하고 도가 없으면 숨는'231) 이분법적인 삶

---

228) 윤사순, 「목은 이색의 사상적 位相」, 『목은 이색의 생애와 사상』, 일조각, 1996, 89면.

229) 『논어』, 「衛靈公」, 362면 a. "邦有道則仕, 邦無道則可卷而懷之."

230) 『맹자』, 「盡心 上」, 711면 d. "窮則獨善其身, 達則兼善天下."

231) 『논어』, 「泰伯」, 222면 d. "天下有道則見, 無道則隱."

을 살아왔다. 牧隱 역시도 "벼슬하지 않으면 숨고, 숨지 않으면 벼슬한다."232)고 하여, 出하여 관료로 지내는 仕하는 삶과 處하여 자연으로 돌아가는 隱하는 삶을 살았다. 즉 벼슬에 나아가거나 물러나 은거하는, 동전의 양면과도 같은 삶 가운데 한 가지 삶을 선택할 수밖에 없었던 것이다.

그러나 이런 삶이 결코 쉽게 결정지어지는 것은 아니었다. 다음은 50대 초반에 지은 「又賦」라는 詩이다.

山林城市自殊塗　山林과 城市의 삶이란 길이 절로 달라
無處從容著病軀　병든 몸을 조용히 발붙일 곳이 없네
自古鵷鸞羞隱遁　예로부터 벼슬아치들은 은둔하기를 부끄러워했고
至今麋鹿避憂虞233)　지금도 處士들은 세상 근심 걱정을 피해 살고 있네

出의 삶을 사는 벼슬아치들은 隱하기를 부끄러워하고, 處의 삶을 사는 처사들은 세상 근심과 담을 쌓고 사는 獨善其身의 생활방식으로 살아간다. 入世와 出世의 방식은 이렇게 길이 완전히 다른 것이다. 그래서 자신은 出과 隱의 삶에 발을 들여놓기가 쉽지 않다고 한 것이다.

1) 出仕觀

牧隱은 李仁任 정권이 실각한 후 門下侍中의 자리에 올랐다.

<hr>

232) 『목은문고』 권5, 「圃隱齋記」, 39면 c. "不仕則隱, 不隱則仕."
233) 『목은시고』 권11, 「又賦」, 101면 a.

그 당시 明은 공민왕의 승하 이후, 계속 고려에 執政大臣의 파견
을 요구해 왔다. 그러나 모두 두려워하여 감히 明나라로 가려하지
않았으나, 牧隱이 자청했다. 그때 昌王과 대신들은 너무 늙고 병
으로 쇠약하다는 이유로 만류를 하였으나, 牧隱은

> 臣이 布衣로부터 재상의 지위에 이르렀으므로 항상 죽음으로써
> 나라에 보답하려고 했었는데, 이제야 죽을 곳을 얻었습니다. 설령
> 도중에 죽어 시신으로 國命을 전한다 하더라도, 진실로 천자에게
> 국명을 전달할 수만 있다면, 비록 죽어도 사는 것이나 마찬가지입
> 니다.[234]

라고 하였다. 그의 나이 61세(1388) 때의 일이다. 이런 마음가짐으
로 明에 入朝하니, 高皇帝가 牧隱을 가상히 여겨 慣例를 초월하
여 禮遇를 두터이 했다고 한다. 布衣의 신분에서 재상의 지위에까
지 이르렀으니 孝의 최종목적인 立身揚名을 이룬 것이다. 그러니
이러한 은혜를 베풀어 준 나라에 대해 죽음으로써 보답하려고 했
다. 목은은 滅身報國하는 出에 전심하고 있는 것이다.

　　그럼 목은이 생각한 出에서의 仕란 어떤 것인가? 아래의 「南谷記」
는 그의 仕에 대한 생각을 읽을 수 있는 작품인데, 牧隱과 16·17세
때부터 함께 교유하면서 공부하던 知己이기도 한 李茂芳(1319~
1398)[235]을 위해 지어 준 記文이다.

---

234) 『목은고』, 「行狀」, 508면 d. "臣以布衣, 位至極品, 常欲以死報之,
　　今得死所矣. 設死道路, 以屍將命, 苟得達國命於天子, 雖死猶生."
235) 본문에는 '先生名釋之'라고 되어 있으나, 목은의 착오다. 釋之는 그
　　의 字이다.

그러나 벼슬살이를 하는 사람은 이와 정반대라고 할 수 있다. 그 육신은 반드시 조정의 위에 세워서 軒裳(수레와 관복 - 인용자)과 圭組(옥으로 만든 笏과 印綬 - 인용자)로 아름답게 하고, 그 이름은 반드시 온 누리에 들리게 해서 문장과 도덕으로 실증을 하게 마련이다. 그리고 보면 그 마음에 두고 있는 것 역시 곧장 政事로 드러나게 되어 노래와 시로 칭송을 받으면서 사방에 빛을 뿌리게 될 것이니, 그 마음을 어떻게 숨길 수 있겠는가?[236]

벼슬살이하는 사람은 우선 몸이 조정에 우뚝 서서 화려한 수레와 관복을 입고 옥으로 만든 홀과 인끈을 차고서 아름다움을 드러낸다. 다음으로 그의 이름을 온 세상에 날리며 문장과 도덕으로 실증을 한다. 그리고 마음은 政事에 두어 노래나 詩로 칭송을 받는다. 이것이 仕요, 隱과는 정반대라는 것이다. 즉 儒者의 근본목표인 立身揚名과 經國濟民을 실현시켜야 하는 것이 仕라고 牧隱은 정의를 내리고 있다.

그런데 이 단락의 끝 부분에, '그 마음을 어떻게 숨길 수 있겠는가?'라고 하여, 儒者가 仕에 대한 마음을 숨기는 것은 쉬운 일이 아니라 하였다. 왜냐하면 儒者란 자신이 배운 聖賢의 가르침을 가지고 政事라는 도구를 통해 백성을 교화시키는 것이 가장 이상적인 삶으로 여기고 있었기 때문이다. 결국 修身은 平天下를 위해 필요한 것이다. 이어지는 글에서 이무방이 지금은 南谷에 있지만, 숨어 사는 것으로 자처하지 않기 때문에 남곡에 숨어 사는 것이 아니라고 목은은 말하고 있다. 즉 이무방의 현재 처지는 出도 아니요 隱도 아니지만, 仕의 마음을 지니고 있다는 것으로 매듭을

---

236) 『목은문고』 권1, 「南谷記」, 9면 c∼d. "仕者則反是. 身必立朝廷之上, 而軒裳圭組以華之, 名必聞海宇之內, 而文章道德以實之, 則其心之所存, 形于政事, 被于歌詩, 而灼于四方矣, 心可隱乎?"

짓고 있다.

이처럼 牧隱은 仕란, 隱과 정반대의 의미로 身과 名과 心을 다 드러낸 것이라 하였다. 그러면 牧隱이 생각한 仕는 구체적으로 어떠한 모습이어야 하는가? 身과 名에 대한 언급보다는 주로 心에 대한 제시가 많은데, 살펴보자면 다음과 같다.

우선 巨視的인 면에 있어서, 벼슬아치란 사방에 빛을 뿌려서 백성에게 윤택한 삶을 제공하는 '澤民'을 생각해야 한다는 것이다. "아! 선비가 이 세상에 태어나서 때를 만나지 못한다면 그만이지만, 만약 때를 얻어 뜻을 펼 수만 있다면 천자의 대통일을 도와서 천하에 陽春을 펼치도록 노력해야 할 뿐이다."[237]라는 언급처럼, 벼슬아치는 천자를 도와 대통일을 이루고서 온 세상에 따뜻한 봄으로 가득 차게 해야 한다는 것이다. 온 세상이 陽春으로 가득 차기 위해서는 우선 백성이 편안하고 생산이 많아 여유가 있어야 한다.

그렇다면 백성이 편안해지고 物産이 풍부해져서 어느 곳을 가더라도 吟風弄月할 만한 곳이 되기 위해서는 出仕한 사람이 어떻게 해야 하는가? "나라에 큰 일이 없을 때 刑政을 제대로 닦아 나가야 한다."[238]고 했다. 이것은 "국가가 한가로우면 이때를 맞아 政刑을 밝힌다."[239]라는 孟子의 사상을 계승한 것으로, 臨渴掘井이 아니라 無事한 시절에 벼슬아치가 刑政을 제대로 처리하면 백성의 삶은 윤택해진다는 것이다.

다음으로 세부적인 면에 있어서, 구체적으로 지방수령은 어떠해

---

237) 『목은문고』 권3, 「陽村記」, 20면 c. "嗚呼! 士生斯世, 不遇則已. 遇則佐天子大一統, 布四海陽春焉而已."

238) 『목은문고』 권1, 「西京風月樓記」, 8면 b~c. "我國家及閑暇, 修政刑, 民物阜康, 江山清麗, 無適而非吟風弄月之地."

239) 『맹자』, 「公孫丑 上」, 512면 d. "國家閑暇, 及是時, 明其政刑."

야 하는가? 수령의 직분은 백성을 친근하게 대하여 백성이 가능한 한 안정하는 것이며,[240] 백성들에게 은혜를 베풀려고 노력할 뿐 무턱대고 위엄을 보이려 해서는 안 된다.[241] 수령으로서 위엄만 지킨다거나 무조건적으로 은혜만 베푸는 것이 아니라, 위엄과 은혜를 병행하여 백성을 어루만져 안정시켜야 한다. 士大夫는 자신들의 군주가 聖君이 되도록 보좌하고 풍속을 순화하는 것을 자신들의 피할 수 없는 책임이라 여겼기에[242] 지방의 수령으로 백성의 풍속을 제대로 관찰해야 한다. 이렇듯 목은은 위엄과 은혜를 병행해서 백성을 안정시키고, 풍속을 잘 관찰하는 것이 수령의 임무라 여겼다. 또한 "내가 王人의 신분인데 누가 감히 나를 함부로 대하리오라는 생각만 하지 말고, 하는 일 없이 여기에서 놀기만 하거나 욕심대로 하지 말아서, 이 고을 수령의 뜻을 저버리는 일이 없어야 한다."[243]고 하여, 수령이 경계해야 할 점도 잊지 않고 제시하고 있다.

牧隱은 일단 관직에 몸담은 이상 지위의 높고 낮음이나, 俸祿의 후하고 박함에 대해서는 따질 것이 없이 자신의 뜻을 행할 수 있으면 족하고,[244] 그 직분에 충실해야 한다[245]는 것이 仕의 기본

---

240) 『목은문고』 권3, 「谷州公館新樓記」, 27면 b. "守領親民之職也, 民安則斯足矣."

241) 『목은문고』 권6, 「南陽府望海樓記」, 50면 a. "化其吏, 不敢加以政, 惠其民, 不敢施以威."

242) 馬華・陳正宏, 『隱士生活探秘』, 강경범・천현경 譯, 동문선, 1997, 79면.

243) 『목은문고』 권1, 「靈光新樓記」, 5면 c. "我王人也, 誰敢侮予, 無佚遊, 無縱欲, 無負守土者之意, 斯可."

244) 『목은문고』 권7, 「送楊廣道按廉韓侍史序」, 55면 a. "夫士之立朝, 不問位之崇, 祿之厚薄, 得行其志, 斯足矣."

모습이라고 여겼다. 목은은 이러한 仕의 모습을 지키고자 하였다. 그리하여 거의 全 生涯에 걸쳐 出하여 仕의 직분을 충실히 수행 하려고 하였다. 하지만 격변의 시대 한 가운데에 머물러 있었던 그의 片舟는 몰아치는 風浪에 떠밀려 갈 수밖에 없었던 것이다.

2) 隱居觀

隱이란 漢文 문화권에서 오랜 세월을 두고 積層되어 왔다. 이것은 추상으로써의 隱遁을 동경하고, 나아가 문자로 美化하는, 지식인 집단이 구체적 정치 현실과 遭遇하여 이루어낸 독특한 행동양식이다.246) 號에 '隱'자를 사용한 것은 고려 말에 시작된 풍조이다. 慶州의 崔瀣가 農隱이라 하였고, 星州의 李仁復이 樵隱이라 했으며, 潭陽의 田綠生이 野隱이라 했다.247) 이는 隱을 하나의 고상한 旨趣로 의식하게 되었음을 반영한 현상으로, 중소지주적 기반을 가지고 중앙의 官人으로 진출한 사대부들의 생활의식인 것이다.248) 李穡 역시 신흥사대부의 한 사람으로 이러한 의식하에 자신의 號를 牧隱이라 하였던 것이다.

牧隱이 생각한 隱이란 어떤 것인가? 앞서 보았던 「南谷記」를 통해 계속 살펴보기로 한다.

---

245) 『목은문고』 권5, 「圃隱齋記」, 39면. "在其官則盡其職."
246) 김성언, 「은둔의 美學, 漁溪 趙旅의 시를 중심으로」, 『동양한문학연구』 제14집, 동양한 문학회, 2001, 7면.
247) 『목은문고』 권4, 「陶隱齋記」, 28면 a. "鷄林崔拙翁自號曰農隱, 星山李侍中自號曰樵隱, 潭陽田政堂自號曰野隱."
248) 임형택, 「李朝前期의 士大夫文學」, 『한국문학사의 시각』, 창작과 비평사, 1984, 381~388면.

내가 듣건대, 숨어 사는 사람은 그 육신만 숨기는 것이 아니라
반드시 이름까지도 숨기고, 그 이름만 숨기는 것이 아니라 반드시
마음까지도 숨긴다고 들었다. 그렇게 하는 것은 다른 이유에서가
아니라, 사람들에게 알려지는 것이 두렵기 때문에 사람들로 하여
금 자기를 알지 못하게 하려고 하기 때문이다.249)

隱에 대한 개념을 제시하고 있는 부분이다. 隱者가 되기 위한
세 가지 조건을 제시하고 있다. 우선 隱者의 첫째 조건은 몸(身)을
숨기는 것이다. 隱者가 되기 위한 가장 기본적인 조건이다. 그런데
어디에 身을 숨겨야 하는가? 牧隱은 "산림에 묻혀 몸소 농사를 지
을 필요가 없이, 大隱은 예로부터 史冊에 기록된 것이다."250)라
하였다. 大隱은 참된 隱者를 뜻하는 것으로, 晉나라 王康琚의 「反
招隱詩」에 "작은 隱者는 산림 속에 숨고, 큰 隱者는 朝市에 숨는
다(小隱隱陵藪, 大隱隱朝市)."라 하였으니, 牧隱은 朝市에 몸을
숨기는 것이 참된 隱이라 여겼던 것이다.

둘째, 隱者는 자신의 몸만 숨기는 것이 아니라 이름(名)도 숨긴
다는 것이다. 일반적으로 자신의 몸만 숨기는 그런 隱이 아니라
이름마저도 숨겨야 한다는 것이다. 魯迅이 隱士란 '진정으로 명성
을 드러내지 않고 산림에 은거한 인물'이 결코 아니라고 지적하였
듯이, 만약 그들이 진정 숨고자 했다면 사람들이 隱士의 존재도
몰랐을 것이다.251)

끝으로 隱者는 이름을 숨기는 것에서 끝나는 것이 아니라 마음

---

249) 『목은문고』 권1, 「南谷記」, 9면 c. "吾聞, 隱者不獨隱其身, 又必名
　　之隱, 不獨隱其名, 又必心之隱. 此無他, 畏人知而不使人知也."

250) 『목은시고』 권12, 「將遣家奴踏驗新田」, 120면 a. "不須林下躬耕去,
　　大隱由來史所書."

251) 마화 · 진정굉, 앞의 책, 275면.

(心)도 숨긴다고 했다. 숨겨야 하는 마음이란 어떤 마음일까? 단순히 몸을 숨기고자 하는 마음일 수도 있겠으나, 다음 단락에서 隱에 대한 정반대인 仕에 대해 설명하면서 '마음에 두고 있는 것이 곧장 政事로 드러난다.'라는 언급에서 알 수 있듯이, 여기서의 心이란 經國濟民을 의미한다. 경국제민의 마음을 숨긴다는 것은 道家的 隱에 가깝다. 儒家와 道家의 지향점은 다르나, 出處에 있어서 실질적인 모습은 혼재되어 있다. 儒家나 道家나 현실적 상황이 맞지 않아 隱을 선택하더라도, 儒家는 언제나 天下에 마음을 두고 있지만 道家는 그렇지 않다. '선비의 뜻은 兼善이지 물러나 自守함은 본심이 아니다.'[252)라는 栗谷 李珥(1536~1584)의 언급처럼, 士의 목표는 經國濟民인데, 이러한 마음을 숨긴다는 것은 현실 세계에 대한 참여에서 마음이 멀어졌음을 의미한다.

이것으로 보아, 牧隱이 규정한 진정한 隱이란 몸(身)과 이름(名)을 숨겨 자취를 남기지 않을 뿐만 아니라 천하를 마음(心)에 두지 않는 것이다. 그리하여 사람들이 자신이 隱하고 있다는 사실을 모르는 것이 진정한 隱이라 여겼다.

사대부들이 隱을 하고자 했던 이유 중의 하나는 親自然이다. 세속의 번잡함으로부터 벗어날 수 있었기에 자연에의 삶에 보다 큰 의미를 부여하는 것이다.[253) 목은 역시 뛰어난 절경을 찾아가고는 싶었으나 몸이 쇠약해서 갈 수 없음을 애석해한 적이 있다. 그런데 牧隱이 자연을 찾는 이유는 단지 절경이 좋아서, 즉 親自然만

---

252) 『율곡전서』 권15, 「東湖問答」, 317면 a~b. "客曰, 士生斯世, 莫不以經濟爲心, 宜乎心迹皆同, 而或進而兼善, 或退而自守, 何也? 主人曰, 士之兼善, 固其志也, 退而自守, 夫豈本心歟?"

253) 박영호, 「歸去來 의식의 생성동기와 유형에 관한 연구」, 『도교와 자연』, 동과서, 1999,11~13면 참조.

은 아니었다. 산의 유람을 통해 조금이나마 답답하게 맺힌 자신의
심정을 위로 받고자 했으며, 산수 사이에 노닐면서 평소의 회포를
통쾌하게 풀어보고자 했던 것이다.254)

답답한 자신의 심정과 평소 마음에 쌓였던 회포란 무엇인가? 牧
隱은 母親喪(1371)으로 지나치게 슬퍼한 것이 병이 되었는데, 게
다가 공민왕이 승하(1374)했다는 소식을 듣고는 몸이 더욱 나빠져
그 후 7년 동안이나 문밖을 나가지 않았다고 한다.255) 이후에도
爵祿은 주어졌으나, 뚜렷한 활동이 없었던 것으로 보아 이 시기는
정권에서 소외된 듯하다. 牧隱이 전원으로 돌아가고 싶은 이유가
단지 쇠하고 병들었기 때문이었을까? 공민왕대 개혁정치를 통해
강력한 정치세력으로 성장한 신흥사대부는 우왕대 李仁任 정권이
등장하면서 시련을 겪어야 했다. 이인임 정권이 지속되는 동안 신
흥사대부를 비롯한 조정 관료의 정치활동은 제약당할 수밖에 없었
다. 더구나 우왕대는 왜구의 침략이 잦아 당시 정국은 전시체제로
운영될 수밖에 없었을 것이며, 이러한 정치상황은 신흥사대부들의
활동공간을 축소케 하였을 것이다.256) 실제로 牧隱은 우왕 즉위년
(1374)부터 同王 11년(1385)까지 두드러진 정치활동이 드러나 있
지 않다. 그러다가 同王 12년(1386)에 다시 지공거가 되었으며 2
년 뒤에는 이인임 숙청 이후 인사개편에서 判三司事로 발탁된다.
이 당시 牧隱은 모친상과 공민왕의 승하로 몸이 좋지 않은데다,
이인임 정권에 밀려 仕에 대한 자신의 이상을 펼 수 없었던 것이

---

254) 『목은문고』 권4, 「聖居山文殊寺記」, 29~30면; 『목은문고』 권5, 「
　　無隱菴記」, 41~42면.

255) 河崙, 「神道碑銘」, 512면.

256) 김광철, 「권문세족과 신진사대부」, 『한국사』 19, 국사편찬위원회, 1996,
　　170~171면.

다. 그래서 답답한 심정과 쌓인 회포를 현실에서 벗어나 자연으로 돌아가는 歸田園을 통해 위안을 받고자 한 것이다.

號란 이규보의 말대로 '자신이 목표로 삼아 도달할 경지 또는 지향하고자 하는 목표나 의지'를 담고 있다.[257] 牧隱이 언제 자신의 號를 牧隱이라 했는지, 자세한 기록이 나와 있지 않아 정확히 알 수는 없다. 하지만 그가 남긴 詩文을 통해 볼 때, 31세 무렵(1358)에 지은 「送南巽亭存撫江陵次韻」에 처음으로 '牧隱'이란 표현이 보이며, 50대에 들어서는 牧隱子라는 말이 자주 詩文 속에 등장한다. 이것으로 미루어 짐작건대, 牧隱이라는 號를 30대에 지었으며, 50대에 이르러 격변기의 상황 속에서 號에 담긴 의미를 실현시키려 했던 것이 아닌가 한다. 다음의 글도 「南谷記」의 일부분인데, 이 글에서 이러한 정황을 읽을 수 있다.

내가 쇠하고 병든 지가 오래되었으므로, 항상 전원으로 돌아가서 살고 싶었지만 아직껏 실행하지 못하고 있다. 나도 바다에 가까운 밭을 가지고 있고 밭과 붙어 있는 집을 가지고 있으니, 어떻게 해서든지 이 두 가지를 모두 온전히 할 방도를 생각해서 이 한 몸을 마치는 것이 나의 소망이지만, 어찌 쉽게 이룰 수가 있겠는가?[258]

자신은 歸田園하고 싶지만 쉽지 않다고 했다. 田園으로 돌아가기 위해서는 터전이 필요했다. 그래서 그는 "땅이 있어서 안 가는

257) 이규보는 「白雲居士語錄」에서 "古之人, 以號代名者多矣. 有就所居而號之者; 有因其所蓄; 或以其所得之實而號之者."라고 하여 3가지로 號의 作法을 제시하였다.
258) 『목은문고』 권1, 「南谷記」, 9 d~10면 a. "予之衰病久矣, 每欲歸去來, 而未果也. 有田而近於海, 有廬而薄於田, 思得兩全而終吾身, 予之望也, 而豈可易而致之哉?"

것은 말이 안 되는 것이고, 땅이 없는데 가려는 것은 망령된 사람의 일일 뿐이니, 땅을 구하여 어서 시골로 돌아가고 싶다."259)고 노래했던 것이다. 그런데 牧隱이 「南谷記」를 지은 시기가 그의 나이 50세(1377), 이때 그는 전원으로 돌아갈 땅이 해안가에 있었다고 하였다.260) 하지만 목은은 아직껏 歸田園을 실행하지 못했다. 이후 3년 뒤인 1380년에 「送月堂記」를 짓는데, "나는 병든 지 오래되었으므로, 벼슬을 그만두고 함창으로 돌아가 노년을 보내고 싶으나 아직도 그 뜻을 이루지 못하였다."261)고 하여, 전원으로 돌아가는 꿈을 여전히 실현시키지 못하고 있다. 歸田園이 소망이지만, '어찌 쉽게 이룰 수가 있겠는가?'라고 하여 歸田園의 어려움을 토로하고 있다.

그러면 그토록 歸田園하고 싶어 하면서 실행에 옮기지 못했던 이유는 무엇일까? 그것은 다음의 대화에서 실마리를 풀 수 있을 것이다.

冶隱은 진퇴의 의리를 牧隱에게 물었다. 牧隱이 대답하기를, "지금 시대에는 제각기 제 뜻대로 행할 뿐이다. 그러나 우리 大臣

---

259) 『목은시고』 권12, 「求田歌」, 112면 d. "有田不歸甚亡謂, 無田欲歸妄人耳. 求田求田可歸去."

260) 목은은 부친에게서 물려받은 유산도 별로 없었고, 漢山이나 驪州에 賜田이 있었으나 얼마 되지 않았다고 한다.(이우성, 목은에게 있어서 禍昌問題 및 전제문제, 『목은 이색의 생애와 사상』, 목은연구회, 1996, 12~27면 참조) 이러한 이유로 목은이 鄕村으로 귀향하지 못한 이유가 경제적 측면, 즉 무엇보다도 귀거래해서 머물 수 있는 田土에 문제가 있었기 때문이라는 선행연구가 있다.(정재철, 앞의 논문, 32~36면 참조)

261) 『목은문고』 권5, 「送月堂記」, 43면 b. "予病久矣, 乞骸骨將老咸昌, 而未遂也."

들은 국가와 고락을 같이해야 하므로 떠날 수 없지만, 너는 떠날
수 있다."고 하였다.262)

冶隱 吉再(1353~1419)는 禑王 14년 요동출정 때 이미 고려가
망할 것임을 알고 고려와 운명을 같이할 것인가 벼슬을 버리고 낙
향할 것인가를 갈등하다가, 長湍縣에 거처하던 牧隱을 찾아가서
진로에 대한 자문을 구한다. 牧隱은 '大臣은 나라와 고락을 같이
해야 한다.'라는 대답으로 자신은 떠날 수 없음을 시사하고 있다.
그러나 당시 成均博士로 재직 중이던 야은은 떠날 수 있다는 것
이다. 즉 자신도 벼슬이 높지 않았다면 떠날 수도 있다는 의미이
다. 야은은 결국 牧隱의 이야기대로 공양왕 2년(1390) 어머니 봉
양을 이유로 善山의 옛집으로 돌아가 다시는 벼슬길에 들어서지
않았다. 牧隱은 「有感」이란 詩에서, "집이 가난한데 관직은 높아
거취가 어렵다(家貧官大去留難)."263)고 하여, 미관말직에 있는 사
람들처럼 조정을 쉽게 떠날 수 없고 가난을 이기면서 나라를 지킬
수밖에 없는 자기 처지의 딱함을 노래하고 있다. 당시의 정치적·
사회적 상황에 비추어 볼 때, 牧隱은 표연히 벼슬을 버리고 전원
으로 돌아갈 수 없었던 것이다. 政情의 불안과 人心의 反側은 牧
隱으로 하여금 마음 한구석에 항상 막연하게 '歸田園'의 동경을
잠재우게 했던 것이다.264) 牧隱은 身과 名을 숨길 뿐만 아니라 心
도 숨겨야 진정한 隱이라 하였다. 하지만 이러한 隱의 인식과는

---

262) 『月汀漫筆』, 55면. "冶隱問去就之義於牧隱. 牧隱曰: 當今各行其志.
我輩大臣, 與國同休戚, 不可去. 爾則可去也."

263) 『목은시고』 권12, 「有感」, 123면 c.

264) 이우성, 「목은에게 있어서 禑昌問題 및 전제문제」, 『목은 이색의
생애와 사상』, 목은연구회, 1996, 19~21면 참조.

달리 자신은 牧隱이라 자처하면서도 진정으로 현실에서 벗어나 身과 名과 心을 숨길 수 없었다. 인식과 현실은 다를 수밖에 없었던 것이다.

牧隱은 정치적 · 사회적 · 국제적으로 대변혁의 시대 한가운데 살았다. 시대가 혼란할수록 出處를 결정하기란 쉬운 일이 아니다. 그는 역성혁명이 일어나기 전까지 거의 전 생애에 걸쳐 仕로서의 역할에 충실하고 싶었다. 그리하여 공민왕 시절 두 차례에 걸쳐 長文의 上疏를 올려 공민왕의 정치적 개혁에 적극 동참하였던 것이다. 그러나 공민왕 사후, 牧隱이라는 號로만 존재하던 그의 隱에 대한 생각이 정치적 失意期를 당하고부터는 隱을 실현하고자 하였다. 하지만 높은 관직에 있는 그로서는 모든 것을 버리고 자신의 한 몸만을 편하게 하기 위해 歸田園하는, 그것마저도 여의치 못했다. 현실을 벗어나 歸田園하겠다는 그의 갈망은 한낱 관념에 지나지 않았던 것이다. 68세 때(1395) 잠시 오대산에 머물렀을 뿐이었다. 결국 牧隱은 隱遁思想을 지닌 官僚로서, 隱은 憧憬의 대상이었고 이념은 經國濟民의 의식을 지니고 있었던 것이다.

4. 不遇한 人才에 대한 연민

牧隱은 당대의 사회를 살아가면서 뛰어난 재능은 지녔지만 不遇하게 生을 마감한 사람들에게 연민의 情을 보내고 있다. 이들이 불우한 삶을 살았던 것은 여러 가지 요인이 있을 수 있겠으나, 목은이 남긴 산문 작품에 의하면 타고난 개인적 기질로 말미암아 불행한 삶을 살 수도 있고, 運命에 기인할 수도 있으며, 시대적 여건으로 말미암아 어려운 삶을 살았던 이들도 있다. 목은은 남다른 재주와 뜻이 있었던 이들의 불행을 불운의 탓으로 보면서 그들에게 연민과 동정의 심정을 眞率하게 피력해 놓고 있다. 이들이 작가 목은과 똑같이 신흥사대부계급에 속한 인물이라는 점, 그뿐 아니라 하나같이 작자 주변의, 작자와 친분이 있던 인물이기에 목은이 그 爲人과 재능을 익히 잘 알고 있었을 것이라는 점을 감안한다면, 이들의 불행을 顯達한 士大夫인 목은이 몹시 가슴 아파했을 것은 이해하기가 어렵지 않다.265) 그래서 목은은 이들의 불우한 삶에 관한 것을 기록으로 남기고 있는데, 유형에 따라 몇 가지 사례를 중심으로 살펴보기로 한다.

먼저 개인적 氣質로 말미암아 불행한 삶을 살았던 이들이다. 아래는 목은의 최초의 스승이라 할 宋性聰의 傳인 「宋氏傳」의 일부분이다.

책을 쌓아두고 손님을 맞이하며 날마다 그 속에 들어앉아 노래하고 시나 읊조리면서 지냈는데, 돈이 생기기라도 하면 곧장 술과 안주를 사서 먹고 마시는 데에 써 버릴 뿐 조금도 아끼는 법이 없었다. 그리고 산수화나 인물화도 곧잘 그렸는데 그 그림들 역시 그다지 속된 느낌이 들지 않았으며, 성격이 또 직선적이고 솔직해서 자기 마음에 들지 않으면 얼굴색이 바로 변하곤 하였고, 말이 한 번 입에서 나오기 시작하면 뒤에 감당하지 못할 정도로 마구 퍼부어대곤 하였다.266)

---

265) 박희병, 「고려 후기~선초 인물전의 정신사적 검토」, 『韓國古典人物傳研究』, 한길사, 1993, 34~35면.

266) 『목은문고』 권20, 「宋氏傳」, 170면 a. "貯書邀客, 日嘯詠其中, 得錢卽沽酒市般膳, 不少吝. 又能畫山水人物, 亦不甚俗. 性坦率, 事或牴牾, 必變色; 言脫于口, 駟不及."

宋性聰의 脫俗的 성품에 관해 말하고 있는 대목이다. 그는 본래 스님으로, 僧房에 머물지 않고 旻天寺 동쪽에 조그마한 다락방을 지어 놓고 살았다. 스님의 신분으로 僧房에 거처하지 않았다는 것만으로도 不羈의 삶을 살고자 한 그의 태도를 엿볼 수 있다. 그는 그곳에서 佛經을 읽기보다는 노래나 詩를 읊조리거나, 술과 안주를 사는 데 돈을 써 버리는 등 스님의 행동이라기보다는 스님이 지켜야 할 五戒의 격식에서 벗어난 생활태도를 보여주고 있다. 또한 세속적이지 않는 산수화나 인물화를 잘 그리는 능력을 지녔으며, 성격은 직선적이고 솔직해서 자기 마음에 들지 않으면 얼굴색이 바로 변하곤 하였고, 말이 한 번 입에서 나오기 시작하면 네 마리 말이 끄는 수레가 혀를 감당하지 못할 정도로 마구 퍼부어대곤 하여, 세속에서 요구하는 삶의 방식과는 다른 행동을 함으로써 일반인과는 다른 재능과 성품을 지니고 있음을 드러내고 있다. 물론 이것은 다음에 이어지는 그의 行步를 위한 布石이다.

　　그가 詩를 짓는 것을 보면 聲律에 구애받지 않고 그저 귀로 들은 바가 있으면 곧장 토해내곤 하였는데, 어떤 때는 사람을 놀라게 하기도 하고 어떤 때는 그 자리에 있는 사람들 모두를 拍掌大笑하게 만들기도 하였다. …… 그리고 언젠가 한 번은 科擧에 응시해서 일정한 형식에 구애받지 않고 자신의 문자를 펼쳐 보이기도 하였는데, 그 착상이 워낙 기발해서 보통의 상식을 뛰어넘은 점이 있기는 하였으나, 다른 사람의 글과는 달랐기 때문에 有司가 그를 뽑지 않았다.267)

---

267) 같은 곳. "其爲詩章, 不拘聲律, 耳得卽吐出. 或驚人, 或滿座大笑. ……嘗一赴場屋, 文字不蹈繩墨. 雖有奇趣, 不可羈束, 然不類他作. 是以有司不取."

앞서 그의 행동에서 보았듯이, 세속에 얽매이기 싫은 不羈의 性을 지닌 송성총은 詩를 지음에 있어 聲律에 구애를 받지 않고 자신이 하고자 하는 이야기는 바로 詩로 썼기 때문에 사람들을 놀라게도 하고 때로는 웃음을 자아내기도 했던 것이다. 이러한 글쓰기는 당연히 특정한 격식을 요구하는 제도권 안에서는 용납이 되지 않는 것이다. 그러므로 科擧에 응시해서 보통의 상식을 뛰어넘는 기발한 착상으로 답안을 제출했어도 有司가 그를 뽑을 수 없었던 것이다. 科擧는 일정한 격식의 틀을 엄격히 요구하고 있기 때문이다.

그렇다고 송성총이 詩에 대해 正格은 모르고 破格만 아는 것은 아니었다. 목은은 元나라에 가기 전까지는 주로 여기저기 산수를 찾아다니며 학문을 연마했다. 8살 때에는 漢山의 崇井山에서 修學하였고, 14세가 되어서는 江華 喬桐의 華蓋山에서 연마했다.[268] 가끔은 송성총을 찾아가 詩를 배우곤 했는데, 목은이 지은 詩를 보고는 "그만하면 됐다."고 認可하곤 했다. 그 당시 金光載가 주관한 성균시에 목은의 어머니는 응시를 만류했으나, 송성총이 종이까지 사주면서 응시하라고 적극 권장하여 결국 14세의 어린 나이에 합격하게 된다. 목은 자신은 어디까지나 실력이 뛰어나서가 아니라 요행으로 이루어진 일이라고 謙辭를 했지만, 목은의 詩를 認可하고 적극 권장한 송성총의 안목 또한 대단하다고 해야 할 것이다. 목은은 성균시에 합격하기까지 여러 사람들로부터 학문적 영향을 받았는데, 그 대표적인 사람이 송성총과 丘思平[269]으로, 송성총의 詩的 才能 또한 남달랐을 것임을 위의 例話를 통해 쉽

---

268) 『목은시고』 권17, 「讀書處歌 並序」, 201면 a. "漢山崇井山, 予生二歲, 父母歸于鄕, 八歲以後所居也. 喬桐華蓋山, 十四歲所居也."
269) 『목은시고』 권24, 「甲申進士丘思平, 予少也從之游」, 325면 c.

게 짐작할 수 있다.

　　그 뒤 내가 燕京에 가서 지내다가 몇 년 뒤에 돌아와 보니, 그
　때는 이미 宋氏가 죽고 없었다. 아! 슬픈 일이다.270)

　牧隱은 20세(1374)에 元나라에 들어갔다가 23세에 귀국한다. 그
해 12월에 다시 元나라에 갔으나 이듬해 부친의 사망으로 급히 귀
국 길에 오른다. 연경에서 이렇게 몇 년을 머문 뒤에 돌아와 보니
송성총은 이미 죽었던 것이다. 송성총이 목은보다 11살이 많으니,
그는 30대 초반에 죽은 것이다. 그래서 목은은 "그가 만약 조금
더 오래 살아서 나의 出處를 눈으로 보았더라면 필시 기쁜 마음에
잠을 이루지 못했을 것이요, 죽은 자에게 만약 영혼이 있다고 한
다면 지금 자신의 先見之明을 자부하고 있을 것이 또한 분명하
다."271)고 하여, 그의 이른 죽음을 슬퍼하고 있다.

　詩를 짓는데 聲律에 구애받지 않고 그저 귀로 들은 것을 그대
로 토해 詩를 지을 따름이라는 詩作태도나, 죽을 때까지 이익을
도모하지 않은 생활태도는 여말 신유학이념을 자신의 사상으로 정
립해 갔던 목은 같은 사대부의 心意傾向에 잘 부합될 수 있었을
것이다.272) 그러므로 "옛사람 중에도 그와 같은 사람을 찾아보기
어렵다."273)고 할 정도로 뛰어난 인품과 재능을 지녔지만, 아쉽게

---

270) 『목은문고』 권20, 「宋氏傳」, 170면 b. "其後, 予游燕數年而歸, 則
　　 宋氏亡矣. 嗚呼悲哉."
271) 같은 곳, 170면 c. "使其壽也, 面見吾出處, 必喜而不能寐, 使死者
　　 有知, 當自負前知之明矣."
272) 박희병, 앞의 논문, 35~36면.
273) 『목은문고』 권20, 「宋氏傳」, 170면 a~b. "蓋於古人, 亦未見其匹也."

도 脫俗的 성품으로 인해 현실권에서 받아들여 주지 못하고 일찍 죽은 송성총을 목은은 연민의 눈으로 바라보고 있는 것이다.

이외에 「朴氏傳」과 「崔氏傳」 역시 이와 비슷한 유형이다. 「朴氏傳」에서는 仲剛이라는 字를 가진 朴少陽이 비록 성균시에는 入格하였지만 大科에는 누차 응시했어도 급제를 못하자, 목은이 슬픈 나머지 그 일을 기록하게 되었다. 그런데 중강은 성품이 고결하여 章句의 학문 따위는 아예 좋아하질 않았다. 그리고 자신은 평소에 책을 읽지도 않고 과거공부를 하지도 않았으나, 그렇다고 해서 이미 급제한 사람들을 대하는 것을 보면 그다지 탐탁하게 여기지도 않았다. 그렇기 때문에 과거가 열릴 때면 시험장에 으레 들어가긴 하면서도 紙筆과 燈燭만을 가지고 갈 뿐 책은 한 권도 지니질 않았다. 그리고는 談笑하는 사이에 글 한 편을 짓고 나면 잘 됐는지 못 됐는지 따져 보지도 않고서 그냥 던져 버리고 나오곤 하였으므로 끝내 급제하지 못했던 것이다. 그래서 사람들은 박소양을 종잡을 수 없는 奇人이며, 방탕한 인물로 여겼던 것이다. 그러던 어느 날 그가 혼자 '대장부가 답답하게 한쪽 구석에만 처박혀 있다면 우물 속의 개구리와 뭐가 다르겠는가?'라고 생각하고는 중국으로 들어갔는데, 그가 살았는지 죽었는지 소식을 알 수 없게 되었다.[274] 牧隱은 이처럼 잠깐 사이에 글을 지을 정도로 뛰어난 文才를 지녔으나, 세속에 매이기 싫어하는 不羈的 성향 때문에 중국으

---

274) 『목은문고』 권20, 「朴氏傳」, 171면 b~c. "而曰少陽字仲剛者, 朴氏子也. 於次爲三, 雖中成均試, 屢擧不第, 予悲之, 故傳其事. 仲剛性高潔, 不喜章句之學. 平居不讀書, 不習擧業, 然視已得者, 蔑如也. 故科興, 必入場屋, 携紙筆燈燭, 不挾尺書. 談笑成章, 不問巧拙, 投之而出, 卒無成. 嘗自念大丈夫鬱鬱荒陬, 無乃井底蛙乎? 去而西游京師."

로 간 뒤 生死의 여부조차 알지 못하는 박소양에 대해 연민의 정을 보내고 있는 것이다.

「崔氏傳」은 十韻詩에 급제한 崔霖의 傳이다. 최림은 기개가 있어서 과감하게 발언할 줄 아는 인물이었다. 그는 술 마시기를 좋아하며 詩를 흥얼대곤 하였는데, 절간에 놀러 다니기를 좋아하면서도 술을 사 주지 않으면 곧장 떠나곤 하였다. 그러던 중 그가 寒溪라는 승려와 서로 의기투합하여 술에 흠뻑 취한 채 어울려 노닐곤 하였으므로, 禮法을 고수하는 인사들은 자못 못마땅하게 그를 보기도 하였으나, 그의 재질이 워낙 뛰어난 까닭에 겉으로는 약간 존중하는 모습을 보이기도 하였다. 그러다가 癸巳년(1353) 征東行省의 鄕試에 응시했다가 눈병이 나는 바람에 응시하지 못하고, 뒤에 兵部員外郎이 되어 表文을 받들고 新正을 축하하기 위해 京師에 다녀오다가 遼河에서 도적을 만나 죽고 말았다.275) 목은은 "그가 만약 일찍 죽지 않고 文辭를 더욱 발전시켰더라면 응당 崔瀣에게도 그 자리를 양보하지 않았을 것이다."라고 하여, 고려 말 뛰어난 문장가로 『東人之文』을 남겼던 拙翁 崔瀣(1287~1340)에게 그의 文才를 비기고 있다. 또한 "벼슬자리에 오래 있지 못해서 뜻을 미처 펴 보지도 못했다."고 하여, 벼슬길에서 顯達하지 못한 채 불행히도 일찍 죽은 崔霖의 삶을 슬퍼하며 傳을 지은 것이다.

다음은 短命으로 인해 불우한 삶을 살았던 사람들에 대해 살펴

---

275) 『목은문고』 권20, 「崔氏傳」, 173면 b~c. "霖嗜酒吟詩, 好游僧房, 非沽酒者去之. 有寒溪釋甚相得, 淋漓相從, 禮法之士頗短之, 猶以才高故, 稍貌敬焉. 癸巳秋鄕試, 崔氏眼疾作. 遷至兵部員外郎, 歲丙申, 奉表賀明年正于京師, 旣訖事, 還至遼河遇賊, 使副三節人吏皆被害. 嗚呼悲哉!"

보기로 한다. 아래의 인용문은 太學生 吳仝의 傳이다.

　　太學生 吳仝은 키가 크고 약간 구부정하였으며, 글씨를 잘 쓰
고 글도 잘하였다. ……그 뒤에 조금 장성해서 성균관 유생으로
들어가고 나서는 禮法으로 자신의 몸을 제대로 단속하였으므로,
사람들 모두가 자신들은 따라갈 수 없다고 여기기에 이르렀다.[276]

　　太學生 吳仝은 '善書能文', 즉 글씨를 잘 쓰고 글도 잘 짓는 촉
망받던 인물이었다. 게다가 성균관 儒生이 되어서는 禮法으로 자
신을 단속하여 사람들로부터 칭송의 대상이 되기도 하였다. 또한
오동은 재기발랄한 사람으로, 「吳仝傳」에는 그와 관련된 逸話 두
개를 싣고 있다. 첫 번째는 座主로부터 글을 읽지 않고 쏘다닌다
는 질책을 받자 오동이 자기 품안에 책이 들어 있다는 식으로 손
을 두드려 보인 일이고, 다른 하나는 어느 날 삼각산에서 독서할
때, 施主가 천도재를 올리면서 기도문을 올려놓았는데 승려들 중
에는 글자를 아는 이가 없어 당황해하자, 오동이 승려인 것처럼
행사해 대신 읽어주고 위기를 모면하는 것으로, 당시까지도 스님
들 간의 故事로 전해 오고 있을 정도로 유명한 일화다. 이처럼 재
능과 예법을 갖추었으며 재기발랄했던 그가 병에 걸려 短命하고
만다.

　　그리하여 선배와 老儒들이 그를 칭찬하는 소리가 점점 퍼지기
시작할 때에 불행히도 단명으로 생을 마치고 말았으니, 아! 생각
하면 슬픈 일이다.[277]

---

276) 『목은문고』 권20, 「吳仝傳」, 170면 a. "太學生吳仝, 長身微傴, 善
書能文. 稍長, 補成均生, 能以禮自檢. 人人皆自以爲莫能及."

牧隱은 재능과 예법을 두루 갖추고 있어서 선배들과 老儒들이 그를 칭찬하는 목소리가 퍼질 때쯤 삶을 마쳤으니 슬픈 일이라고 안타까워하고 있다. 앞서 잠깐 언급했듯이 목은은 元나라에 가서 공부하기 전까지 여러 지역을 돌아다니며 학문을 하였으며, 뜻이 맞는 벗들과는 讀書契를 만들기도 하였다. "내 나이 16·17살 때쯤 儒者들과 어울려 聯句를 짓고 술을 마시며 노닐곤 하였다. ……그 당시 함께 노닐던 正郎 洪義元과 上舍 吳소과 内侍 金鼎臣 같은 이들은 이미 모두 故人이 되었다."[278]라는 언급에서 알 수 있듯이, 오동도 목은과 함께 젊은 시절 詩를 짓고 술을 마시며 어울리던 契貝이었던 것이다. 그런 오동의 죽음에 대해 목은은 "불행히도 短命으로 생을 마쳤다."고 그의 죽음에 대해 언급을 하고서, 뒤에 다시 "오래지 않아 병으로 죽었다(未久病歿)."고 다시 한 번 그가 죽은 사실을 환기시킴으로써, 오동의 죽음을 얼마나 안타까워하고 있는지 자신의 심정을 드러내고 있다.

興國寺 남쪽에 산봉우리 하나가 우뚝 솟아 있는데, 그 동쪽 벼랑 쪽에 吳소과 李穎이 살고 있었다. 예전에 비 오는 밤에 침상을 같이하고 누웠던 기억이 아직도 새로운데, 지금 생각해 보면 흡사 전생의 일처럼 아득하게 느껴지기만 하다. 이제 그에 대해서 전하는 기록이 없을까 실로 걱정이 되어 내가 여기에다 간략하게 써 두고서 앞으로 자세히 아는 사람이 나오기를 기다리는 바이다. 『論語』에 "싹만 트고 꽃은 피지 않는 경우도 있고, 꽃만 피고 열매를 맺지 못하는 경우도 있다."는 말이 나온다. 아! 슬프구나. 아! 슬프구나.[279]

---

277) 같은 곳. "前輩老儒延譽稍廣, 不幸短命死矣, 悲夫."
278) 『목은문고』 권8, 「贈休上人序」, 62면 a. "予年十六七, 群縫掖游, 聯句飮酒. ……其時同游如洪正郎義元吳上舍全金內侍鼎臣, 皆爲故人."

牧隱은 마지막 단락에서 비 오는 날 밤에 吳全과 함께 누웠던 추억을 되새기며 그의 죽음을 애도하고 있다. 귀결점에 이르러서는 明引의 수법을 사용하여 『論語』의 말을 引用해 탁월한 재능을 지니고 있었지만, 결국 이삭을 피어보지도 못한 채 短命하고만 오동의 죽음에 대한 아쉬움을 드러내고 있다. 마지막 구에서는 "嗚呼悲夫"의 연속적인 반복어를 사용해 슬픔에 대한 목은의 강렬한 심정을 토로하고 있다. 목은은 墓誌銘에서 흔히 보이는 '悲夫'라는 표현을 세 번이나 사용하여 뛰어난 재능을 지니고 있었으나 불행히도 병으로 短命할 수밖에 없었던 吳全의 삶에 연민의 정을 듬뿍 담았던 것이다.

吳全처럼 失意한 사람뿐 아니라 得意한 사람 중에서도 短命한 사람에 대해 연민의 정을 남긴 글도 있다. 아래는 玄福君에 봉해졌던 權廉(1302~1340)의 墓誌銘이다. 먼저 權氏의 유래와 조상에 대해 기록하고 이어서 권렴의 관직에 대해 언급하고 있다.

> 正獻公 王煦는 공의 숙부인데, 공이 세상을 떠나자 눈물을 흘리면서 말하기를 "권씨의 자제 중에서 권렴보다 어진 이가 없기에, 내가 종족을 보살펴 주리라고 기대를 하였는데, 하늘이 어찌하여 이토록 빨리 우리 賢子를 뺏어간단 말인가." 하였다. 정헌공은 자기가 좋아한다고 해서 듣기 좋게 말하는 분도 아니고, 또 감식안이 있다고 일컬어진 분이니, 이를 통해서도 공이 어진 것을 알 수 있다고 하겠다.[280]

---

279) 『목은문고』 권20, 「吳全傳」, 171면 a~b. "興國寺南, 有峯突然, 其東崖則吳李所家也. 嘗記夜雨同床而臥, 今思之, 怳如前世事也. 誠懼其無傳焉, 略書之以待知君之詳者. 語曰, 苗而不秀, 秀而不實. 嗚呼悲夫. 嗚呼悲夫."

280) 『목은문고』 권16, 「重大匡玄福君權公墓誌銘」, 143면 b~c. "正獻公

숙부인 正獻公 王煦는 자기가 좋아한다고 해서 듣기 좋게 말하는 사람도 아니고, 또 감식안이 있다고 일컬어진 분으로, 목은은 자신이 직접 權廉의 어질음을 밝히기보다는 이러한 숙부의 口述을 통해 권렴이 어질다는 사실을 간접적으로 제시하려고 하였다. 또한 한 가문의 棟梁으로 인식될 정도로 뛰어난 재능과 성품을 지녔다는 가문 사람의 언급을 통해 정렴의 탁월함을 제시하고자 하였던 것이다. 이러한 口述을 통한 전개 방식은 독자들에게 신뢰성을 심어준다고 하겠다. 李齊賢의 「雲錦樓記」에 의하면, 실제로 정렴은 40살도 안 되어 萬戶의 符節을 허리에 차고 외척의 세력을 깔고 앉았는데, 으레 부귀와 利綠에 빠져서 취해 있을 때인데, 그는 仁者와 智者가 즐기는 것을 즐기되 백성들을 놀라게 하지도 않고 선비들에게 미움을 받지도 않아 가상할 만한 일로281) 칭송받고 있었다고 한다. 목은은 이어서 몇 가지 그의 爲人과 才能에 대해 이야기한다.

　公은 부귀한 가문에서 태어나 자랐으면서도 화려하게 꾸미는 일을 일체 배격하였다. 그리고 경조사에는 반드시 직접 참석하였는데, 특히 장례식의 경우에는 친척이나 붕우를 막론하고 검은 갓에 흰옷을 입고서 진정으로 슬퍼하는 빛을 보이곤 하였으므로, 이를 보는 자들 모두가 그 정성에 감복하면서 자기들은 미칠 수 없다고 말하였다. 공은 평생토록 교우 관계를 신실하게 유지하였으며, 누

─────────

　王煦, 公之叔父也. 泣涕而言曰, 權氏子弟, 莫賢於萬戶. 吾嘗望其庇宗族焉. 天何奪吾賢子弟如此之亟乎. 正獻公不阿所好, 且有鑑識, 公之賢, 可知已."

281) 『益齋亂藁』 권6,「雲錦樓記」, 555면 c. "侯腰萬戶之符, 席外戚之勢, 齒不及古人强仕之年, 宜於富貴利綠, 寢酣而夢醉, 乃能樂乎仁智之所樂, 不見驚于民, 不見諱于士, 是可尙也已."

가 환난을 당하기라도 하면 힘을 다해 구해 주려고 노력하면서 그 일이 해결된 뒤에야 그만두곤 하였다. 비록 잔치를 벌여 술 마시기를 즐겨하면서도 歌姬나 舞女를 좋아하지 않았으며, 활쏘기와 말타기에도 능해서 사냥할 때 부정한 수법을 쓰지 않아도 잡는 것이 매우 많았으므로, 武夫들도 모두 공의 재능을 칭찬하였다.282)

이 작품에서 가장 핵심이 되는 부분이다. 그래서 목은은 散行과 正行을 번갈아 사용하여 글에 리듬감을 느끼게 하고 있다. 권렴은 부귀한 가문에서 자랐지만 화려하게 꾸미는 일을 일체 배격했다. 앞장에서 보았듯이 당시 권문세족은 사치가 심했으나 권렴은 그렇지 않았다는 것이다. 李齊賢의 「雲錦樓記」에 의하면, 실제로 권렴은 죽기 3년 전에 京城 남쪽 한 연못가에 雲錦樓를 짓는데, 그 누각은 높이가 두 길이나 되고 넓이가 세 길이나 되게 만들었으며, 주춧돌은 안 받쳤지만 기둥은 썩지 않게 하고, 기와는 이지 않았지만 이엉은 새지 않게 하였으며, 서까래는 다듬지 않았는데 굵지도 않고 휘어지지도 않았으며, 흙만 바르고 단청은 하지 않았는데 화려하지도 않고 누추하지도 않았다고 한다.283)

그리고 권렴은 경조사에 있어 다른 사람을 보내지 않고 직접 참석하였으며, 장례식에는 禮法에 맞는 服式인 검은 갓에 흰옷을 입고 참가해서는 진정으로 슬퍼하였기에 참석한 사람들로 하여금 그

---

282) 『목은문고』 권16, 「重大匡玄福君權公墓誌銘」, 143면 c. "公生長膏粱, 而却美飾. 慶弔必親, 送人之葬, 不問宗族朋友, 玄冠素服, 戚見顏色. 觀者服其誠, 皆自以爲不及. 平生善交, 人遇其患難, 盡力救解, 事已乃已. 雖好燕飲, 不喜聲妓, 又工射御, 田不詭遇而獲甚多, 武夫皆稱能也."

283) 『益齋亂藁』 권6, 「雲錦樓記」, 555면 a~b. "倍尋以爲崇, 參丈以爲袤, 不礎而楹, 取不朽, 不瓦而茨, 取不漏, 桷不斲不豊而不撓, 塗不檴不華而不陋."

의 정성에 감복하게 하였다. 또한 친구가 어려움을 당하면 자기 일처럼 그 일을 처리해 교우관계를 신실하게 유지하였다. 권렴은 爵祿에 대해서는 그다지 마음이 내키지 않은 반면, 친척과 붕우로 부터 인정을 받는 것을 크게 소망하였다. 그래서 그가 섬기면서 벗으로 지낸 사람이 이제현·안축·최해 등으로 모두 한 시대의 호걸들로서 文章과 政事 그리고 馳騁과 射御로 손꼽는 인물들이 었던 것이다.284)

그리고 그는 방탕한 놀이문화를 즐기지 않았고, 끝으로 武夫들 도 감탄할 정도로 말타기와 활쏘기에 뛰어난 재능을 지녔다. 모두 여섯 가지 권렴의 爲人과 才能을 제시하고 있다. 권렴은 이처럼 군자다운 면모와 뛰어난 武人的 재능을 지니고 있었지만, 1340년 4월 7일에 39세의 젊은 나이에 병으로 집에서 세상을 뜨고 만다.

공의 재능이 이처럼 아름다워 족히 칭찬하고도 남음이 있는데, 하늘이 공에게 수명을 내려주지 않은 것은 도대체 무슨 까닭인 가? 공이 세상을 떠날 적에 조부모와 부모가 모두 건재하였으니, 조부모와 부모의 마음이 과연 어떠하였겠는가? 그리고 공이 숨을 거두려고 할 적에 조부모와 부모에게 생각이 미쳤을 것이니, 그때 의 심정이 또 어떠하였겠는가? 아! 슬픈 일이다. …… 아! 이 모 두가 감개에 젖을 만한 일이라고 하겠다.285)

284) 『목은문고』 권16, 「重大匡玄福君權公墓誌銘」, 143면 c. "其所不樂 者爵祿也, 獲乎親, 獲乎朋友, 其大欲也. 公所事而友之者, 如益齋李 侍中·淮安莊順公·陽坡洪侍中·安常軒·安謹齋·洪唐城·金陽· 閔及菴·崔拙翁·李評理權·裵僕射天慶, 皆一時豪傑, 文章政事, 馳騁射御. 人至今宗之."

285) 같은 곳, 143면 d. "其才之美有足多者, 而天不與之壽, 何歟. 公之 亡也, 祖父母父母皆無恙, 祖父母父母之心爲如何. 而公之將絶也, 念及祖父母父母, 其爲心又如何也. 嗚呼悲哉. ……嗚呼! 是皆可以

權廉의 재능이 탁월한데도 수명을 짧게 타고난 것에 대해 하늘을 원망하고 있다. 그래서 끝에 붙인 銘에

多男而壽　　아들 많이 두고 오래 사는 것은
世則多有　　세상에서 흔히들 볼 수 있는데
獨慊於公　　유독 우리 공에게 앙심을 품고
誰其掣肘　　그 누가 팔뚝을 잡아끌었는고?

라는 말로, 안타까운 목은의 심정을 표하고 있다. 또한 권렴이 죽을 때, 조부모와 부모의 심정 그리고 본인 자신의 심정을 어떠했겠는가를 언급함으로써 목은은 얼마나 권렴이 일찍 죽은 것인가에 대한 시사와 더불어 애통의 심정을 극대화시키고 있다. 이처럼 君子로서의 인품과 탁월한 재능을 지닌 권렴이 장수를 누리지 못하고 단명한 것을 목은은 슬퍼하고 있는 것이다.

물론 이 작품은 권렴이 萬戶의 符節을 지닐 정도로 사회적 지위를 얻은 점에 있어서는 불우하다고 할 수는 없다. 하지만 "公의 재능이 이처럼 아름다워 족히 칭찬하고도 남음이 있는데, 하늘이 공에게 수명을 내려주지 않은 것은 도대체 무슨 까닭인가?"라고 하여, 뛰어난 인재가 재능을 다 발휘하기도 전에 숨을 거둔 것에 목은은 주목하고 있는 것이다. 목은은 다른 글에서 洪敏求가 科擧에 낙방하자, "게다가 好古(홍민구의 字 - 인용자)는 이제 겨우 44살인데, 다른 날 성취할 가능성을 어찌 헤아릴 수 있겠는가?"286) 라고 하여, 44살을 많은 나이로 보지 않았다. 이런 점에서, 목은은

感矣."
286) 『목은문고』 권13, 「跋愚谷諸先生送洪進士詩卷」, 111면 c. "又況才四十四, 他日所就, 其可量耶?"

타고난 재능을 다 발휘하지 못하고 39살에 죽은 불우한 인재인 권
렴에 대해 연민의 정을 보내고 있다고 할 수 있을 것이다.

끝으로 당시 정치적 여건으로 인해 어려운 삶을 영위했던 이들
에 대해 살펴보기로 한다. 당시 고려 사회는 공민왕대의 辛旽과
우왕대 李仁任의 전횡으로 정치가 혼란한 상황이었다. 공민왕대
강력한 정치세력으로 등장한 신흥사대부는 우왕대 이인임 정권이
등장하면서 시련을 겪어야 했다. 이인임 정권은 族黨 세력을 형성
하여 정권을 장악하고 경제적 부를 독점하고 있었다. 이인임 족당
세력을 제외한 정치세력은 정치권력으로부터 소외되었다.287) 다음
은 江陵道 按廉使로 가는 金九容(1338~1384)을 위해 써 준 글
로, 아래 인용문은 그의 동생 金齊顔에 관한 부분이다.

> 다만 叔氏의 경우로 말하면 역적 신돈이 사납게 날뛰는 날을
> 당하여 영민하고 예리한 그 기질을 스스로 억누르지 못하는 점이
> 있었다. 그리하여 이따금씩 그 기질을 발휘하면서 분연히 일어나
> 빈손으로 맹수를 때려잡고 맨주먹으로 날카로운 칼날에 맞서려
> 하다가 끝내 화를 당한 나머지 그만 목숨을 잃고 말았다.288)

牧隱은 사람이 태평한 시대를 만나지 못하고 불행히도 濁亂한
기운이 성한 때에 태어나서 쇠퇴의 길로 접어든 말세와 맞닥뜨리
게 될 경우, 걸핏하면 禍만 뒤따르고 얻는 것보다는 잃는 것이 많
게 된 채 그저 목숨만 유지하다가 허망하게 죽게 될 따름이라고

---

287) 김광철, 「신진사대부의 등장」, 『한국사』 19, 국사편찬위원회, 1996,
170~171면 참조.

288) 『목은문고』 권7, 「送江陵道按廉金先生詩序」, 56면 a. "而叔氏當逆
旽跋扈之日, 不能抑其英銳之氣. 時而用之, 奮然欲以赤手擊猛獸,
空拳御利刃, 卒罹其禍而隕其身."

하였다.289) 김구용의 동생인 仲賢 金齊顔이 만난 시대도 濁亂한 기운이 성한 때였다. 김제안은 역적 신돈이 발호하는 어지러운 시대를 살면서, "천하가 어지러이 싸움만 일삼거니, 백성들은 그 언제나 태평세월 만나보리(天下紛紛事鬪爭, 黎民何日見昇平)."290)라고 노래하여, 백성의 삶을 근심한 사람이었다. 그는 영민하고 예리한 기운을 지니고 있었지만, 이것을 감추지 못하고 빈손으로 맹수를 잡고 맨주먹으로 날카로운 칼날에 맞서는 무모할 정도의 행동으로 그만 목숨을 잃고 말았다. 이 일은 공민왕 17년(1368)에 전밀직부사 金精이 金興祖·趙思恭·兪思義·金齊顔·金龜寶·李元林·尹希宗 등과 함께 신돈을 죽일 음모를 모의하였는데, 조사공이 자기 친구 前洪州牧使 鄭暉에게 그 비밀을 누설했다. 정휘는 李春富에게 가서 고발하고, 이춘부는 왕에게 알렸다. 왕은 그들을 순군옥에 가두고 국문한 후 죄의 경중에 따라서 곤장을 치고 귀양 보냈는데, 이 때 신돈은 자기 사람을 쫓아 보내어 중도에서 모두 다 죽여버렸다. 신돈에게 죽은 사람의 처자들은 감히 하소연도 못했으며 조정의 관리들도 감히 아무도 말하는 자가 없었다.291) 그러니 "이 또한 너무나 애처로운 일이라 할 수 있다(不亦可哀之甚哉)."고 목은은 탄식하고 있는 것이다. 목은은 英銳之氣를 지니고 있었지만 아쉽게 어지러운 시대를 만나 목숨을 잃은 김제안에게 연민의 정을 보내고 있다.

신돈을 논박하였다가 禍를 입은 이로는 遁村 李集(1327~1387)도 있다. 이집은 初名이 元齡이었는데, 공민왕 20년(1371)에 신돈

---

289) 같은 곳, 55면 d. "不幸而與濁亂之氣相薄乎衰否之季, 則動而禍隨之, 得不竝失, 徒生徒死."

290) 『동문선』 권22, 「休暇」, 419면.

291) 『高麗史』 권132, 「列傳」 권45, 辛旽 條.

이 주살되자, 이름을 集, 字를 浩然, 號를 遁村이라 고쳤다. 이집은
李穡 · 鄭夢周 · 李崇仁 등과 莫逆한 사이로 서로 허물없이 지냈다.
목은은 이집이 죽음의 상황에서 벗어난 후에, 마치 무서운 꿈을 꾸
고 나서 계속 겁에 질려 있는 사람처럼 행동해야 마땅할 것인데도,
바야흐로 의기양양해하면서 안으로는 자기 마음속으로 즐거워하는
듯하고 밖으로는 남에게 자랑하려는 듯한 모습을 보이고 있으니, 이
집이야말로 결코 보통 인물이 아닐 것으로 여겨,292) 이집이 확고한
주관을 지닌 범상한 인물이 아님을 인식하고 있었다.

> 내가 거친 들판으로 도망쳐 숨어서 신돈의 패거리가 꾸며낸 화
> 를 피하였는데, 그때 온갖 고생을 겪은 情狀으로 말하면 아무리
> 흉악하고 잔인한 자라 하더라도 그 말을 듣고서는 안색이 바뀌지
> 않을 수 없을 것입니다.293)

牧隱은 이집 자신의 말을 빌려 신돈의 화를 피하는 도중 겪은
온갖 고초에 대해 서술하고 있다. 李崇仁이 그의 죽음을 듣고 쓴
詩에, "비분강개한 그대의 말 사람들을 놀라게 했고, 맑고 새로운
그대의 기상 세속에 물들지 않았다(慷慨驚人語, 清新絶俗篇)."294)
고 했듯이, 사람됨이 慷慨하였고, 세속에 물들지 않은 기상으로 인
해 신돈에 대해 논박을 가했다가 화를 입게 된 것이다.

---

292) 『목은문고』 권1, 「遁村記」, 10면 c. "是宜夢驚而悟愕也, 方且揚揚
焉, 內以樂於己, 外以誇於人, 浩然信非尋常人矣. 其中必有所主."

293) 같은 곳, 10면 b. "吾之遁于荒野, 以避辛城之黨之禍, 艱辛之狀, 雖
忍者聞之, 不能不動乎色."

294) 『陶隱集』 권2, 「哭遁村」, 553면 b.

그대가 화를 당한 것은 비록 그대 자신이 초래했다는 차이가
있기는 하지만, 그렇다고 하더라도 늙으신 어버이를 등에 없고 어
린 자식의 손을 잡아끌면서 낮에는 무성한 풀숲에 몸을 숨기고
밤에는 비와 이슬을 무릅쓰고서 험한 산골짜기를 헤맸을 것이며,
그런 와중에서도 추격하는 자가 혹시 뒤를 밟아 오지나 않을까
두려워한 나머지 숨을 죽이고 몸을 움츠리면서 처자들이 감히 숨
소리조차도 내지 못하도록 경계시켰을 것이니, 도망쳐 숨은 情狀
이 또한 참혹하였을 것이다.[295]

牧隱은 李集이 늙으신 아버지를 업고 어린 자식을 이끌고 피난
하는 모습을 상세히 서술하고 있다. '抱負携持'·'縮縮' 등 생동적
인 형상언어를 사용하여 당시 상황을 묘사함으로써 마치 독자 자
신이 그 광경을 보고 있는 듯한 寫生의 수법을 사용하고 있다.[296]
이집은 공민왕 17년(1368)에 신돈의 전횡을 논박했다가 화를 피하
기 위해 아버지를 업고 새재를 넘어 永川에 살고 있는 同年 崔元
道의 집에 피신하였다. 3년 동안의 은둔생활은 그의 삶에 분수령
이 되어 신돈의 실각 후에도 여주의 川寧縣에 은거하면서 일생을
마감한다. 이 글은 우왕 3년(1377) 목은의 나이 50세에 지은 글이
기 때문에, 목은은 "나는 그대가 둔촌에서 계속 살다가 몸을 마치
게 되지는 않으리라는 생각이 들기는 한다."[297]라 했지만, 결국 이
집은 은거를 선택한다. 이에 목은은 다음과 같은 詩를 짓는다.

---

295) 『목은문고』 권1, 「遁村記」, 10면 c. "浩然之禍, 雖自其身致之, 親老
子幼, 抱負携持, 晝藏榛莽, 夜犯雨露, 崎嶇山谷之中, 猶恐追者踵
至, 屛氣縮縮, 戒妻子無敢出聲, 其遁也亦慘矣."
296) 왕홍, 앞의 책, 753면.
297) 『목은문고』 권1, 「遁村記」, 10면 d. "予恐浩然之不得終身於遁村也."

浩然志雄才又雄　　　포부도 크고 재주도 엄청난 우리 浩然
老矣始知時不容　　　시대와 맞지 않음을 늙어서 비로소 알았다네
携持婦兒長固窮　　　가족을 껴안고 오랜 세월 고궁하며
高談睥睨諸鉅公298)　거장들을 흘겨보면서 고담준론을 펼쳤다오
　　— 後略 —

　牧隱이 "그대의 명성은 그냥 얻어진 것이 아니다(名不虛得也)."
고 했던 것처럼, 포부와 재능을 지녔지만 시대와 맞지 않아 오랜
세월 곤궁한 생활을 해야 했던 이집에 대한 연민이 잘 드러나 있다.

---

298) 『목은시고』 권31, 「李浩然將歸舊居僕欲從之發爲長歌」, 452면 b.

IV. 牧隱 散文의 形式美

散文은 정신활동의 기록으로서, 내면의 느낌과 체험을 드러내는 문학양식이다. 실용적 요구 때문에 짓기도 하지만, 객관 사회 및 인생이나 자연경관을 묘사하면서 주관감정을 투사하고 융합시킨다. 정신의 자유로운 운동에 의하여 이루어지는 문학양식이기에 산문은 엄격한 의미의 예술적 기교를 문제 삼지 않는다. 소설이나 詩歌에 비해 원칙적으로 구속하는 것은 없다. 그렇다고 산문에 그 나름의 규범이 없는 것은 아니다. 자유스럽지만 그 나름의 규범을 스스로 창출한다. 심오한 사상이나 현실에 대한 깊은 인식이 미학적 재능과 결합될 때 예술산문이 이루어진다. 古文運動의 주체인 韓愈나 柳宗元은 道를 강조함에 못지않게 文을 매우 강조하며 형식으로부터의 審美에 대해 몹시 주목하면서 그 독립성과 필요성을 강조하여 산문의 形式美를 강조하였다.[299] 목은 역시 唐宋古文의 애호가로서 기본적으로 이러한 바탕 위에서 散文을 창작하였던 것이다. 본 장에서는 앞서 내용적인 측면을 고찰해 보았기에 외적인 특징, 즉 목은 산문의 형식적 특징에 관해 고찰하기로 한다. 외적인 특징을 밝혀내는 데는 여러 가지 연구방법이 있겠으나, 본 고

---

299) 심경호, 『한문산문의 미학』, 고려대 출판부, 1998, 5면; 오수형, 「唐代의 散文美學 研究」, 『중국문학』 제35집, 2001, 43~45면 참조; 周勳初 외 『중국문학비평사』, 중국학연구회 고대문학분과 옮김, 이론과 실천, 1994, 146~147면 참조.

에서는 그 작품을 이루는 여러 요소를 결합하여 전체적인 통일을 꾀하는 구성과 그 구성을 바탕으로 문장에서 표현되는 표현기법으로 나누어 살펴보기로 한다.

1. 구성상의 특징

1) 命名의 해설을 통한 '設敎'

牧隱 散文에서 가장 많은 부분을 차지하고 있는 것이 記이다. 목은의 산문 작품 대부분이 그렇듯이 記 역시 거의 모두가 청탁에 의해 지어진 글이다. 일반적으로 청탁에 의해 지은 記의 상당부분은 청탁자에 대한 칭송이나 敍事的 진술이 주류를 이룬다. 그러나 목은의 경우에는 樓亭이나 堂號 등의 命名을 풀이하면서 '設敎'적 언급을 통해 글을 엮어 가고 있는 것이 특징이라 할 수 있다. 記 이외에 說의 경우에도 이러한 경향을 흔히 발견할 수 있다. 그러면 대표적인 몇 작품의 분석을 통해 이러한 구성상의 특징을 살펴보기로 한다. 구성상의 특징을 살피기 위해서는 그 작품의 부분적인 拔萃보다는 작품 전체를 분석하는 것이 이를 파악하는 데 용이하므로 가능한 全文을 살펴보기로 한다.

① 「西京風月樓記」

이 작품은 목은의 나이 대략 44세 정도에 지어진 것으로, 목은의 記 전체를 고려해 볼 때 비교적 초반기에 해당하는 작품이다. 『동문선』을 비롯해서 『동문팔가선』과 『동문집성』에 뽑혀 실려 있을 정도로 비중 있는 글이다. 이 글은 먼저 開城 府尹 林公이 樓閣을 건축한 梗槪와 記를 청탁한 배경에 관해 간략히 서술하고 다음으로 이어진다.

> 공의 높은 식견과 넓은 도량은 한세상을 덮고도 남음이 있다. 그런데 또 樓臺의 이름을 이렇게 지었으니, 마치 바람이 불어옴에 방향이 없고 달이 운행함에 자취가 없는 것처럼, 그 마음이 크고 넓어서 끝이 없다는 것을 이를 통해서도 알 수 있다.300)

간략한 敍事에 이어 林公의 높은 식견과 넓은 도량의 칭송으로 議論을 시작하고 있다. '風'과 '月'을 가지고 對句를 사용하여 사방에서 불어오는 바람과 자취 없는 달의 운행에 대한 비유를 통해 다시 한 번 식견과 도량의 칭송으로 이어지는 동시에, 다음에 전개할 논의의 포석을 마련해 두고 있다. 즉 樓臺의 이름을 '風月'이라 한 것을 가지고 임공의 식견과 도량을 연결시키면서 자연스럽게 다음으로 논의가 전개되도록 하는 구성 방식을 채택하고 있는 것이다.

> 비록 道가 太虛의 상태에 있을 때에는 본래 無形이지만, 이 세상에 다양한 사물의 현상이 존재하게 되는 것은 오직 그 太虛의 氣가 그렇게 작용하기 때문이다. 그렇기 때문에 크게는 천지가 되고 밝게는 日月이 되며 흩어져서는 風雨와 霜露가 되고 치솟아서는 산악이 되며 흘러서는 江河가 되는 것이다. 그런가 하면 질서

---

300) 『목은문고』 권1, 「西京風月樓記」, 8면 a. "公之高識洪量, 蓋一世而有餘. 且其名樓之若是也, 風來而無方; 月行而無迹, 浩乎莫知其涯涘也."

정연하게 君臣과 父子의 倫紀가 있게끔 하고 찬란하게 禮樂과
刑政의 도구가 있게끔 하며 世道와 관련해서는 청명해져서 치세
를 이루기도 하고 혼탁해져서 난세를 이루기도 하는데, 이 모두가
氣의 작용으로 나타나는 현상이다.301)

牧隱은 道가 太虛의 상태에 있을 때는 無形이라 보았다. 太虛
의 氣가 작용함으로 인해 다양한 만물이 형성된다는 것이다. 이것
은 張載(1020∼1077)가 "太虛에는 氣가 없을 수 없고, 氣는 모여
서 만물이 되지 않을 수 없으며, 만물은 흩어져서 太虛가 되지 않
을 수 없다."302)고 한 것처럼, 太虛가 곧 氣이며, 氣의 離合集散
에 따라 만물이 형성되고 소멸된다는 사상과 일치된다.303) 氣의
작용으로 天地日月·風雨霜露·山嶽江河의 자연물이 형성되고, 君
臣父子의 윤리·禮樂刑政의 도구 등이 있게 되며, 심지어는 治世
와 亂世를 이루는 世道까지도 氣의 離合集散으로 형성된다고 보
았다.

牧隱은 문장을 간결하게 전개시키기 위해, "大而爲天地; 明而爲
日月; 散而爲風雨霜露; 峙而爲山嶽; 流而爲江河, 秩然而爲君臣父
子之倫; 粲然而爲禮樂刑政之具. …… 淸明而爲理; 穢濁而爲亂."
처럼, 이 단락의 대부분을 對偶와 排比의 수법을 사용하였다. 목
은은 이렇게 張載의 氣이론을 토대로 風月樓의 風과 月을 氣의

301) 같은 곳, b. "雖道之在大虛, 本無形也. 而能形之者, 惟氣爲然. 是以
大而爲天地; 明而爲日月; 散而爲風雨霜露; 峙而爲山嶽; 流而爲江
河, 秩然而爲君臣父子之倫; 粲然而爲禮樂刑政之具, 其於世道也,
淸明而爲理; 穢濁而爲亂, 皆氣之所形也."

302) 『張載集』, 「正蒙·太和」, 7면. "太虛不能無氣, 氣不能不聚而爲萬
物, 萬物不能不散而爲太虛."

303) 陳來, 『송명 성리학』, 안재호 옮김, 예문서원, 2004, 100∼103면 참조.

작용으로 풀이하고 있는 것이다.

이어서 앞장에서 살펴보았던 하늘과 사람은 서로 간격이 없으며, 하늘과 사람은 서로 감응한다는 '天人無間'과 '天人感應'을 언급한다. 彝倫이 베풀어지고 政敎가 밝아지는 효용과 彝倫이 무너지고 政敎가 폐해지는 효용, 이 두 가지 상반된 예를 대비적으로 서술하여 효용의 차이가 현격함을 잘 보여주고 있다. 목은은 人事를 보면 治亂을 알 수 있고, 風月을 통해 治亂을 알 수 있다고 하였다.304) 風月樓라는 현판에서 風과 月을 가지고 氣의 작용과 천인감응을 통해 治亂의 정치사상에까지 이르게 된 것이다. 유학자로서 목은의 면모가 잘 드러난 부분이라 하겠다.

> 지금은 중원이 겨우 안정을 되찾아 사방에 걱정할 일이 없게 되었으니, 이른바 치세라고 일컬을 만하다. 따라서 우리 국가가 한가한 틈을 타서 政刑을 제대로 닦아 나간다면, 백성이 편안해지고 物産이 풍부해질 것이니, 맑고 아름다운 이 강산 어느 곳에 가더라도 吟風弄月할 만한 곳 아닌 데가 없게 될 것이다.305)

牧隱은 당시를 治世라 보았다. 중국에서 元나라를 이어 明나라가 이룩된 지도 3년가량 지나 안정권에 접어들었기에 그렇게 보았던 것이다. 그러니 우리나라도 孟子가 제시했던 것처럼 한가한 틈

304) 『목은문고』 권1, 「西京風月樓記」, 8면 b. "天人無間, 感應不忒. 故倫敍而政敎明, 則日月順軌, 風雨以時, 而景星慶雲醴泉朱草之瑞至焉. 彝倫斁而政敎廢, 則日月告凶, 風雨爲災, 而彗孛飛流, 山崩水渴之變作焉. 然則理亂之機, 審之人事而可見, 理亂之象, 求之風月而足矣."

305) 『목은문고』 권1, 「西京風月樓記」, 8면 b~c. "今中原甫定, 四方無虞, 所謂理世也. 我國家及閑暇, 修政刑, 民物阜康, 江山淸麗, 無適而非吟風弄月之地."

을 이용해 政刑을 닦자고 했다. 그렇지 않고 놀기만 일삼으면 재
앙은 저절로 찾아오기 때문이다.306) 그런데 吟風弄月하는 데 있어
여러 곳 중에서도 箕子의 遺風이 남아 있는 西京이 가장 좋으며,
서경 중에서도 이 風月樓가 서경의 勝地를 차지하고 있으니, 이
樓에 올라 吟風弄月할 즈음 바람이 불어와 육신을 상쾌하게 씻어
주고 달이 떠서 정신을 맑게 해 줄 것이니, 이 모든 것은 태평시
대이기 때문에 가능하다는 것이다.307) 결국 한가한 때를 이용해
政刑을 닦으면 백성들의 삶은 여유롭고 편안해져서, 어느 곳을 가
더라도 吟風弄月하기에 좋다고 設敎하고 있는 것이다.

비록 그렇긴 하지만 鷁이 뒤로 날자 聖人이 특별히 기록하였
고, 소가 헐떡이자 史家가 역사에 수록하였으니, 세상을 경계시킨
것이 지극하다고 하겠다. 어쩌면 공이 또 이 점에 대해서도 隱微
한 뜻을 붙인 것인지도 모르겠는데, 즐거워하기를 천하의 일로써
하고 근심하기를 천하의 일로써 하는 이가 아니라면 이런 말은
할 수 없을 것이다. 그렇지 않고서 그저 경치에 취해 죽치고 앉아
노닐기만 하면서 의리를 해치고 名敎를 상하게 할 뿐이라면 군자
가 말하기를 부끄러워할 것이니, 뒤에 오는 자들은 몸가짐을 신중
하게 해야 할 것이다.308)

---

306) 『맹자』,「公孫丑 上」, 512면 d. "今國家閒暇, 及是時般樂怠敖, 是
自求禍也."

307) 『목은문고』권1,「西京風月樓記」, 8면 c. "況西京爲國根柢, 控制西
北. 人士樂業, 有箕子之遺風焉. 而斯樓也, 又據一府之勝, 賓客之
至, 一獻百拜, 投壺雅歌, 風來而體爽, 月出而神淸, 荷香左右, 情境
悠然, 豈不樂哉. 其爲此大平之人也."

308) 같은 곳. "雖然, 鷁退, 聖人筆之, 牛喘, 史氏書之, 所以警夫世者至
矣. 此又公之所以寓微意者歟. 非樂以天下, 憂以天下者, 不可以語
此. 不然, 流連光景, 害義傷敎, 君子所羞道也, 後之來者, 尙愼之哉."

牧隱은 두 가지 故事를 引用하여 마지막 단락을 맺고 있다. 여섯 마리 鶂이라는 물새가 宋나라 도성 위를 지나가다가 강풍을 만나 뒤로 밀려나자 宋나라 사람들은 일종의 災異로 여겼는데 孔子가 이 사실을 『春秋』에 기록하였으며,309) 西漢의 재상인 丙吉이 사람들이 길에서 싸우다 죽고 다친 일은 묻지 않고 소가 혀를 빼내고 헐떡이는 것을 보고는 계절의 기후가 바뀐 것을 중대시하여 자세히 물었다310)는 故事를 인용해 세상을 경계시킨 것이 지극하다고 하였다. 임공은 孟子의 언급처럼 천하의 일로써 즐거워하고 천하의 일로써 근심하는,311) 백성과 고락을 함께할 수 있는 관리로서의 마음을 지니고 있었던 것이다. 이렇게 하지 않고 그저 경치에 빠져 놀기만 일삼으며 義理를 해치고 名敎를 해치는 것은 군자가 부끄러워할 점이니, 後代人들은 이 점에 신중해야 한다는 당부와 '設敎'로써 글을 맺고 있다.

이 「西京風月樓記」는 風月樓의 '風'과 '月' 두 글자를 文眼으로 해서, 氣와 '天人無間'을 통해 성리학적으로 풀이하면서 義理와 名敎의 수립을 '設敎'하고 있다. 그래서 송백옥은 이 글에 대해 "風月을 말함으로 말미암아 의리를 덧붙여 가르침을 펴고 있다."312)고 評을 하였으며, 안석경은 "우리나라 사람 가운데 다시는 이렇게 이야기할 수 있는 사람이 없을 것이다."라고 極讚을 보내고 있는 것이다.313)

---

309) 『춘추』, 僖公 16년 조.
310) 『漢書』 권74, 「丙吉傳」.
311) 『맹자』, 「양혜왕 하」.
312) 『동문집성』, 「牧隱李先生集文鈔 上」, 16면. "因說風月, 寓義設敎."
313) 『삽교집』, 640면. "東人得復道此否?"

② 「萱庭記」

이 작품은 창작 시기가 표기되어 있지 않아 정확히 알 수는 없으나 앞뒤에 실려 있는 작품들로 추정해 볼 때, 대략 牧隱의 나이 40대 후반이나 50대 초반에 지어진 것으로 보인다. 『동문선』과 『동문팔가선』에 수록되어 있는데, 『동문팔가선』에는 목은의 75편의 記 중에 9편을 선정하여 싣고 있다. 그렇다면 서유비가 이 「훤정기」라는 작품에 대해 상당한 비중을 두고 있었다는 것을 알 수 있겠다.

이 글은 목은의 門生인 廉廷秀(?~1388)가 자신의 거처를 萱庭이라 命名하고 그 뜻을 풀이해 달라는 청탁에 의해 지어진 글이다. 서두는 『詩經』의 詩를 引用하여 萱이라는 글자를 풀이하는 것으로 시작된다.

> 『詩經』에 이르기를, "어디에서 萱草를 얻어 와, 우리 집 뒷마당에 심어볼까?"라고 하였는데, 이를 해설하는 이가 忘憂草라고 하였고, 字書에는 萱이며 또한 망우초라고 풀이하고 있다. 諼은 잊는다는 말이니 바로 근심을 잊는다는 뜻이요, 萱이라는 글자 속에는 宣이 들어 있으니 답답함을 푼다는 말이다. 마음이 답답할 때 풀어버리면 通暢하게 되고, 마음에 근심이 있을 때 잊어버리면 즐겁게 되는데, 즐겁게 되면 어버이의 뜻을 알고 잘 따르게 되어 어버이도 즐겁게 되고, 通暢하게 되면 천지에도 통해져서 천지가 또한 평온해지게 마련이다.[314]

萱을 설명하기 위해 『詩經』 「衛風」 「伯兮」편의 내용을 引用하

---

[314] 『목은문고』 권2, 「萱庭記」, 15면 a. "詩曰, 焉得萱草, 言樹之背. 釋之者曰, 忘憂草也, 字書釋萱, 亦曰, 忘憂草也. 諼之言忘, 忘其憂也. 萱之從宣, 宣其鬱也. 有鬱于心而宣之則通; 有憂于心而忘之則樂. 樂則順乎親而親亦樂; 通則通于天地而天地以平."

였다. 諼은 해설하는 이가 忘憂草라 풀었다고 했는데, 『詩經集傳』에 의하면, "어떻게 하면 망우초를 얻어 北堂에 심어서 내 근심을 잊을 수 있겠는가(焉得忘憂之草, 樹之北堂, 以忘吾憂乎)?"라고 언급되어 있는 것으로 보아, 해설하는 이는 朱子로 보인다. 『說文解字』에 의하면, "蘐은 사람으로 하여금 근심을 잊게 하는 풀이며, 宣의 뜻을 따라 萱이라고도 한다(蘐, 令人忘憂之草也, 或從宣作萱)."라는 언급으로 보아, 목은이 이야기한 字書는 『설문해자』를 두고 한 말일 것이다. 목은은 萱의 의미를 본격적으로 논의하기에 앞서 여러 내용을 모은 集註의 형식을 취하고 있으며, 서술방식 역시 "諼之言忘, 忘其憂也. 萱之從宣, 宣其鬱也."처럼 等式의 방법을 사용하고 있다.

牧隱은 이렇게 『시경집전』과 『설문해자』를 원용하여 글자를 풀이한 다음, 諼은 바로 근심을 잊는 것이요, 萱은 답답함을 푼다는 말로 풀이하고 있다. 마음의 답답함을 풀어버리면 通暢하게 되고, 근심을 잊어버리면 즐겁게 된다. 즐겁게 되면 어버이를 잘 따르게 되어 어버이도 즐겁고, 通暢하게 되면 천지에도 통해져서 온 세상이 평온해지게 된다는 것이다.

마지막 문장에서는 글자를 풀이하는 단조로운 전개에서 벗어나기 위해 문장 서술의 순서를 고의로 바꾸어 교환하는 수법을 사용하고 있다. 목은은 제자에게 孝와 화평한 기운이 감도는 治世를 이루라는 의미로 萱을 풀이하면서 자신의 논지를 덧붙여 「훤정기」를 쓰고 있는 것이다.

　　이렇듯 천지가 평온해지도록 하고 부모님이 즐겁게 되도록 하
　는 것이야말로 堯舜이 時雍의 정치를 펼친 도리라고 할 것이니,

이는 아무나 미칠 수 없는 경지이다. 그런데 그 도리의 소재를 찾아보려면 象에 드러나 있고, 象으로 드러나 있는 것을 찾아보려면 바로 萱을 통해서 알 수가 있다. 비록 하찮은 물건이고 또 그리 중요하지 않은 글자로 보일지라도, 그 속에 天理와 人情의 도리가 밝게 드러나 있는 만큼, 政體와 國風과도 밀접한 관련성을 지니고 있다고 할 것이다.315)

堯舜의 정치인 時雍의 정치란 백성들이 크게 교화되어 천하에 화평한 기운이 감도는 治世를 이루게 된 것을 말하는 것이다. 천지가 평온해지고 부모님이 즐겁게 되는 것이 가장 이상적인 堯舜의 정치이다. 그 도리는 象으로 드러나고, 象으로 드러나는 것을 찾아보려면 萱을 통해 알 수 있으니, 萱이라는 글자가 보잘것없지만 天理와 人情의 도리가 밝게 드러나 있는 만큼 政體와 國風과도 밀접한 관련성이 있다고 본 것이다. 답답함을 풀어버리는 萱이 천지가 평온해지는 天理를 얻고, 부모님이 즐겁게 되는 人情의 도리를 밝게 드러낼 수 있는 象인 것이다. 목은은 萱庭의 萱을 가지고 天理와 人情이 밝게 드러나는 사회를 희망하며, 제자인 염정수에게 '設敎'를 하고 있는 것이다.

廉廷秀가 萱庭이라 號를 짓고 그 뜻을 풀이해 달라는 청탁의 글에 이어 목은의 본격적인 議論이 전개된다. 목은은 앞서 보았듯이 氣의 離合集散으로 천지만물이 생성된다고 보았다. 그래서 하늘과 땅 사이에 氣가 충만해 있는데, 사람은 물론이고 다른 생물들도 모두 이 氣를 받아서 살아가고 있다. 그런데 무리를 나누어

---

315) 같은 곳, a~b. "天地之平; 父母之樂, 堯舜時雍之理, 所以不可及也. 求其理之所在, 則著於象; 求其象之所在, 則見乎萱. 一物微矣; 一字末矣, 而天理人情之昭著, 政體國風之關係."

같은 종류끼리 모여 살면서 물은 축축한 곳으로 우선 번져가고 불은 건조한 곳으로 먼저 타 들어가는 차이를 보이는 등, 외면적으로는 각양각색으로 어지럽게 뒤섞여 있는 것처럼 보이기도 하지만, 내면적으로는 그야말로 질서정연하여 찬연히 빛나는 가운데 그 조리가 한 번도 문란해진 적이 없다고 하였다.316) 목은이 張橫渠의 氣사상을 바탕으로 氣에 대해 이야기한 것은 다음으로 이어지는 논리를 전개시키기 위한 것이다.

　　士君子가 소년 시절에 글을 읽으며 사물의 이치를 탐구하면 천하의 사리에 밝아질 수 있을 것이요, 장년 시절에 임금을 섬기며 사물을 다스리게 되면 천하의 사리에 공평해질 수 있을 것이다. 그렇게 되면 마음이 넓어질 것이니 나의 기운에 무슨 累가 되는 일이 있을 것이며, 마음이 활짝 펴질 것이니 나의 마음에 무슨 손상되는 일이 있을 것인가? 和氣가 감돌면서 모든 일이 순리대로 전개되고 얼음이 녹듯 모든 갈등이 해소될 것이니, 그 사이에 어찌 털끝만큼이라도 서로 어긋나는 점이 있을 수 있겠는가?317)

천지에 충만한 氣가 외면적으로는 각양각색으로 어지럽게 보이지만 내면적으로는 질서정연한 것처럼, 인간 역시 氣의 集合으로 이루어졌기 때문에 문란하지 않고 질서정연해야 한다. 그렇게 되기 위해서는 소년 시절에 독서를 통해 사물의 이치를 탐구하여 천하의 사리에 밝아지고, 장년 시절에는 임금을 섬기며 사물을 다스

---

316) 같은 곳, b. "天地氣也, 人與物受是氣以生. 分群聚類, 流濕就燥, 外若紛揉, 而內實秩然粲然, 倫理未嘗紊也."

317) 같은 곳, b~c. "士君子少也, 讀書而格物, 則天下之事理, 致其明; 壯也事君而理物, 則天下之事理, 歸于平. 蕩蕩也何累於吾氣; 愉愉也何傷於吾心, 怡然理順; 渙然氷釋, 夫豈有一毫之齟齬於其間哉."

려 천하의 사리에 공평해져야 한다. 그러면 마음이 답답할 때 풀 어버리려 通暢하게 되고, 마음에 근심이 있을 때 잊어버려 즐겁게 되는 萱처럼 마음이 넓어지고 쾌활해져서 손상되는 일이 없어 자 연히 和氣가 감돌아 모든 일이 순리대로 잘 풀린다는 것이다.

목은은 "少也, 讀書而格物, 則天下之事理, 致其明; 壯也事君而 理物, 則天下之事理, 歸于平. 蕩蕩也何累於吾氣; 愉愉也何傷於吾 心, 怡然理順; 渙然氷釋."이라는 문장에다 排比와 對偶, 그리고 比喩의 수법을 적절히 구사하였다. 이러한 修辭는 문장을 간결하 게 하면서도 동시에 비유를 통해 딱딱한 논리를 부드럽게 전개시 켜, 士君子가 지녀야 할 덕목들을 萱이라는 글자를 풀이해 가면서 효과적으로 '設敎'를 가하고 있는 것이다.

> 뜻이 독실하여 방만한 곳에 빠져들지 않고, 이를 힘껏 실천에 옮겨 허탄한 곳으로 치달리지 않으니, 안으로 반성하여 마음에 비 추어 보아도 걱정할 것이 없고 답답할 것이 하나도 없다고 하겠 다. 그리하여 오직 천지를 섬기고 부모를 섬기는 그 마음을 가지 고 다시 임금을 섬김으로써, 이상한 벼와 붉은색 향초 같은 상서 로운 징조가 곧장 田野에 두루 나타나게 하려 하고 있으니, 그 마음가짐이 정말 원대하다고 할 만하다.[318]

이 단락은 廉廷秀를 칭송하고 있는 부분이다. 염정수는 뜻이 독실 하여 방만하지 않고, 실행에 옮겨 허탄에 빠지지 않으며, 자신을 반성 하여도 걱정할 것이 없으며, 천지를 섬기고 부모를 섬기는 마음으로 써 임금을 섬겨 온갖 상서로운 징조가 온 세상에 두루 나타나게 하려

---

318) 같은 곳, d. "志之篤而不入於汗漫; 行之力而不馳於虛遠, 反而求之 心, 無所憂無所鬱. 惟以事天地事父母而移之於君, 直欲使嘉禾朱草 遍于田野, 其操心可謂遠矣."

고 했다는 것이다. 士大夫가 지녀야 할 가치지향적인 志·行·反·忠 등을 제시하고 있다. 물론 이것은 염정수 개인에 대한 이야기이기는 하지만, 이것의 의미를 외연적으로 확대하면 士大夫 전체에게 두루 포함되는 덕목이기도 한 것이다. 이렇게 목은은 사대부가 지녀야 할 가치지향을 제시하여 後生들에게 삶의 지표에 대해 언급하고 있는 것 이다.

끝으로 목은은 염정수에 대한 당부의 말로 글을 마무리 짓는다.

> 詩의 첫 章에 "우리 님은 용감하신 나라의 인걸."이라고 하지 않았던가. 나라의 인걸이란 다른 재주나 덕행의 소유자를 뜻하는 말이 아니다. 그것은 오직 부모에게 순종하고 천지에 통하여, 자 기 몸으로 직접 堯舜의 時雍의 도리를 드러내는 사람을 말함이 니, 民望은 그렇게 되도록 힘써야 할 것이다.319)

『詩經』 詩의 인용으로 시작하여 『詩經』의 인용으로 마지막 단 락을 끝맺어 首尾雙關的 수법을 구사하고 있다. 座主가 門生에게 써 준 글이니, 염정수에 대한 당부이자 동시에 모든 門生들에 대 한 가르침이기도 하다. 나라의 인걸이란 특별한 재주나 덕행의 소 유자가 아니라 부모에게 순종하고 천지에 통하여 堯舜의 정치인 時雍의 치세를 이루는 것이라 하였다. 천지가 평온해지고 부모님 이 즐겁게 되는 것이 가장 이상적인 堯舜의 정치이니, 모든 사람 들이 독실하게 목표를 가지고 힘써 실행에 옮겨야 하는 것이다.

牧隱은 萱庭이란 號에서 '萱'이란 글자를 가지고 『詩經』의 「伯 兮」 詩와 性理學思想인 氣를 통해 풀이하면서, 士君子가 지녀야

---

319) 같은 곳. "首章不云乎, 伯兮伯兮, 邦之桀兮. 邦之桀, 非有他才德也. 順乎父母; 通乎天地, 身親見堯舜之理而已. 民望勉諸."

할 가치지향점들을 說敎를 통해 제시하고 있다.

牧隱의 산문 작품은 대부분 주변 인물들의 청탁에 의해 지어진 것으로, 그 대상에 대한 칭송이 일반적인 현상이나, 목은은 칭송보다는 그렇게 命名한 이유를 性理學思想으로 풀이하는 구성방식을 취하고 있다. 이러한 방법은 稼亭 李穀의 說에 처음으로 나타나기 시작하는 것으로,320) 牧隱에 이르러 활성화된다. 목은은 命名한 풀이를 통해 당부와 勸勉의 말로 '說敎'를 덧붙이고 있는데, 그의 작품 중 記와 說은 대부분 이러한 방식을 채택하고 있다. 목은이 이러한 구성방식을 취한 것은 글을 청한 대다수의 사람들이 목은의 門生들이었기에, 恩門으로서 門生에게 설교함으로써 이를 실천하기를 바라는 목은의 의도가 작용한 때문이다.

2) 결말 부분의 '巨鯨掉尾之勢'

古文에서 주제를 세우는 것을 立意라 한다. 古文에서 주제를 효과적으로 전달하기 위한 방법은 여러 가지가 있을 수 있다. 서두와 결말에 동시에 주제를 제시하는 呼應이 있고, 서두에만 제시하는 破題 등이 있다. 목은의 경우도 역시 이러한 방법들을 두루 사용하고 있는데, 그 가운데에서도 결말에 힘을 준 것이 뛰어나다. 몇 작품의 분석을 통해 구체적으로 살펴보기로 한다.

---

320) 물론 唐宋古文에는 흔히 보이지만, 우리나라에서는 현존하는 작품 가운데 李穀의 「敬父說」에 처음으로 보인다.

① 「南海府望海樓記」

이 작품은 정확한 창작 시기는 알 수 없으나 작품의 편차로 보아 목은의 만년에 지어진 글이며, 『동문선』에 실려 있다. 이름은 乙卿이요, 字는 善輔로 일을 맡길 만한 재능이 있다고 세상에 알려진 海亭漁叟 鄭侯가 南陽府에 있는 望海樓란 누각을 세우고 記文을 청하자 써 준 글이다. 내용상 모두 네 단락으로 나눌 수 있는데, 첫 번째 단락은 충숙왕의 妃인 明德太后가 이곳에서 태어나 충혜왕과 공민왕 두 왕을 낳아 太母가 된 덕분으로, 州에서 府로 승격된 이 고을의 沿革에 대해 이야기하고 다음과 같은 내용으로 이어진다.

海亭漁叟 鄭侯가 이곳에 부임하여 말하기를, "태양도 나오고 들어가는 곳이 있고 물도 솟아 나오는 곳과 들어가는 곳이 있으니, 아무리 멀고 큰 것이라 할지라도 제대로 잘 살필 줄만 알면 모두 그 始源을 알 수가 있는 법이다. 그런데 더구나 君上이 나오게 된 곳이야 더 말해 무엇 하겠는가. 따라서 신하된 자라면 당연히 공경하는 마음을 품고서 감히 소홀히 해서는 안 될 것인데, 하물며 나로 말하면 德音을 널리 입고서 군상이 나온 이 땅을 지키는 신하가 되었는 데야 더 말할 나위가 있겠는가?" 하고는 이 때문에 더욱 밤낮으로 외경심을 지니고서 덕을 앞세우려고 힘을 기울였다. 그리하여 아전은 교화시키려고 노력하였을 뿐 무턱대고 그들에게 법을 가하려고 하지 않았으며, 백성들에게 은혜를 베풀려고 노력하였을 뿐 무턱대고 위엄을 보이려고 하지 않았다. 이렇게 한 해가 지나가자 온 고을이 크게 평화롭게 되면서, 이로운 것은 일어나지 않은 것이 없고 해로운 것은 모두 없어지기에 이르렀다.321)

---

321) 『목은문고』 권6, 『南陽府望海樓記』, 50면 a. "海亭漁鄭侯之至也, 以爲日之有出入也; 水之有源委也, 雖遠且大, 善其術者, 皆能知之. 況君上之所自出乎? 爲之臣者, 固當敬止而毋敢忽也. 矧余光被德音,

이것은 두 번째 단락으로, 鄭乙卿의 口述로써 시작하고 있다. 남양부는 대개 산천의 신령스럽고도 빼어난 精氣가 한데 뭉쳐 아름다운 祥瑞를 드러냄으로써 억만년토록 끝없이 이어 갈 基業의 토대를 마련해 주었으니, 다른 郡縣과 똑같이 간주될 수 없는 것 또한 당연한 일이다.322) 이렇게 君上이 나온 곳이니 신하된 도리로 공경하는 마음을 지니고 소홀히 해서는 안 된다는 것이다. 그래서 정을경은 법을 앞세워 통치하기보다는 아전을 교화시키려고 노력하였고, 무턱대고 위엄을 보이기보다는 백성들에게 은혜를 베풀려고 하는 등 가능한 한 덕을 앞세우려 힘써서 온 고을이 크게 평화롭게 된 결과가 나타난 것이다.

記의 구성요소에는 그 건물을 세운 사람의 功績을 서술하는 것이 일반적 전형이다. 목은 역시 정을경의 공적을 제시해야 했기에, 앞 단락에서 "그렇기 때문에 그곳을 지키는 신하도 중하게 여겨, 반드시 신중을 기해서 뽑아 보내곤 하였던 것이다."323)라고 언급함으로써, 정을경의 인물 됨됨이를 먼저 제시하고 있다. 그리고 단조롭게 그의 행적만 서술하기보다는 정을경의 口述을 통해 생동감 있는 현장감을 제시하면서 이 단락 끝 부분에서 그의 공적을 슬그머니 첨가하는 수법을 구사하고 있다.

다음은 세 번째 단락으로 누각의 命名과 청탁, 그리고 逸話를 소개하고 있다.

得爲君上所出其地之守臣哉. 是以夙夜惟寅, 務以德先. 化其吏, 不敢加以政; 惠其民, 不敢施以威. 朞歲大和, 利無不興, 而害悉去之."
322) 같은 곳. "蓋山川靈異之氣鍾, 而休祥以基. 夫萬億年無疆之業, 固不可以他郡縣等夷之也."
323) 같은 곳. "故重其守臣, 亦必愼簡."

이에 고을에 누각을 세워 외관을 웅장하게 하는 한편 찾아오는 손님들을 즐겁게 해 주려고 하였는데, 누각의 이름을 望海라고 하고는 그의 아들인 국자감의 학생 彛를 보내어 나에게 記文을 요청하였다. 그런데 이와 관련해서 이야기를 들려주기를, "이 고을에 옛날에는 못이 있었는데, 오래전부터 방치하고 수리를 하지 않은 결과 위에서 잡초가 무성하고 아래에는 진흙만 쌓여서, 주민들이 그 속에서 뒤섞여 경작을 하였습니다. 주민들의 말에 의하면 그 못의 용이 다른 경내로 옮겨가는 바람에 그 뒤로 말라붙게 되었다고 합니다만, 그것이 믿을 수 있는 이야기인지는 알 수가 없습니다. 그런데 부사께서 부임하고 나서 이곳을 파내고 수축하라는 명을 내렸는데, 이날 먹구름이 갑자기 동남쪽에서 일어나더니 바람과 우레가 뒤따라 이르렀습니다. 이때 고을 사람들이 바라보니, 꿈틀거리는 용의 꼬리가 하늘 높이 보이다가 못까지 내려왔는데, 못물이 사흘 동안이나 끓어오르고 흰 기운이 뭉게뭉게 피어나면서 그치지 않았으므로 모두가 감탄하여 이상하게 여겼다고 합니다." 하였다.324)

보통의 記文 같으면, 이 대목에는 누각 주변의 風景이라든지 누각의 건축구조나 건설 과정을 기술하였을 것이다. 하지만 목은은 그러한 과정은 모두 생략하는 約敍의 수법을 사용하면서, 記에서는 일반적으로 꺼리는 비현실성이 강한 용에 대해 이야기하는 부분에서는 반대로 자세히 서술하는 詳敍의 수법을 사용하고 있다. 간략한 내용과 상세한 이야기의 전달을 통해 언급하고자 하는 무

---

324) 같은 곳, a~b. "作樓于州理, 以壯瞻視, 以娛賓使, 揭名曰望海. 使其子國子生彛, 徵余文爲記. 且言曰, 州舊有池, 久廢不修. 上葑下游, 居人雜耕其中. 州人相傳, 池之龍, 徙宅境. 其後乃涸, 然莫知其信否也. 侯旣至, 命浚而築之. 是日, 黑雲暴起東南, 風雷隨之而至. 州人望之, 矯矯見龍之尾及池而下, 池水沸三日, 白氣蓊然不止, 老幻嗟異."

게 중심이 어디에 있는지를 제시하고 있는 것이다. 그런데 용에 대한 이야기 역시 목은 자신의 목소리보다는 정을경의 아들 彝의 口述에 의존하고 있다. 이것은 객관성을 제시하고자 함과 동시에 마지막 부분에서 자신의 목소리에 힘을 싣고자 하는 목은의 의도가 담겨 있는 것이다. 여기서 龍에 대한 일화는 용의 신비스러운 면보다는 다른 곳으로 옮겨갔다가 다시 돌아온 용의 행방에 주목하고 있다. 다시 말하면 신비스러운 이야기를 통해 정을경의 用心을 제시하려고 한 것이다. 이 모두에는 결말에 힘을 쏟고자 하는 목은의 포석이 담겨 있다고 하겠다.

> 마음의 작용이야말로 위대하다고 할 것이니, 그 마음을 한군데로 집중하기만 하면 천하의 일이란 하고 말 것이 없는 것이다. 鄭侯의 공경하는 그 마음이 환하게 통해서 막힘이 없었기 때문에, 밝은 곳에서는 사람들이 화목하게 되고 어두운 곳에서는 영물이 찾아오게 된 것이니, 이 누각과 같은 작은 일이야 굳이 말할 것이 있겠는가? 그래서 이 고을의 연혁을 먼저 적어 넣은 다음에 용이 돌아오게 된 사연을 기록해서 찾아오는 사람들에게 알려 주려고 한 것이다.325)

마지막 단락이다. 마음의 작용(心用)의 위대함을 말하고 있다. 그는 다른 글에서도, "마음의 작용은 지극히 크다. 천지를 경륜하고도 여력이 있어서, 털끝만큼이라도 마음 밖으로 빠져나가는 것이 있지 않으니, 이렇게 본다면 천지도 마음의 역량을 다 포용할 수가 없는 것이다."326)라고 하여, 心의 작용에 대해 언급하고 있

---

325) 같은 곳, b. "心之用大矣. 一定其心, 則天下無足爲者. 鄭侯敬止之心, 洞達無間, 故明則人和; 幽則物格. 是樓之微, 何足道哉. 故先書郡故; 後錄龍返之由, 以告來者焉."

다. 마음의 작용이란 한군데로 집중하기만 하면 천하의 일이란 쉽게 이루어지는 것으로, 鄭乙卿은 敬에 마음을 집중시키고 있다는 것이다. 敬에 집중하는 것, 이것이 마음을 집중하는 방법으로 목은은, "훌륭한 말을 듣고 훌륭한 행동을 볼 때 뭉클 솟아 나오는 그것이 바로 마음의 한 실마리라고 할 것인데, 이 실마리를 잡고서 놓치지 않는 방법으로는 오직 敬義가 있을 뿐이다. 이 어찌 가슴에 새기고서 끊임없이 노력해야 할 일이 아니겠는가?"327)라 하여, 敬을 가지고 마음을 곧게 하는 것이라 하였다. 정을경의 마음의 작용이 막힘없이 통달하였기 때문에 마을에서는 해로운 것은 없어지고 이로운 일이 일어나 평화가 찾아왔으며, 어두운 곳으로 떠나갔던 靈物인 龍이 돌아오는 일이 생긴 것이다. 이것이 목은이 설정한 이 글의 立意이다.

그러니 樓閣의 주변 풍경이 어떻고 누가 어떻게 지었는지 등등 누각과 관련 있는 것과 같은 작은 일에 대해서는 말할 만한 가치를 느끼지 않았던 것이다. 그래서 목은은 누각에 대한 이야기는 하지 않고 먼저 고을의 연혁을 통해 鄭侯의 마음가짐을 기록하고, 이어서 용이 돌아온 사연을 기록한 것이라고 작품의 구상을 밝혀 놓았던 것이다. 앞의 세 단락은 敍事的 내용에 치중했기에 특별한 수사법을 쓰지 않았지만, 이 부분은 목은의 가장 핵심적인 議論이 들어 있기 때문에 對句나 詠嘆을 사용하여 정제되고 감정을 함축적으로 전달하는 느낌을 주고 있다.

안석경은 이 글에 대해, "마지막 단락에 큰고래가 꼬리를 흔드는

326) 『목은문고』 권10, 「直說三篇」, 77면 a. "心之用大矣. 經綸天地而有餘力, 無絲毫之或漏於其外也. 是天地亦不能包其量矣."

327) 『목은문고』 권10, 「直說三篇」, 77면 c. "聞善言, 見善行, 油然而生者, 心之端也. 持其端而不失焉者, 敬義而已, 其拳拳焉其拳拳焉."

기세가 있다. '내가 말하기를 마음의 작용이야말로 위대하다' 이하는 한 편의 뜻을 결속시켜 神力이 있기 때문이다."328)라고 하였다. 큰고래가 꼬리를 흔들듯 결말에 힘이 있어 귀신같은 힘을 지녔다고 칭찬을 아끼지 않았다. 韓愈 역시 「新修滕王閣記」・「河南府同官記」 등에서 결말에 힘을 실었는데,329) 목은은 스스로 한유를 스승으로 여긴다고 했으니, 이렇게 큰고래가 꼬리를 흔드는 것 같은 결말을 중시하는 경향은 한유의 영향을 받은 것으로 보인다.

② 「香山安心寺舍利石鐘記」

이 글은 대략 牧隱이 50대 중반에 지은 것으로, 『동문선』에 실려 있으며, 香山에 있는 安心寺의 舍利石鐘에 대해 쓴 記文이다. 서두는 다음과 같이 시작된다.

> 指空은 인도사람이다. 그리고 고려의 普濟王師는 바로 그의 제자이다. 이들이 입적하여 茶毗를 행했을 때 모두 舍利가 나왔으므로, 믿는 사람이나 의심하는 사람이나 이에 모두 의견이 합치되어 하나로 귀결되었다.330)

安心寺에 있는 舍利石鐘에 指空(?~1363)과 普濟王師의 舍利가 보관되어 있다. 그래서 목은은 지공과 보제왕사의 이야기로 서두

---

328) 『삽교만록』 하, 640면. "末有巨鯨掉尾之勢. 盖予曰心之用大矣以下, 結一篇之意, 而有神力故也."

329) 何寄澎, 『唐宋古文新探』, 대안출판사, 1998, 68면.

330) 『목은문고』 권3, 「香山安心寺舍利石鐘記」, 26면 a. "指空, 西天人也. 高麗普濟王師, 其弟子也. 其入寂而茶毗也, 皆有舍利, 人之信者疑者, 於是合而爲一矣."

를 시작한 것이다. 지공은 본래 인도 摩竭提國의 왕자로서 출가하여 迦葉으로부터 百八傳의 법을 얻은 가섭의 百八代 법손이므로 인도 108대 祖師라 한다. 그는 당시 중국에 와 있었는데,[331] 1348년 3월에 연경에 도착한 보제왕사와 만난다. 보제왕사는 20세 때 이웃집에 살던 벗이 죽었는데, 여러 어른들에게 사람이 죽으면 어디로 가느냐고 물었으나 아무도 모른다고 하자, 너무도 슬픈 나머지 그 길로 功德山으로 달려가 了然 스님에게 가서 득도하였다. 그 후 회암사 등 여기저기서 수행하다가 지공을 親見하고는 스승으로 모시게 된 것이다.[332]

> 香山은 압록강 연안에 위치하여 그 땅이 가장 외진데다 여진족과 접경하고 있는 지역이다. 하지만 그쪽 사람들은 대부분이 충성스럽고 신실해서 封疆을 지키는 신하의 역할을 수행하고 있으며, 그런 만큼 불교에 대해서도 마음속 깊은 곳으로부터 悅服하고 있는데, 京中의 士庶와 비교해도 하등 차이를 보이지 않고 있다. 그러니 "위에서 좋아하는 것이 있으면 아래에서는 더 좋아하는 경향이 있게 마련이다."라는 말이 어찌 사실이 아니겠는가?[333]

指空과 普濟王師의 이야기에 이어 香山과 토착민들에 대해 설명하고 있다. 香山은 압록강의 남쪽 平壤府의 북쪽에 위치하여 遼陽과 경계를 이루고 있는데, 산이 웅장해서 더불어 비할 데가 없으니 바로 장백산맥이 뻗어내려 나누어진 곳이다. 그곳에는 향나

---

331) 『목은문고』 권14, 「西天提納薄陁尊者浮屠銘」, 116〜120면 참조.
332) 『목은문고』 권14, 「普提尊者諡禪覺塔銘」, 120〜122면 참조.
333) 『목은문고』 권3, 「香山安心寺舍利石鐘記」, 26면 a. "香山岸鴨江, 地最僻, 與女眞交界. 然其人多忠信, 爲封疆臣. 故於竺敎, 心悅誠服, 與京中士庶無少異. 上有好者, 下必有甚焉者, 詎不信然."

무를 위시해서 사철나무가 많이 자라고 있는 데다 仙道와 佛道의 옛 자취가 서려 있기 때문에 香山이라는 이름이 붙여지게 되었다.[334] 이렇게 香山은 여진족과 접경에 있는 외진 지역인데도, 그곳 주민들은 충성스럽고 신실해서 나라의 경계를 지키는 신하의 역할을 충실히 수행하고 있다고 하여, 먼저 儒者의 입장에서 이곳 주민들에 대해 찬사의 말을 언급하고 있다. 이어서 그곳 주민들은 불교에 대해서도 깊이 신봉하고 있어서 그 점에서는 서울 사람들과 비교해도 결코 뒤지지 않는다고 했다. 그러면서 『孟子』「滕文公 上」章에 있는 글을 引用하고 反語法을 사용하여 신빙성과 강조의 효과를 가미하면서, 지공과 보제선사 그리고 주민들을 연계 짓고 있다.

이어서 불교에 悅服한 세 스님이 舍利石鐘을 만들게 된 경위를 간단히 말하고 다음으로 이어진다.

이렇게 한 것은 대개 스승의 은혜에 보답하고 이 세상을 교화시키려 함이요, 스승의 도를 높여서 후대에 길이 전하고자 함이니, 그렇게 함으로써 匹夫匹婦로 하여금 모두 우리의 道에 들어오게 하려는 것입니다. 그런데 우리의 道에 들어오기 위해서는 다른 길이 있는 것이 아니라, 바로 우리의 마음을 편안하게 하는 그것이라고 하겠습니다. 우리의 마음을 편안하게 하는 것은 편안하지 못한 마음을 찾는 것에서부터 시작해서 그 마음을 찾을 수 없는 것에서 끝나는데, 옛사람의 자취가 워낙 멀어서 혼매한 자들이 혹시 잊어버릴 수도 있기 때문에, 반드시 안심사에다 사리를 봉안하려고 한 것입니다. 그리하여 안심사에서 舍利를 보게 되면 반드시 마음이

---

334) 『목은문고』 권2, 「香山潤筆菴記」, 13면 b. "香山在鴨綠水南岸平壤府之北, 與遼陽爲界. 山之大莫之與比, 而長白之所分也. 地多香木多靑, 而仙佛舊迹存焉, 山之名以香山."

편안해질 도리를 생각하게 될 것이요, 마음이 일단 편안하게 할 수
있으면 舍利가 또한 우리의 뼈 속에서도 나오게 될 것입니다.335)

제자 覺持의 口述을 통해 安心寺에 지공과 보제왕사의 舍利를
보관하게 된 이유를 서술하고 있다. 이 작품은 전체가 겨우 309자
로 비교적 짧은 글인데, 절반이 넘는 179자를 覺持의 口述에 할애
함으로써 이 글에서 제시하고자 하는 것이 어디에 있는지를 보여
주고 있다. 각지는 스승의 은혜에 보답하고 세상을 교화시키며, 스
승의 도를 높여 후대에 전함으로써 보통사람들이 佛道에 귀의하게
하고자 하는 것이 舍利를 보관하게 된 이유라고 하였다. 그런데
그렇게 하기 위해서는 安心, 즉 마음을 편안히 하는 것이 최선의
방법이라고 하였다. 安心이란, 禪宗의 2祖 慧可가 初祖인 達磨에
게 "내 마음이 편안하지 못하니 스승께서 마음을 편안하게 해 주
셨으면 합니다."라고 하자, 달마가 "그 마음을 가지고 와라. 너에
게 편안함을 주겠다." 하였는데, 慧可가 한참 뒤에 "그 마음을 찾
아보았으나 찾을 수가 없었습니다." 하니, 달마가 "내가 너에게 이
미 安心의 경지를 주었다."라고 했다는 것이다.336) 이것이 이른바
불교 禪宗의 安心法門이다. 그런데 覺持는 시대가 너무 떨어져 어
리석은 자들이 혹시 이러한 이치를 잊어버릴 수도 있기 때문에 安
心寺에다 舍利를 보관해 두면 그 舍利를 보고 마음을 편안하게

335) 『목은문고』 권3, 「香山安心寺舍利石鐘記」, 26면 b. "蓋欲報師恩化
當世; 尊師道傳來世, 使匹夫匹婦皆有以入於吾道而已矣. 入吾道者,
非有他也, 安吾心而已矣. 安吾心, 始於覺, 終於不可得, 古人之迹遠
矣, 昧者或忘之. 故藏舍利必於安心寺, 睹舍利必思安心, 能安心, 舍
利亦出吾骨矣."
336) 『사부총간』 子部, 『景德傳燈錄』 권3. "曰, 我心未寧, 乞師與安. 師
曰, 將心來, 與汝安. 曰, 覓心了不可得. 曰, 我與汝安心竟."

할 수 있고, 舍利가 또한 우리에게도 나오게 될 것이라고 이유를 밝히고 있다. 安心寺라는 절의 이름과 安心法門의 '安心'을 중복 하여 사용하는 수법을 써서 말의 語氣를 강화시켜 주고 있다.

> 시험 삼아 내가 한마디 할까 한다. 마음은 하나이니, 중생이나 諸佛이나 그 마음은 본래 다른 것이 아니다. 그러니 더군다나 지 공이나 보제의 마음과 우리의 마음이 다를 수가 있겠는가? 뒷날 石鐘을 대하고 예배를 드리는 사람들은 자신을 돌이켜 각자의 마 음속에서 찾아보는 것이 좋을 것이다.337)

마지막 단락의 원문은 모두 37자로, 간결하게 글을 끝맺었다. 覺持가 마음을 편안하게 하는 것은 편안하지 못한 마음을 찾는 것 에서부터 시작해서 그 마음을 찾을 수 없는 것에서 끝난다고 安心 에 대해 언급했다. 목은은 불교의 不二사상에 입각해 마음은 둘이 아니라 하나라고 하여, 불교의 중요사상으로 佛徒의 그릇된 인식 을 이야기하고 있는 것이다. 그러므로 중생이나 諸佛이나 그 마음 은 본래 같은 것이다. 그러니 보제의 마음이나 지공의 마음이나 우리의 마음은 같은 것이라 하여, '況~乎'의 抑揚法을 사용하여 강조하고 있다. 목은은 불교사상으로 논의를 전개하면서 결국은 儒家思想으로 끝을 맺고 있다. 즉 훗날 예배드리는 사람들은 石鐘 에서 지공이나 보제왕사를 찾을 것이 아니라 각자 자신을 돌이켜 보고서 자기의 마음속에서 찾아야 한다는 것이다. 儒家思想에 있 어 修養論의 핵심인 '反求諸己'를 해야 한다는 것이다.

---

337) 『목은문고』 권3, 「香山安心寺舍利石鐘記」, 26면 b. "試問之, 心一 也. 衆生諸佛本不異, 況指空普濟之心與吾異乎. 後之禮石鍾者, 反 而求之心, 可也."

牧隱은 이처럼 간결한 敍事로 시작해서 청탁자의 口述을 통해 일의 전말을 제시하고, 끝으로 간략한 자신의 議論으로 결말을 맺어 결말에 힘을 집중하는 구성방식을 취하고 있는 것이다. 물론 그렇다고 목은이 모든 글에서 결말에만 중점을 둔 것은 아니다. 앞서 보았던 「萱庭記」나 「送江陵道按廉金先生詩序」 같은 경우에는 서두와 결말에 동시에 주제를 제시하는 呼應의 구성을 취하기도 하였고, 「麟角寺無無堂記」의 경우는 서두에 주제를 제시하기도 하였다. 목은의 스승인 이제현의 경우 서두와 말미를 상관시켜 주제를 거듭 강조하는 開闔과 주제를 글의 첫머리에 내세워 줄거리를 일관성 있게 전개하는 破題를 즐겨 사용하였다.[338] 그런데 그와 달리 목은은 간결한 敍事로 시작해서 청탁자의 口述을 통해 일의 전말을 제시하고, 끝으로 간략한 자신의 議論으로 결말을 맺어 결말에 힘을 집중하는 구성방식을 즐겨 취하고 있는 것이다.

3) 轉折法에 의한 縱橫變化

轉折이란 문장이나 語意가 하나의 방향에서 다른 방향으로 轉換하는 것을 말한다. 轉折法은 문장에서 반드시 갖추어야 하는 것이지만, 대문장가가 아니면 잘 구사하기 힘든 것이다.[339] 한 편의 작품 속에서 적절하게 문맥을 변환시키면 문장의 변화를 주는데도 도움이 되고, 文氣를 강화시킬 뿐만 아니라 문장의 結構를 주도면밀하게 할 수 있게 된다. 문장에 변화를 주게 되면 뜻을 새롭게

---

338) 金乾坤, 「李齊賢 文學 硏究」, 한국정신문화연구원 박사논문, 1993, 195~199면 참조.
339) 하기평, 앞의 책, 59~60면 참조.

할 수 있으므로 운치를 더할 수가 있는데, 이러한 변화는 문장을 구성하는 치밀함에서 나온 것이다. 그러면 대표적인 몇 작품을 통해 자세히 살펴보기로 한다.

① 「菊澗記」

이 글은 禑王 6년(1380) 4월에 牧隱의 同年인 兵部 朴在中이 자기의 거처에다 菊澗이라는 편액을 내걸고서 記文을 청하자 목은이 지어 준 글로, 『동문선』에도 실려 있다. 대부분의 목은 산문 작품과는 달리 청탁자의 口述이 전혀 없이, 記의 청탁을 짧게 기술한 데 이어 목은의 議論이 다음과 같이 시작된다.

국화가 꽃 중의 隱者라고 한다면 산골 물은 물 중의 幽者라고 할 것이다. 隱者는 幽者를 찾기 마련이고 幽者는 또 隱者를 불러들이기 마련이니, 이는 대개 그 기운이 서로 비슷하기 때문이다.340)

두 개의 對句를 사용하여 문장을 간결하게 전개시키고 있다. 周敦頤가 「愛蓮說」에서 국화를 꽃 중에 隱逸者라 한 것341)을 가지고 국화가 꽃 중의 隱者라면, 산골 물은 물 중의 幽者라고 비유를 하면서, 박재중이 자신의 거처를 菊澗이라 命名한 것을 풀이하고 있다. 앞서 논한 바와 같이 이는 목은이 즐겨 사용하고 있는 구성 방식 중의 하나이다. 문장도 주돈이가 「愛蓮說」에서 썼던 방식대로 '○之○者也'라 하여, 虛辭를 적절히 구사하는 방식을 사용하

---

340) 『목은문고』 권3, 「菊澗記」, 21면 b. "菊, 花之隱者也; 澗, 水之幽者也. 隱必乎幽; 幽必乎隱, 蓋其氣類也."
341) 『古文眞寶大全』, 「愛蓮說」, 220면. "菊, 花之隱逸者也."

고 있다.

목은은 같은 소리끼리는 서로 응하고 같은 기운끼리는 서로 찾기 마련이니, 이는 각자 자기와 비슷한 것끼리 어울리기 때문이라는 『周易』의 내용342)을 가지고 隱者는 幽者를 찾기 마련이요, 幽者는 隱者를 불러들이기 마련이라고 하였다. 국화를 隱者에, 산골물을 幽者에 비유하면서 堂號인 菊과 澗을 가지고 議論을 펼치고 있는 것이다.

그런데 이어지는 단락에서는 轉折法을 사용하여 轉換을 하고 있다.

그런데 在中과 나는 일단 布衣를 벗고 玉堂에 들어선 뒤에 화려한 관직을 두루 역임했으며, 사대부들이 선망의 대상으로 삼는 것들을 모두 받아들이기만 하였을 뿐 조금도 사양하는 것이 없었으니, 隱者를 사모하는 마음이 어디에 있다고 하겠는가? 그리고 在中은 기운이 수려하고 밝음은 물론 자질이 아름답고 맑은 관계로 그 뜻이 고상하고 그 자태가 閑雅하기만 하여, 마치 良金과 美玉이 산을 빛나게 하고 바다를 윤택하게 해 주는 것과 같으니, 幽者와 가까운 점이 어디에 있다고 하겠는가?343)

朴在中은 공민왕 2년(1353) 이제현과 洪彦博의 문하에서 목은과 함께 급제한 同年이다. 그는 科擧에 합격하고 玉堂에 들어가 목은과 함께 翰林學士를 역임하고 이후 承旨에 올랐으며, 목은은

342) 『주역』 권1, 「乾卦·文言 九五」, 86∼87면. "同聲相應, 同氣相求. ……各從其類也."
343) 『목은문고』 권3, 「菊澗記」, 21면 b. "在中與吾, 旣釋褐, 入玉堂, 歷錦省, 凡士大夫之所歆者, 皆受而不小辭, 烏在其有慕於隱乎哉. 在中氣秀而明, 質美而淸, 高爽之志; 閑雅之容, 如良金粹玉, 輝山潤海, 烏在其有近於幽乎哉."

당시 정권에서 소외되기는 했으나 重大匡 政堂文學 右文館 大提
學 領藝文春秋館事 兼 成均館大司成 上護軍의 직함을 지니고 있
었다. 두 사람은 당시 士大夫들의 선망의 대상인 관직을 모두 받
아들이고 조금도 사양하지 않았으니, 隱者를 사모하는 사람이 아
니라는 것이다. 더구나 박재중은 수려하고 맑은 기운과 아름다운
자질을 지니고 있어 온 세상을 빛나고 윤택하게 해 주니 幽者와도
거리가 멀다는 것이다. 이것은 다음 단락에서 박재중이 幽者와 가
깝다는 것을 드러내기 위해 먼저 누르고 있는 형국이다. 앞 단락
에서 '菊'과 '澗'이란 거처의 편액을 가지고 隱者와 幽者로 논의
가 시작되었으니, 이 단락에서는 이러한 방향으로 작품이 구성되
리라 생각한 독자들은 갑자기 전환된 문단을 통해 起伏을 느끼게
된다.

> 그러나 在中이 취한 것이 이와 같고 보면, 그가 이것들을 좋아한
> 다는 것 역시 의심할 여지가 없다. 대체로 仁者는 산을 좋아하고
> 智者는 물을 좋아한다고 하는데, 이는 바로 그들 속에 내재한 덕성
> 이 그렇게 만드는 것이라고 해야 할 것이다. 재중의 경우도 마음속
> 으로 터득한 것은 분명히 그런 대상이 있기 때문에, 자기의 거처를
> 표상하려고 할 때 이와 같이하지 않을 수 없었던 것이다.[344]

이 단락에서 牧隱은 다시 전환을 통해 변화를 주고 있다. 앞 단
락에서 박재중은 관직과 氣質로 보아 幽者도 隱者도 아니라고 논
의를 전개시켰는데, 돌연 '然'이라는 강한 역접의 접속사를 사용하

---

344) 같은 곳, b~c. "然其所取也如是, 必其所好也無疑. 蓋仁者樂山; 智
者樂水, 德性之所使然也. 在中之得於心者, 必有所在, 其所以表之
居室者, 不得不如此."

여 轉折을 꾀한 것이다. '然'은 而·顧·抑 등의 反轉 接續詞보다
反轉의 의미가 강할 때 사용하는 것이다.[345] 박재중이 菊澗이라고
命名한 것은 분명히 幽者와 隱者의 요소를 좋아했기 때문이라는
것이다. 그 증거로 『論語』에 있는 글을 인용해서 밝히고 있다. 仁
者가 산을 좋아하고 智者가 물을 좋아하는 것은 외재적 자연을 좋
아하기보다는 내재적 덕성을 좋아하여, 그들 속에 내재한 덕성이
그렇게 만든 것이니, 박재중 역시 국화와 산골 물의 덕성을 마음
속에 지니고 있기 때문에 이렇게 命名했다는 것이다.

　이 단락에 이어서 牧隱은 박재중의 덕성에 대해 밝히고 있다.
박재중은 어버이에게 효성을 바치면서 어버이의 뜻에 따라 봉양하
는 것을 급선무라고 여겼다. 이는 입과 몸뚱이만을 봉양하는 저급
한 효도가 아니라 고차적 효도인 것이다. 따라서 그가 벼슬길에
나선 것은 어버이를 영광스럽게 해 드리기 위함이요, 자기 한 몸
의 영달을 도모하기 위해서가 아니었다. 그리고 보면 그가 벼슬하
는 것은 어디까지나 어버이에 대한 효성일 뿐 정작 자기 자신은
隱逸에 뜻을 두고 있다고 할 것이요, 문장으로 표현해 내는 것도
어디까지나 밝은 덕을 밝히려 함일 뿐, 정작 자기 자신은 幽閑한
데에 뜻을 두고 있다 할 것이니, 功名과 부귀 때문에 자신을 더럽
히지 않을 것이 분명하다. 그러니 그가 자기 거처에다 이렇게 편
액을 내걸게 된 것도 당연한 일이라고 목은은 말하고 있다.[346]

　牧隱은 朴在中의 德性에 대해 서술하다가 마지막 부분에 이르

345) 楊伯峻, 『文言文法』, 박유리 옮김, 동아대학교출판부, 1992, 150면.
346) 같은 곳, c. "在中孝于親, 養志是急. 其仕也, 將以榮其親也, 非圖榮
　　其身也. 在中修其身, 明德是務, 其所以文其言也, 將以顯其道也, 非
　　圖顯其身也. 是則孝親而已, 身則志乎隱逸, 明德而已, 身則志乎幽
　　閑, 非功名富貴之所也明矣. 宜乎自扁其居之若是也."

러서는 자신의 이야기로 다시 한 번 문장에 轉折을 가한다.

나는 모란과 가깝고 황료와 비슷한 사람이라고 해야 할 것이다. 지금 모란과 같은 부귀도 부끄럽게 여기기에 충분한데, 더군다나 황료를 神明에게 어떻게 올릴 수가 있겠는가? 국화와 산골 물을 우러러보노라니 저절로 부끄러운 생각이 든다. 비록 그렇긴 하지만 천지도 본래 하나의 기운이요, 산하와 초목도 본래 하나의 기운이니, 어찌 그 사이에 경중을 따질 수야 있겠는가. 아! 이런 이야기는 在中 정도의 인물을 만나야만 거론할 수 있을 것이다.347)

마지막 단락에서 자신을 끌어들여 논의를 전개한 것은 물론 자신에 대한 謙辭를 통해 박재중을 높이기 위한 것이다. 목은은 국화에 대해 모란을, 산골 물에 대해 潢潦를 대비시키면서 박재중에 대한 찬사를 보내고 있는 것이다. 對比는 두 가지 비교 대상을 제시함으로써 어느 한쪽을 강조하는 효과를 자아낸다. 모란은 꽃 중에 富貴者이며, 국화는 隱逸者이다. 그러니 자신은 부귀를 상징하는 모란에 가까워서 부끄럽다는 것이다. 또한 황료는 길바닥에 고인 빗물로 진실로 분명한 믿음만 있다면 귀신에게도 올릴 수 있고 王公에게도 바칠 수 있다지만,348) 산골 물과 비교하면 부끄러운 것이다. 여기서 국화와 산골 물은 隱을, 모란과 황료는 仕를 상징함으로써 外物의 모습을 통해 出仕와 隱遁에 대한 목은의 中道的 입장을 드러내고 있다고 하겠다. 이 단락은 急轉의 접속사인 '況'을 사용하고 거기에다 의문의 형식을 덧붙여 본뜻을 끄집어내고

---

347) 같은 곳. "予也近於牡丹矣; 近乎潢潦矣. 今富貴之足羞, 況神明之奚薦? 瞻望菊澗, 竊自恥焉. 雖然, 天地本一氣也; 山河草木本一氣也, 豈可輕重於其間哉. 嗚呼, 此可與在中道之."

348) 『춘추좌전』, 「隱公」 3년 條. "潢汙行潦之水, 可薦於鬼神, 可羞於王公."

있다. 목은은 이 글의 청탁자인 박재중에 대해 자신을 낮추면서 상대를 높이는 방식으로 글을 엮어가고 있는 것이다.

하지만 牧隱의 이 작품은 여기서 끝맺은 것이 아니라, 한 번 더 문장에 轉折을 가하고 있다. 즉 '雖'라는 양보 접속사를 사용하여 앞의 내용을 直敍하지 않고 한 걸음 물러나서 이야기함으로써 변환을 주고 있다. 목은은 하늘과 땅은 氣로 충만해 있으며 천지도 하나의 기운이요 산하와 초목도 하나의 기운이니, 그 사이에서 경중은 따질 수 없다는 性理學思想의 氣 이론을 가지고 끝을 맺었다. 즉 모란이나 국화나 하나의 氣이며, 산골 물이나 황료도 같은 기운이니 경중을 따질 수 없다는 것이다. 이런 차원의 이야기는 박재중 정도의 인물이라야 이야기가 통한다는 다소 해학적이면서도 여운을 남기는 것으로 매듭을 지었다. 이와 같이 목은은 이 글의 시작부터 끝나는 부분까지 몇 차례에 걸쳐 轉折을 거듭 가함으로써 문단에 縱橫으로 변화를 주어 글에 생동감을 넘치게 하고 있다.

② 「送楊廣道按廉使安侍御詩序」

이 글은 安宗源(1325~1393)이 侍御使로 있다가 공민왕 10년(1361)에 楊廣道를 按察하게 되자, 同年들이 모여 餞別讌을 벌이고 나서 목은이 써 준 글로, 『동문선』에도 실려 있다. 서두는 順興 安氏 집안이 대대로 竹溪에서 살았는데, 죽계는 태백산으로부터 근원이 시작되어 산이 크고 물줄기가 멀리까지 흘러가고 있으니, 안씨 집안도 그처럼 무궁할 것이라는 언급으로 출발한다.

謹齋 선생으로 말하면, 泰定 甲子년(1324)에 천자의 뜰에서 對策文을 지어 올려 명성을 마침내 크게 떨치고는 본국에 돌아와

벼슬하면서 封君의 지위에까지 올랐으니, 문장과 도덕이 그야말로 한 시대에 걸출한 분이었다고 하겠다. 선생은 관직에 몸을 담고서 어떤 일을 담당하든 간에 언제나 괄목할 만한 성적을 거두었으며, 특히 충의에 입각한 큰 절조를 세상에 드러내 보여주었다. 그리하여 퇴폐한 풍속을 격동시키고 쇠퇴한 世道를 바로잡는 데 일조함으로써 나약한 자들이 지조를 세우게 하고 완악한 자들이 方正하게 되도록 해 준 효과가 多大하였으므로, 지금까지도 사람들이 칭송하고 있는 터이다.[349]

이 글은 양광도 안렴사로 떠나는 安宗源에게 준 送序이기 때문에, 대상의 주체인 안종원에 대한 이야기로 서두가 시작되어야 한다. 그러므로 독자의 입장에서는 이야기의 주체인 안종원의 이야기가 나올 것이라 기대하고 있는데, 목은은 이러한 기대를 여지없이 무너뜨리고 초반부터 변환의 형식을 취하고 있다. 목은은 안종원에 대한 본격적인 이야기를 하기에 앞서 그의 부친인 謹齋 安軸(1287~1348)에 대한 이야기로 시작하는 우회적인 수법을 사용하고 있는 것이다.

안축은 忠肅王 11년(1324)에 元나라 제과에 급제하여 蓋州判官을 除授받았는데, 이때 충숙왕이 누명을 쓰고 元나라에 억류된 지 4년이나 되었다. 이에 안축이 동지들에게 말하기를, "왕의 근심은 신하의 욕이요, 왕이 욕을 당하면 신하는 죽어야 하는 것이다. 우리들이 배운 것이 이러하다."고 하여, 元의 황제에게 글을 올려 왕의 죄가 없음을 호소하자, 왕이 이를 아름답게 여겨 成均樂正에

---

349) 『목은문고』 권8, 「送楊廣道按廉使安侍御詩序」, 63 d~64면 a. "謹齋先生當泰定甲子, 對策于天子之庭, 名遂大振, 還仕本國, 位至封君, 文章道德, 一時傑然者也. 其居官莅事, 動有成績, 至於忠義大節, 激頹風; 翼衰世, 立懦廉頑多矣. 至于今稱誦之."

除授하였다.350) 목은은 이러한 忠義에 입각한 안축의 對策文을 높이 평가하였던 것이다. 伯夷의 가르침을 듣고 완악한 자들도 方正해지고 나약한 자들도 지조를 세우게 된 것처럼, 안축의 忠義에 입각한 절조 있는 이러한 행동으로 퇴폐한 풍속을 격동시키고 쇠퇴한 世道를 바로잡아 지금까지도 사람들이 칭송하고 있다고, 안축의 업적을 伯夷에 비유함으로써 최대의 찬사를 보내고 있는 것이다.

　　선생의 막내아들인 嗣淸이 또한 문학을 통해서 진출하였는데, 그는 나와 同年이다. 그가 조정에 서면 상서로운 기린이요 위의 있는 봉황과도 같았으며, 외국에 사신으로 가면 장성이요 敵國과도 같았는데, 부친의 風度를 이어받았으면서도 온화하고 포용하는 면에서는 오히려 나은 점이 있었다. 그런데 나의 선친인 文孝公이 근재 선생을 스승으로 모신데다가 또 선생의 아우인 政堂公과는 同年이었으며, 나 역시 사청과 함께 辛巳년의 進士가 되었고 보면, 안씨와 이씨는 대대로 교분을 쌓아 왔다고 할 것이니, 贈處할 적에도 情理에 입각해서 하지 않으면 안 되리라 여겨진다.351)

　우회적 수법을 사용하여 安軸에 대한 칭송으로 글을 전개하다가, 다시 전환하여 본격적으로 安宗源의 이야기로 선회한다. 목은과 안종원은 충혜왕 복위 2년(1341)에 金光載의 문하에서 성균시

350) 『가정집』 권11, 「大元故將仕郎遼陽路蓋州判官高麗國三重大匡興寧府院君領藝文館事諡文貞安公墓誌銘」, 166면.

351) 『목은문고』 권8, 「送楊廣道按廉使安侍御詩序」, 64면 a. "先生季子嗣淸, 亦以文學進, 予同年也. 立于朝, 如祥麟威鳳; 使于外, 如長城敵國. 有父之風, 而醞藉過之. 先文孝公師事謹齋先生, 又與其弟政堂公同年, 予又與嗣淸, 俱爲辛巳進士, 則安李爲世交, 其於贈處, 不可不以情矣."

에 합격한 同年이다. 목은은 對偶와 比喩를 사용하여 안종원이 조
정에서는 기린과 봉황과도 같으며, 외국에 사신으로 가서는 長城
과 敵國과 같다고 칭송하고 있다. '敵國'이란 개인 한 사람이 본
국과 필적하는 하나의 국가 역할을 해낼 만큼 위엄이 중하다는 뜻
이다. 이는 後漢의 吳漢이 강한 적을 상대하면서도 泰然自若하게
작전 계획을 수립하여 진행시키자, 光武帝가 "吳漢은 은연중에 하
나의 국가 역할을 수행하고 있다."라고 찬탄했다는 故事[352)]에서
인용한 것이다.

그리고 목은은 안종원이 부친의 風度를 이어받았으면서도 마음
이 넓고 포용하는 면은 오히려 낫다고 최대의 찬사를 보내고 있
다. 이는 안종원이 충목왕 때에 史翰에 임명되었다가 만기가 되자
응당 승진할 차례였으나, 동료 沈東老가 연장자로 벼슬이 낮았으
므로 그에게 양보한다. 이에 안축이 그 말을 듣고 기뻐하며 말하
기를, "사양은 덕의 시초이니, 내가 남에게 사양하면 남들 중에 누
가 나를 버리겠는가? 우리 가문에 인물이 있으니, 아마도 더욱 번
창할 것이다."[353)]라는 사실을 두고 한 말일 것이다.

牧隱은 安宗源과 同年으로 친하게 지냈으며, 두 사람의 가문은
서로 친분이 두터웠다. 목은의 아버지 李穀은 그의 아버지 安軸의
문하에서 수학하였으며, 안축은 임종을 앞두고 이곡에게 아들 안
종원과 자신의 墓誌銘을 부탁하는 유언을 남기기도 했다.[354)] 목은
은 이렇게 두 집안이 두터운 교분을 쌓아 왔으니, 情理에 입각해
서 헤어질 때 두 사람이 서로 상대방에게 충고하고 勸勉해 주는

---

352) 『후한서』 권18, 「吳漢列傳」.
353) 『고려사』 권109, 「列傳」 권22, 安軸 條.
354) 『가정집』 권11, 「大元故將仕郎遼陽路蓋州判官高麗國三重大匡興寧
     府院君領藝文館事謚文貞安公墓誌銘」, 166면.

贈處를 하지 않으면 안 된다고 이 글을 쓰게 된 동기에 대해 밝혀 놓고 있는 것이다.

이미 대대로 두터운 교분을 쌓아 온데다가 공이 또 한마디 말을 청하니, 내가 어찌 입을 다물고만 있을 수 있겠는가? 그런데 嗣淸이 학업을 닦고 절조를 세워 처음부터 지금까지 맡은 바 직무를 충실히 이행함으로써 명성이 자자하게 되었으니, 사청에 대해 충고하는 말을 한다면 망발이 될 것이오. 칭송하는 말을 한다면 아첨이 될 것이다.355)

두 집안이 두터운 교분을 쌓아 왔고 또 안종원이 餞別辭를 청하니 가만히 있을 수 없다고 하였다. 그러니 贈處를 하는 것은 당연한 것이다. 그러나 돌연 '然'이라는 反轉 接續詞를 사용하여 轉折을 꾀하고 있다. 안종원이 이미 학업을 닦고 절조를 세워 처음부터 지금까지 맡은 바 직무를 충실히 이행함으로써 명성이 자자한데, 거기다가 충고의 말을 하면 망발이 될 것이요, 칭송하면 아첨이 될 것이라는 것이다. 贈處할 때 의례적으로 행하는 칭송이나 勸勉을 언급할 수 없다는 것이다. 그러니 贈處를 할 수도 없고, 그렇다고 하지 않을 수도 없는 進退維谷에 빠진 자신의 입장을 밝히고 있다. 情理에 입각해 贈處하는 것은 당연한 일이라 했다가, 다시 전환시켜 贈處할 수도 그렇다고 안 할 수도 없는 자신의 처지를 짧은 글 속에 언급함으로써 극심한 起伏을 보여주고 있다.

---

355) 『목은문고』 권8, 「送楊廣道按廉使安侍御詩序」, 64면 a. "旣忝世交, 公又請言, 豈容緘默乎? 然嗣淸有學業; 有節操, 自始迄今, 所居稱職, 聲名藉甚, 規之則妄; 頌之則諛."

그렇기는 하지만 顔回와 子路를 예로 든다면, 그들이야말로 어떠한 사람이었다고 하겠는가? 그들은 聖人의 감화를 직접 받으면서 아침저녁으로 聖人의 가르침을 접하였으니, 심지를 굳게 지니고 성찰하는 공부에 있어서 비난을 받을 점이 원래 없었다고 해야 할 것이다. 그럼에도 불구하고 충심으로 贈處하는 말을 서로 주고 받았으니, 우리와 같은 경우에야 더 말해 무엇 하겠는가?356)

충고를 할 수도 없고 칭송을 할 수도 없어 進退兩難에 빠져 있다고 하고선, 다시 한 번 반전 접속사인 '然'자를 사용하여 轉折을 하였다. 그리고 설득력을 주기 위해 顔回와 子路를 인용하였다. 안회와 자로는 聖人의 가르침을 직접 받아 비난을 받을 점이 하나도 없는데도 불구하고, 자로가 魯나라로 길을 떠나면서 안회에게 "떠나는 나에게 무슨 말을 선물로 주겠는가?"라고 하여 안회의 대답을 들었고, 다시 안회가 자로에게 "여기에 남아 있는 나에게 무슨 말을 해 주겠는가?"라 하여, 자로의 대답을 들었던 故事357)를 인용하여 두 사람이 서로 상대방에게 贈處의 말을 주고 받음을 언급하고 있다. 선행절에 '猶'자를 쓰고 주절에 急轉의 접속사인 '況'을 사용하여, 의문문의 형식을 가지고 본뜻을 끄집어내어 전환을 하고 있다. 그러니 안회와 자로만 못한 우리들은 떠나는 이를 위해서 贈處를 하지 않을 수 없다는 것이다. 그래서 牧隱은 安宗源에 대해 앞으로 이룰 공명과 사업이 또한 마치 물이 흘러가듯 날로 발전할 것이며, 오늘날 이룬 정도로 그쳐서는 안 되고 뜻을

---

356) 같은 곳, b. "然回路何如人哉. 彼其親灸乎聖人; 朝夕乎聖訓, 操存省察, 固已無可議矣. 猶且諄諄贈處, 況於吾乎."

357) 『예기』 권4, 「檀弓 下」 17면. "子路去魯, 謂顔淵曰, 何以贈我? 曰, 吾聞之也, 去國則哭于墓, 而后行; 反其國不哭, 展墓而入. 謂子路曰, 何以處我? 子路曰, 吾聞之也, 過墓則式; 過祀則下."

굳게 지키고 처음의 결심을 변하지 말아서 더욱 진보하라고 勸勉하는 말로 이 작품의 끝을 맺었다. 贈序類의 전형적인 내용인 당부와 충고로 마무리를 지은 것이다.

轉折法은 唐宋八大家가 자주 구사한 句法으로, 이들이 散文史上 공헌한 것 가운데 하나이기도 하다.358) 그중에서도 특히 韓愈나 歐陽修가 애용하였는데,359) 牧隱도 이러한 轉折法을 사용하여 문단에 있어 縱橫의 起伏을 통한 변화를 주어 독자들에게 놀라움과 생동감을 불러일으키게 하였다.

4) 議論과 抒情의 交織

議論散文이나 抒情散文은 작품의 내용을 기술하는 서술방식에 있어 議論이나 抒情을 위주로 서술한 散文을 가리키는 것일 뿐, 한 편의 산문에서 議論과 抒情을 적절히 운용한다는 것은 당연한 일이지 별로 특별할 것은 없다. 그러나 牧隱은 그의 산문 가운데 敍事를 위주로 하는 碑誌類나 序跋類, 심지어는 雜記類까지도 議論이나 抒情을 즐겨 쓰고 있거나 또는 양자를 혼용해서 사용하고 있는 것이 한 특징이다. 앞서 議論을 위주로 한 그의 산문들을 살펴보았기 때문에 이 장에서는 議論과 抒情을 함께 구사한 작품을 살펴보기로 한다.

---

358) 吳孟復, 『唐宋八大家槪述』, 安徽敎育出版社, 1998, 21~22면 참조.

359) 한유의 「送董邵南序」·「送廖道士序」·「與于襄陽書」·「與馮宿論文書」 등과 구양수의 「蘇氏文集序」·「李秀才東園亭記」·「送張唐民歸靑州序」 등의 작품에서 轉折을 구사하고 있다.

① 「六益亭記」

이 글은 1379년, 牧隱의 나이 52세 때 尙州의 屬縣인 淸驪에 살던 金直之가 六益亭이란 亭子를 짓고 記文을 청하자 써 준 「六益亭記」라는 글로, 『동문선』에도 실려 있다. 서두는 다음과 같이 시작된다.

> 上洛의 金直之는 나와 같은 해에 함께 進士에 入格하였다. 나이가 나보다 네 살이 위인데, 매우 친하게 지내면서 날마다 상종을 했는데도 차마 떨어져 있지 못한 나머지 밤에도 함께 자면서 등불 심지를 돋우고 詩를 읊곤 하였다. 그리고 直之의 부모 역시 그가 학문을 좋아하는 것을 기뻐하여, 우리에게 술이며 음식을 후하게 먹여 주곤 하였는데, 내가 지금까지도 그 일을 잊지 못하고 있다.360)

牧隱의 記는 대개 記文을 청탁한 과정이 서두에 배치되어 있고, 이어서 命名의 풀이를 통해 자신의 議論을 개진하고 있다. 하지만 이 글에서는 자신과 金直之가 함께 공부하던 시절의 추억을 서두에 제시함으로써 두 사람과의 우정이 얼마나 敦篤했는지를 먼저 드러내고 있다. 敍事가 아닌 抒情으로 출발하고 있는 것이다.

牧隱은 이어서 자신은 요행히 출세를 빨리하여 宰府에 오르고 나서 두 번이나 知貢擧를 맡게 되었는데, 그때까지도 直之는 여전히 과거시험장에 출입하고 있음을 언급하면서, 시험이 끝날 때마다 '直之가 이번에는 또 어떻게 되었을까?' 하고 마음속으로 궁금

---

360) 『목은문고』 권5, 「六益亭記」, 42면 b. "上洛金直之, 予同年進士也. 年長吾四歲, 甚相善, 日相從不忍別, 則夜同宿, 挑燈哦詩. 直之之父母, 亦喜其好學也, 厚以酒食啖我輩, 予至今不能忘也."

하게 여기고 있다가, 막상 榜이 붙으면 直之가 낙제하였으므로 목
은은 홀로 가슴 아파하고 있음을 언급하고 있다.361) 목은은 이러
한 자신의 안타까운 심정을 제시하기 위해, 서두를 자신과 直之와
의 이야기로 시작한 것이다.

　　이 일을 통해서 나는 내 마음속으로만 공정하게 되기를 기대하
　기보다는 법대로 공정하게 되도록 하는 것이 낫다는 것을 알게
　되었다. 直之는 詩律에 특히 능한 면모를 보였는데, 이번에 다행
　히 詩賦로 시험을 보여 인재를 뽑게 되었지만, 直之가 또 부친상
　을 당하는 바람에 두 차례나 科擧에 응시조차 하지 못하였으니,
　아! 생각하면 슬픈 일이다.362)

　牧隱은 '마음속으로만 공정하기보다는 기강을 바로잡아서 법에
맞게 공정한 것이 더 낫다.'는 公心보다 公法에 대한 신념을 지니
고 있었다. 이것은 목은이 다른 글에서, "내가 요행히 벼슬길에 오
른 이후로 두 차례에 걸쳐 지공거를 맡았는데, 나와 同年의 進士
로서 그만 낙제하고 떠나간 이들이 또한 많았다. 그 당시에 내가
시험 답안지를 대할 적에는 마음을 단정히 하고 시선을 집중하면
서 오직 公道에 입각하여 처리하여 하였으니, 어찌 털끝만큼이라
도 同年인 옛 친구에게 생각이 미칠 겨를이나 있었겠는가?"363)라

---

361) 같은 곳. "予旣僥倖驟登宰府, 再知貢擧, 直之猶爲諸生, 出入棘闈.
　　每考閱畢, 則語于心曰, 直之今又如何? 及榜出, 則直之不第, 心自
　　痛焉."

362) 같은 곳, b〜c. "由是, 知公於心, 不如公於法也. 直之長於詩律, 幸
　　今詩賦取士, 直之又丁外艱, 不得赴試者兩科矣. 嗚呼悲哉!"

363) 『목은문고』권13, 「跋愚谷諸先生送洪進士詩卷」, 111면 c. "余自僥
　　倖以來, 再知試席, 同年進士, 被屈而去者亦多矣. 當其考卷, 端心注
　　目, 一聽於天, 何暇一毫念及同年舊故."

는 언급을 통해서 알 수 있듯이, 목은은 私的인 입장이 아니라 公
道에 입각하였기에 同年生도 낙제시켰던 것이다. 하지만 이것은
목은의 마음을 편치 못하게 했다. 그래서 목은은 "直之 자신도 얼
마나 상심했겠는가마는, 나보다 더 가슴이 아프지는 않았을 것이
다."364)라고, 자신의 안타까운 同年에 대한 情을 펼쳐 보이고 있
는 것이다.

牧隱은 直之가 詩律에 능해 과거에 합격할 기회가 있었지만 부
친상 때문에 응시조차 못하게 된 것을 아쉬워한다. 앞장에서 살펴
보았듯이, 뛰어난 재능을 지니고 있으나 때를 만나지 못한 아쉬움
을 抒情을 통해 드러내고 있는 것이다. 議論과 抒情의 交織을 통
해 자신이 전달하고자 하는 의도를 효과적으로 전달하고 있다고
하겠다.

牧隱은 이어서 記를 청탁한 경위를 敍事하고, 六益의 여섯 가지
물건에 대해 經書나 史書를 인용해 서술하고, 그곳에서 즐거움을
누릴 直之의 自得에 대해 議論을 펼친다. 그리고는 다음과 같이
글을 맺는다.

> 아! 이를 주면 뿔을 없게 한다는 것처럼, 조물주가 참으로 사람
> 에게 인색한 것 같다. 나는 지금 무려 아홉 해 동안이나 우수와
> 병고에 시달리며 困苦하고 窘迫한 생활을 해 오고 있으니, 그저
> 나의 목숨을 근근이 이어가는 것에 불과하다고 하겠다. 하지만 直
> 之는 그동안 불우하게 지내면서 노년에 이르렀으니, 이제는 마음
> 을 즐겁게 하고 육신을 편히 쉬면서, 정신없이 뛰어다니다가 꺾이
> 고 무너져 버린 同年의 부러움을 사게 하는 것 또한 당연한 일이
> 라고도 하겠다. 直之는 이 六益亭에서 그 덕을 더욱 크게 하고

---

364) 『목은문고』 권5, 「六益亭記」, 42면 b. "雖直之自痛, 亦何加於予哉."

그 수명을 더욱 길게 할 것이니, 直之야말로 진정 나를 유익하게
해 주는 친구라고 해야 할 것이다.365)

牧隱은 "하늘은 골고루 나누어주는 것이 있으니, 예컨대 이를
준 자에게는 뿔을 빼앗아버린다(天亦有所分與, 與之齒者去其角)
."366)라는 『漢書』의 말을 인용해, 하늘이 한 사람에게 완전무결한
행복을 주지는 않는다는 것으로 마지막 논의를 시작하고 있다. 목
은은 젊은 시절 宰府에 올라 지공거를 역임하였으나, 1371년 모친
의 타계와 이후 공민왕의 昇遐로 9년 동안 憂愁와 病苦에 시달리
며 곤궁한 삶을 살아가고 있다. 하지만 直之는 젊은 시절 불우하
게 지냈느니, 이제는 육신을 편히 쉬며 동년배의 부러움을 받아야
한다. 조물주는 공평하므로, 뿔을 빼앗겼으니 대신 이빨을 받는 것
은 당연하다는 것이다. 목은은 젊은 시절 불우하게 보냈던 直之가
이 六益亭에서 德도 커지고 수명도 길어질 것이라는 기대와 美談
으로 글을 맺고 있다. 앞서 보았던 轉折의 수법을 사용해서 의미
전달에 起伏을 가하고 있다.

牧隱은 抒情으로 시작해서 議論을 덧붙여 논의를 전개하다가
抒情과 議論의 交織으로 글을 맺었다. 일반적인 樓亭記가 지닌
樓亭의 工役이나 주변의 形勝에 관한 敍事는 생략하고, 두 사람의
友誼와 六益에 대한 議論의 交織을 통해 작자 자신이 드러내고자
하는 意思를 효과적으로 부각시키고 있다고 하겠다.

---

365) 『목은문고』 권5, 「六益亭記」, 42 d~43 a. "嗚呼! 與齒去角, 造物
眞靳人矣. 吾今也憂病困頓, 至于九年之久, 適足以延吾年. 直之之
不遇而老也, 宜得以娛其心而寧其軀, 爲同年奔走摧頹者之所歆也.
六益, 益其德乎; 益其壽乎. 直之, 眞吾益友矣."

366) 『한서』 권56, 「董仲舒傳」.

②「雪谷詩藁序」

이 글은 牧隱의 同年인 鄭樞(1333~1382)가 그의 선친인 諫議 公 鄭誧(1308~1344)의 작품을 모아 기록해 두었다가『雪谷詩藁』 라고 이름 붙이고 목은에게 序文을 부탁하자, 목은이 50대[367]에 지어 준 글로『동문선』과『동문팔가선』에 수록되어 있다. 牧隱과 鄭樞는 공민왕 2년(1353)에 이제현과 홍언박의 문하에서 함께 급 제한 同年이기도 하지만, 李穀과 鄭誧 역시 莫逆한 사이로 인해 일찍부터 우의가 敦篤하여, 목은은 그의 가문에 대한 傳인「鄭氏 家傳」을 지어 주기도 했다. 序頭는 다음과 같이 시작한다.

하늘이 어쩌면 그렇게 후하게도 내가 즐기고 좋아하는 것을 듬 뿍 내려 주시는지 모르겠다. 왕년에 내가 京師에 있을 적에, 같은 동네에 사는 吳縣尹의 집에『唐百家詩選』이 있기에 반절의 분량 쯤 빌려다가 一讀을 하였고, 또 그 사이에 당대의 名卿과 재능이 있는 대부들의 家集을 얻어다가 읽었다. 비록 그 詩文들의 깊고 얕은 정도를 속속들이 파악할 수는 없었지만, 모두 그런대로 혼자 서 즐기기에는 충분하였다. 귀국할 즈음에는 또 唐詩 10여 帙을 행장 속에 넣어 가지고 왔으니, 이는 漢山에서 은거하면서 혼자 즐길 자료로 삼기 위함이었다. …… 하지만 及菴의 遺稿와 益齋 의 문집을 구해서 한 번 읽어보고는 남쪽으로 내려온 이래 불만 스러웠던 기분을 통쾌하게 씻어 낼 수가 있었으니, 어찌 하늘이 내려 준 복이라고 해야 하지 않겠는가?[368]

---

367)「題雪谷卷」이란 詩가『목은시고』제18권에 실려 있는데, 선행연구 에 의하면 이 제18권은 牧隱의 나이 50~56세 사이에 지어진 것이 므로, 이 작품도 대략 그 시기에 지어진 것 같다.(정재철, 앞의 논 문, 59면)

368)『목은문고』권7,「雪谷詩藁序」, 52면 a. "天之厚予嗜, 何其多乎哉.

첫머리부터 "하늘이 어쩌면 그렇게 후하게도 내가 즐기고 좋아하는 것을 듬뿍 내려 주시는지 모르겠다."는 '何~哉'의 句文을 사용해 感慨로 문장을 시작하고 있다. 문학에 대한 목은의 嗜好를 읽을 수 있는 대목이기도 하다. 이어서 燕京 유학 시절 宋나라 王安石이 唐나라 德宗과 玄宗의 詩를 위시해서 107인의 詩 1262수를 20권으로 모아 놓은 『唐百家詩選』과 元나라 當代의 재능 있는 大夫들의 家集을 구해서 즐겨 읽었으며, 귀국할 때는 唐나라 詩 10여 帙을 행장 속에 넣고 올 정도로 牧隱이 문학을 즐기고 좋아하는 예를 제시하고 있다. 그런데 主上의 知遇를 받아 직무에 얽매이게 되는 바람에 詩를 읊고 노래하는 데에 전념할 수가 없어서 마음속으로 아쉽게 생각하였으며, 여기에 또 선배들의 저술조차 많이 볼 수가 없었으므로 늘 한스럽게 여겨 왔는데, 지금과 같은 난리 뒤에 이런 일에 다시 뜻을 둘 수 없었던 사실을[369] 제시함으로써 자신이 즐기고 좋아하는 것을 누리지 못한 아쉬움을 드러내고 있다.

牧隱은 閔思平의 遺稿인 『及菴詩集』과 李齊賢의 문집인 『益齋集』을 읽을 수 있어 남쪽으로 피난 온 후의 불평한 심기를 통쾌하게 씻어낼 수 있었으니, "어찌 하늘이 내려 준 복이라고 해야 하지 않겠는가?"라는 感慨로 서두를 맺고 있다. 두 번이나 感慨를 표현함으로써 목은은 문학에 대한 자신의 嗜好를 드러내고, 이러

往年在京師, 同吳縣尹家, 有唐百家詩, 從借其半, 讀一過, 間又獲時之名卿才大夫家集讀之. 雖不盡解深淺, 皆足以自樂. 及東歸, 橐唐詩十餘秩, 將以資韓山考槃之樂. ……然及菴遺稿益齋文集, 蓋嘗得之一讀, 以快南來不平之氣, 豈非天幸哉."

369) 같은 곳. "謬爲主知, 供職是務, 不能專意吟詠間. 旣以自傷, 又嘗恨前輩著述之不多見, 況今亂後, 能復有意是事哉."

한 토대 위에서 어려운 상황에서도 遺稿를 간직한 鄭樞의 자식
된 도리를 칭송함으로써 작품을 전개해 나가고 있는 것이다.

서두에 이어 『雪谷詩藁』에 대한 詩評을 議論으로 전개한 다음,
아래와 같이 언급하고 있다.

> 아! 천하에 倉卒간에 당한 난리 가운데 辛丑년(1361) 仲冬에
> 우리가 당한 것보다 더 참혹한 경우가 어디에 있겠는가? 이런 때
> 를 당하여서는 지혜로운 자나 어리석은 자 그리고 어진 사람이나
> 불초한 사람을 가릴 것 없이, 자기 집안에 있는 물건 중에 언제고
> 절실하게 필요한 것들이나 있고 없는 데 따라 生死와 직결되는
> 것들이라 할지라도 어려워하는 기색이 없이 모두 내버리고 떠날
> 수밖에 없었으니, 더군다나 가지고 가기에는 무겁고 버리기는 쉬
> 운 옛날의 종이 뭉치야 더 말할 것이 있었겠는가?[370]

牧隱은 "아! 천하에 창졸간에 당한 난리 가운데 辛丑년(1361)
仲冬에 우리가 당한 것보다 더 참혹한 경우가 어디에 있겠는가?"
라 하여, 이어지는 단락에서도 感慨를 통해 당시의 참혹한 상황을
먼저 제시하고 있다. 홍건적은 恭愍王 8년(1359)에 압록강을 건너
와 노략질을 하였고, 2년 뒤 공민왕 10년(1361) 10월에 다시 沙劉
등이 이끈 10만 명이 쳐들어오자, 왕은 福州(安東)로 피난을 가야
만 했다. 이때 적들은 남자나 여자나 할 것 없이 닥치는 대로 죽
여서 먹기까지 하였다.[371] 이러한 참혹한 국란상황에서는 누구를

---

370) 같은 곳, 53면 a. "嗚呼, 天下倉卒之難, 孰有慘於辛丑之仲冬乎. 當
是時, 人無智愚賢不肖, 視其家所有, 雖其切用於造次, 有亡至於關
死生, 棄之而去, 无有難色, 矧此古紙齎重棄易者乎."
371) 나종우, 「홍건적과 왜구」, 『한국사』20, 국사편찬위원회, 1994, 38
6～390면 참조.

막론하고 生死와 직결되는 물건마저도 모두 버리고 떠나는 판국인데, 책처럼 가지고 가기에는 무겁고 버리기는 쉬운 것이야 버리고 가는 것이 당연하며 일반적인 현상인 것이다.

목은 자신도 예외는 아니었다. "雪谷의 필적은 당시에 오묘한 경지를 보여주면서 높은 평가를 받고 있었다. 우리 집에도 그의 솜씨가 발휘된 8폭 병풍이 있었는데, 辛丑년 겨울에 홍건적의 난리를 만나는 바람에 그만 버려두고 떠났으니, 생각하면 애석한 일이다."372)라고 하여, 雪谷의 글씨가 담긴 병풍을 난리 통에 가져가지 못해 잃어버린 것을 애석해 한 적이 있었다. 목은은 倉卒간의 난리를 겪은 경험을 통해 자신의 심정을 제시하고, 이어서 이러한 피난 시절에는 책을 가져가기 어렵다는 議論을 덧붙였다.

그렇다고는 하더라도 자식으로서 행할 도리를 생각해 본다면 차마 그렇게 하지 못할 점이 있다고 하겠는데, 公權 씨 같은 사람이 아닌 다음에야 꼭 그렇게 하리라고 내가 감히 보장할 수 없다. 또 한편으로 생각해 보면, 만약에 하늘이 내가 즐기고 좋아하는 것을 후하게 내려 주시려 하지 않았던들, 국난을 당하여 播遷까지 한 뒤끝에 내가 또 어디에서 이렇게 즐거운 일을 얻어, 느긋한 마음으로 읊조리고 노래하면서 평소에 원하던 일을 누릴 수 있게 되었을까 하는 느낌도 드는 것이다.373)

牧隱은 아무리 험난한 상황이라도 자식 된 입장에서는 부모가 남

372) 『목은문고』 권20, 「鄭氏家傳」, 177면 a. "筆蹟爲一時之妙, 吾家屛風所書八疊, 辛丑冬, 棄之而去, 惜哉."
373) 『목은문고』 권7, 「雪谷詩藁序」, 53면 a. "顧彼子職, 固有所不忍. 然非公權父, 吾不敢保. 又非天厚予嗜, 予亦何從而得是樂事於喪亂播遷之餘, 優游吟詠, 以賞平昔所願也哉."

긴 遺稿를 차마 버릴 수는 없다고 하였다. 자식의 도리를 다하기 위해서는 목숨을 담보로 하더라도 소중한 부모님의 遺稿를 지켜야 한다는 것이다. 佔畢齋가, "부모님이 남겨주신 물건은 비록 두건·신발·차고 다니던 뿔송곳 같은 것이라 하더라도, 자식 된 사람은 오히려 신중히 간직하여 보호하고 싶어 하는 것인데, 더구나 어버이의 심장에서 나와 어버이의 咳唾에서 이루어진 詩文이야 말할 나위가 있겠는가?"[374]라고 언급한 것처럼, 어버이의 심장과 咳唾에서 나온 詩文은 신중히 간수해야 하는 것이다. 하지만 창졸간의 난리에는 생사와 직결되는 것들도 버리는 판국이니, 이러한 일이 결코 쉬운 일이 아닌 것이다. 다만 鄭公權만은 遺稿를 버리지 않아 부모에 대한 孝를 지킬 수 있었으나, 그 이외의 사람들은 피난 시절 遺稿를 버리고 가는 것이 또한 일반적 현실이라고 하였다. 자식 된 도리를 다한 鄭公權의 德行에 대해 논의하고 있는 것이다.

牧隱은 여기서 끝내지 않고 역시 '何~哉'라는 句文을 사용해, "하늘이 어쩌면 그렇게 후하게도 내가 즐기고 좋아하는 것을 듬뿍 내려 주시는지 모르겠다."는 서두의 말에 변형을 가하여 단조로움을 피하면서, 자신이 이렇게 『설곡시고』를 느긋한 마음으로 보며 평소의 원하던 일을 누릴 수 있는 것은 하늘이 자신에게 후하게 복을 내려 주는 것이라 말하고 있다. 抒情과 議論을 혼합시켜 말하고자 하는 주제를 더욱 선명히 부각시키고 있는 것이다.

비록 그렇긴 하지만 이것이 어찌 나 혼자만의 행운이라고 하겠는가? 뒷날 太史 氏가 藝文에 관한 내용을 기록할 때에도 이 문

---

374) 『佔畢齋集』 권12, 「尹先生祥詩集序」, 414면 b면. "父母之物, 雖巾屨佩觿, 爲子者, 尙欲謹藏而保護之, 況詩文者, 出於親之肺腸, 成於親之咳唾者乎?"

집을 증거로 삼을 것이요, 혹 猊山 農隱의 뒤를 이어서 우리 동
방의 글을 분류해 뽑는 사람이 나올 경우에도 이 문집에서 취할
것이 분명하다. 그러고 보면 雪谷의 이름이 시간이 흐르면 흐를
수록 더욱 드러나게 되는 것이 장차 이 문집에 있다고 해야 하지
않겠는가? 그런데 이 문집이 없어지지 않게 된 것은 바로 우리
公權 씨의 덕분이라고 할 것이다. 아! 公權 씨 같은 사람이야말
로 자식 된 도리를 제대로 해냈다고 할 만하다.375)

牧隱은 앞 절에서 보았던 '雖然'이란 轉折의 접속사를 사용해 문
장을 전환하면서 이 작품을 매듭짓고 있다. 『雪谷詩藁』가 전해지는
것은 자기 혼자만의 행운이 아니라고 하였다. 뒷날 史官이 『藝文志』
의 내용을 기록할 때에 이 문집을 증거로 삼을 것이요, 고려 名賢의
詩文을 뽑아 『東人之文』을 편찬한 崔瀣처럼 역대의 글을 뽑을 때에
도 이 문집에서 취할 것이라고 議論을 펼치고 있다. 여기서 목은이
최해를 끌어온 것은 최해가 『동인지문』을 選集한 것도 있지만, 雪谷
이 최해에게 受學했기 때문이다.376)

이렇게 『藝文志』나 選集에 수록된다면 『설곡시고』의 작자인 雪
谷 鄭誧는 시간이 흐를수록 이름이 드러나게 되는데, 이것은 바로
鄭公權 덕분이므로, "아! 公權 씨 같은 사람이야말로 자식 된 도리
를 제대로 해냈다고 할 만하다."는 感慨로써 글을 끝맺었다. 목은은
이처럼 『雪谷詩藁』에 대해 詩評과 책이 전해질 수 있었던 緣由에

---

375) 같은 곳. "雖然, 是豈獨予之幸哉. 他日太史氏志藝文, 將於是集乎
徵, 或有踵猊山農隱類東文, 亦將於是集乎取, 則雪谷之名, 愈久而
愈顯, 將不在於是集乎? 而是集之不亡也, 則在吾公權父. 嗚呼! 若
公權父, 可謂能後也已."

376) 『益齋亂藁』拾遺, 「雪谷詩序」, 619면 a. "雪谷鄭仲孚, ……而學於
崔拙翁."

대한 議論에다 자신의 강한 情感을 더함으로써『설곡시고』의 가치
와 鄭公權의 孝를 선명히 부각시키고 있다.

議論은 고려 후기로 오면서 활성화된다. 고려 전기의 산문에서
는 議論性 저작보다는 개인의 정감이나 생각을 피력하는 것이 주
된 서술방식이었으나, 性理學의 수용 후 자신의 이데올로기를 적
극 개진하면서 정치적 입지를 확보해야 하는 新興士大夫들은 자
신의 논리를 보다 뚜렷이 하기 위해 논리 전개를 치밀하게 함으로
써 議論이 강화되기 시작한다.377) 목은의 경우도 그의 산문 상당
부분에서 성리학사상을 기조로 한 議論을 발견할 수 있으며, 자신
의 정감을 개입시켜 抒情을 펼치기도 하였다. 그렇다고 목은의 산
문이 모두 抒情과 議論으로 구성된 것은 아니다. 「安東藥院記」는
敍事로만 이루어졌고, 「聖居山文殊寺記」는 敍事와 議論으로 구성
되어 있다. 다만 많은 작품에서 그러한 경향이 드러나고 있다는
것이다. 목은은 이렇게 묘사할 대상을 더욱 두드러지게 하고 더불
어 주제의 의미를 부각시키기 위하여, 자신의 議論을 펼치면서 강
한 情感을 문장 속에 寄託함으로써 글을 읽는 독자들로 하여금
강한 인상과 감동을 주게 하는 구성 방식을 즐겨 사용하고 있다.

2. 표현기법상의 특징

문장의 修辭와 技巧는 내용을 정연하게 전개하고, 또 독자의 정
서를 자극하여 작가의 뜻을 효과적으로 전달하는 기능을 한다. 뿐

---

377) 홍성욱, 「性理學 受容期 散文의 研究」, 고려대 박사논문, 1998, 2
6〜30면 참조.

만 아니라 그 표현기교가 뛰어날 때는 형식미와 예술성까지도 갖추게 된다. 고려 후기는 문벌 귀족의 해체로 인해 新興士大夫가 등장함에 따라 개인의식에 기초한 작품이 활발히 창작되면서 이전 시기보다 훨씬 풍부한 修辭가 전개된다. 신흥사대부들이 비록 文以載道論을 주장하면서 浮華한 형식미를 비판하기는 하였으나, 개인의식이 성장하고 자신들이 드러내고자 하는 議論이 풍부해지면서 이를 효과적으로 전달하는 修辭나 창작수법은 더욱 발전하였던 것이다.378) 고려 후기를 살았던 목은 역시 산문의 내용을 보다 효과적으로 표현하기 위해 다양한 표현기법들을 운용하였다. 물론 이런 표현기법들이 한 작품의 전편에 걸쳐 오로지 일관된 방식으로 쓰인 것은 아니다. 때로는 引用을 쓰기도 하고, 때로는 對比와 對偶가 쓰이는 등 다양한 표현방법을 운용하고 있다. 다만 문장을 엮어나감에 있어서 작가가 가장 적합하다고 생각한 부분에 알맞은 표현법을 나름대로 선택하여 표현한 것이다. 이렇게 해서 선택된 표현이 표현기법상의 특징이 되는 것이다. 그러면 목은 산문에서 가장 빈번하게 나타나는 몇 가지 표현기법들을 중심으로 살펴보기로 한다.

1) 빈번한 引用을 통한 說服力 강화

引用은 문장의 설득력과 문학성의 提高를 위해 타인의 말ㆍ다른 책의 文字ㆍ典故ㆍ俗語ㆍ古事成語 등에서 끌어오는 것을 말한다. 끌어온 故事나 말들은 문장의 색채나 설득력을 증가시킬 수

---

378) 위의 논문, 26~30면 참조.

있어서 사람에게 연상을 불러일으키고 선명하고 생동적인 인상을 주며, 또한 깊은 정취의 묘미가 있다. 목은은 많은 작품에서 빈번하게 引用의 수법을 사용하고 있어 표현기법상 가장 두드러진 특징 가운데 하나라고 할 수 있다. 특히 여러 산문 양식 중에서도 說과 記의 경우에 가장 활발하게 사용되고 있다.

引用은 類에 따라 引文·引言·引事가 있고, 그 성격에 따라 明引과 暗引으로 나누어 볼 수 있다.379) 明引은 '孔子曰'·'詩曰'이라고 인용의 출처를 정확히 밝힌 것이고, 暗引은 출처를 명확히 밝히지 않은 것을 말한다. 이 둘은 引文·引言·引事 속에 쉽게 드러나므로, 따로 분류하지 않고 혼용하여 설명하기로 한다.

① 引 文

引文이란 다른 사람의 책에서 引用하는 것을 말한다. 引文은 經典에 대한 인용이 대부분을 차지하고, 경전 이외에도 여타 개인의 文集에서 인용하기도 한다. 引文의 수법을 사용하는 것은 자신의 주장에 힘을 싣기 위해서거나, 자신이 펴고 있는 논리를 정당화시키기 위한 의도로 사용된다.

그럼 먼저 經典에서 引用한 예를 보기로 한다. 다음은 通憲大夫 金景先으로부터 그의 세 명의 아들 瞻·盰·盼의 이름과 字에 대한 뜻을 글로 지어 달라는 부탁을 받고 지어 준 「茂珍金氏三子名字說」이란 글이다.

---

379) 王洪, 『古代散文百科大辭典』, 學苑出版社, 1993, 788～790면 참조.

伯氏여, 그대의 이름은 瞻이요 字는 子具이니, 瞻이라는 말은 본다는 뜻이고 子具라는 字는 ㉮"열 개의 눈이 보는 바이다."라는 뜻을 붙인 것이다. ㉯『論語』에 "외관을 존중하게 해야 한다."는 말이 나오는데, 이는 밖으로 드러나는 동작과 威儀를 통해서 그 내면을 살펴볼 수 있기 때문이다. 그런데 ㉰아름다운 명성과 드넓은 영예가 자신의 몸에 베풀어지도록 하려면 ㉱어찌 목소리나 웃는 모습 따위로 꾸며서 될 수 있는 것이겠는가. 반드시 자신의 내면에 쌓인 것이 和順하게 된 뒤에야 외면으로 드러나는 것이 영화롭게 되는 법이니, 그렇게 되면 사람들이 우러러보는 것 역시 혁혁한 太師 尹氏 정도일 뿐만 아닐 것이다. 그러니 瞻이여, 그대는 마음속에 새겨 둘지어다. ㉲『詩經』에서도 "백성들 모두가 그대를 우러러본다."고 하였느니라.380)

金景先의 첫째 아들인 金瞻(1354~1418)의 이름과 字를 풀이한 단락이다. 命名의 풀이는 대부분 門生들에게 해 준 것인데, 김첨은 우왕 2년(1376) 洪仲宣과 韓脩의 문하에서 科擧에 급제했기에, 牧隱의 門生은 아니었다. 牧隱은 그의 이름인 瞻과 子具라는 字를 풀이하는 과정에서 經典을 인용하고 있는데, 經典을 인용한 예만 제시하면 다음과 같다.

먼저 ㉮에서 "열 개의 눈이 보는 바이다."라는 구절은 『대학장구』 제6장에 誠意를 해석하는 가운데 "열 개의 눈이 보는 바요, 열 손가락이 가리키는 바이니, 이 얼마나 두려운 일인가?"381)라는

---

380) 『목은문고』 권10, 「茂珍金氏三子名字說」, 77면 c~d. "伯氏名爾瞻, 字爾子具. 瞻之言, 視也, 字以子具, 十目所視之謂也. 語曰, 尊其瞻視, 動作威儀之見於外者, 可以見其內故也. 夫令聞廣譽之施於身, 豈可以聲音笑貌爲哉. 必也積於中者和順, 然後發於外者爲英華, 人之仰之, 不如師尹之赫赫矣. 瞻乎, 其以具銘諸心乎. 詩曰, 民具爾瞻."
381) 『대학』 6장. 27면 c. "曾子曰, 十目所視, 十手所指, 其嚴乎."

曾子의 말에서 暗引의 수법으로 인용한 것이다. ㉯에서는 明引의 수법으로 『論語』에서 인용하였다. 子張이 孔子에게 정치에 종사하는 방법을 묻자, 孔子가 5가지 美德을 존중하라는 내용을 설명하면서 "군자는 그 의관을 단정히 하고 외관을 존중하게 하면 근엄해져서 사람들이 바라보고서 두려워 할 것이니, 이것이 또한 위엄이 있되 사납지 않은 것이 아니겠는가?"[382]라는 언급을 통해, 밖으로 드러나는 동작과 威儀를 통해서 내면을 볼 수 있기 때문에 외관을 존엄하게 해야 한다고 設敎하고 있다.

다음으로 ㉰와 ㉱에서는 다시 暗引의 수법을 쓰고 있다. ㉰는 孟子가 사람은 누구나 다 貴를 원하고 있으면서도 자기에게 가장 귀한 것은 모르고 있다는 논리를 전개하는 과정에서 "아름다운 명성과 드넓은 영예가 자신의 몸에 베풀어졌기 때문에 남의 수놓은 비단옷을 원치 않는다."[383]고 한 말에서 인용했고, ㉲는 孟子가 공손과 검소를 이야기하는 과정에 "공손함과 검소함을 어찌 목소리나 웃는 모습 따위로 꾸며서 될 수 있는 것이겠는가?"[384]라고 한 말에서 인용했다. 『孟子』에서 인용한 두 문장을 결합해서 하나의 문장으로 만들어, 내면에 쌓인 것이 和順해야만 외면에 드러나는 것이 영화롭게 된다는 논리로 전개시키고 있다.

끝으로 ㉳에서는 『詩經』의 詩를 明引하고 있다. 『시경』은 목은뿐 아니라 많은 작가들이 인용하고 있는 經書이다. 『孟子』에서는 26차례, 『荀子』에서는 70차례나 인용하고 있는데,[385] 목은 역시 『시경』

---

382) 『논어』 권20, 「堯曰」, 444면 b, "君子正其衣冠, 尊其瞻視, 儼然人望而畏之, 斯不亦威而不猛乎."
383) 『맹자』, 「告子 下」, 685면 b. "令聞廣譽施於身, 所以不願人之文繡也."
384) 『맹자』, 「離婁 上」, 594면 b. "恭儉豈可以聲音笑貌爲哉."
385) 왕홍, 앞의 책, 788면.

에서 많이 인용하고 있다. 그는 『시경』에서 "빛나고 빛나도다 太史 尹氏여, 백성들이 모두 그대를 우러러보도다."386)라는 부분에서 김 첨의 이름과 字인 具와 瞻이 들어 있는 구절을 인용해서 당부의 말 로 끝맺고 있다.

牧隱은 밖으로 드러나는 동작과 威儀를 통해 내면을 살펴볼 수 있으므로 외관을 근엄하게 해야 하는데, 그 외관은 내면에 쌓인 것이 和順해야만 외면으로 드러나는 것이 영화롭게 되어 사람들이 우러러보게 된다는 논리를 전개하기 위해 經典의 글을 인용함으로 써 자신의 주장에 힘을 싣고 있다. 나머지 두 사람의 경우도 이와 비슷한 방법으로 名字說을 전개하고 있다.

牧隱이 儒敎經典을 많이 인용한 것은 그가 經學에 밝았다는 것 을 증명하는 것이다. "『書經』의 체재를 본받자니 어렵게만 느껴지 고, 『詩經』의 가락 역시 묘연해서 못 들어 본 지 이미 오래다(典 謨體裁深難法, 風雅聲音杳不聞)."387)라는 그의 언급이라든지, 「讀 書」·「讀詩」·「讀易」·「讀春秋」·「讀禮」388) 등 五經을 대상으로 詩를 지은 것에서도 볼 수 있듯이, 목은은 유교경전을 중시하였고 또한 본받으려고 노력했던 것이다. 또한 聖人의 말씀이 갖는 절대 적인 권위로 말미암아 자신의 논리를 한층 강화시켜 주는 역할을 하기 때문에 경전을 자주 인용한 것이다. 물론 당시 다른 文人들 역시 경전을 인용하기는 하지만, 목은처럼 이렇게 愛用하고 있지 는 않다고 하겠다.

다음은 개인의 문집에서 引文한 예를 살펴보기로 한다.

---

386) 『시경』 小雅 「節南山」, 1면. "赫赫師尹, 民具爾瞻."

387) 『목은시고』 권32, 「雨」, 461면 b.

388) 『목은시고』 권7. 41면.

그렇긴 하지만, "시냇물 소리 하나하나가 부처의 넓고 긴 혀에
서 나오는 것이다."라는 말과 "속눈썹이 눈앞에 있건마는 항상 보
지 못한다."는 말도 있으니, 배우는 이들은 자기 몸으로 체득하는
일을 또 소홀히 해서는 안 될 것이다.[389]

이 글은 牧隱의 나이 51세 때, 강화도 龍藏寺에 있던 大藏經 한
帙이 왜적의 침입으로 위험에 처하자, 이웃에 있는 敬天寺로 옮겼
으나 역시 적당하지 않아 龍門山 龍門寺로 移置하게 되었는데, 목
은이 이를 기념하여 지은 記文이다. 위에 제시한 글은 이 작품의 끝
부분이다. 먼저 첫 번째 글은 蘇軾의 「贈東林總長老」[390]라는 七言
絕句 가운데 1 · 2구인 "시냇물 소리도 바로 부처의 넓고 긴 혀, 산
빛 또한 淸淨法身이 어찌 아니랴(溪聲便是廣長舌, 山色豈非淸淨
身)?"라는 詩에서 인용하였다. 두 번째 글은 杜牧의 「登池州九峯樓
寄張祜」[391]라는 七言 律詩 가운데 5 · 6구인 "속눈썹이 눈앞에 있
는데도 항상 보지 못하는 걸, 몸 밖에 도가 있지 않은데 다시 무엇
을 구하리오(睫在眼前長不見, 道非身外更何求)?"라는 詩에서 인용
하였다. 목은은 두 시인의 詩를 暗引의 수법으로 인용하여, 배우는
이들은 몸 밖에 道가 있지 않듯이 자신에게 있는 道를 자기의 몸으
로 체득할 것을 勸勉하고 있다.

이 외에 牧隱은 韓愈의 글에서도 자주 인용하였다. 「巨濟縣牛頭

389) 『목은문고』 권4, 「砥平縣彌智山龍門寺大藏殿記」, 36면 a. "雖然,
溪聲便是廣長舌, 睫在眼前長不見, 學者當自體之無忽."

390) 『蘇軾集』 권13, 「贈東林總長老」, 2973면. "溪聲便是廣長舌, 山色
豈非淸淨身, 夜來八萬四千偈, 他日如何舉似人."

391) 『樊川詩集』 권3, 「登池州九峯樓寄張祜」. "有感中來不自由, 角聲孤
起夕陽樓. 碧山終日思無盡, 芳草何年恨始休. 睫在眼前長不見, 道
非身外更何求. 何人得似張公子, 千首詩輕萬戶侯."

山見菴禪寺重修之記」에서는 "하늘이 내주고 땅이 갈무리하여 적임
자에게 이처럼 물려주었다(天作地藏, 以遺其人)."392)고 하여, 見菴
禪寺가 그곳에 자리 잡게 된 당위성을 한유의 「燕喜亭記」393)에서
인용하였다. 또 「漁隱記」394)에서는 "솔숲 긴 다리에서 백 걸음을
걸어갈까, 스님 집에 도착하니 대 평상에 돗자리라. 주먹 쥐고 잠깐
동안 머리 괴고 누웠다가, 이내 낚싯대를 손에 들고 낚시터로 내려
갔소(韓文公有詩曰, 橋夾水松行百步, 竹床莞席到僧家. 暫拳一手支
頭臥, 還把漁竿下釣沙)."라고 하여, 남은 생을 한유의 이 「題秀禪
師房」 詩395)를 읊조리며 마치고 싶다고 하였다. 한유는 목은이 스
승으로 모시는 분이라고 했으니, 그의 글을 引文하는 것은 당연한
현상이라고 하겠다.

　그런데 牧隱이 引文하는 데 사용한 방법은 어떠한가? 牧隱은
經典이나 다른 사람의 글을 인용하는 데 있어 한결같은 방법을 채
택하지는 않았다. 引文이란 논리전개의 수단이나, 주관적 주장에
편중되어 있다는 것을 배제하기 위해 이론상의 근거를 사용하여
논증을 진행시키는 것이니, 經典이나 다른 글을 그대로 인용하는
것이 일반적이다. 목은 역시 이러한 방법을 가장 많이 사용하고
있다. 하지만 목은은 여기에서 그친 것이 아니라 때로는 인구에
膾炙되는 名句를 약간 변형하여, 熟俗에서 벗어남으로 인해 文句
를 창신하고 주의를 끌게 하여 사람들에게 깊은 인상은 심어주는
避熟의 수법396)도 함께 동원하여 다채로운 引文의 방법을 채택하

---

392) 『목은문고』 권5, 「巨濟縣牛頭山見菴禪寺重修之記」, 40면 d.

393) 『韓愈集』 권13, 「燕喜亭記」, 139면.

394) 『목은문고』 권2, 「漁隱記」, 12면 c.

395) 『韓愈集』 권10, 「題秀禪師房」, 115면. 轉句의 頭자와 結句의 釣자
　　가 『목은문고』에는 頤와 晩자로 되어 있다.

고 있는 것이다. 예컨대 『論語』에 있는 孔子의 유명한 말인 "知者
는 물을 좋아하고 仁者는 산을 좋아한다(知者樂水, 仁者樂山)
."397)라는 표현을 두고, 「菊澗記」에서는 전·후구의 순서만 달리
할 뿐 똑같이 인용하고 있다. 그러나 「六友堂記」에서는 "산은 우
리 仁者가 좋아하는 바이니 산을 보면 우리의 仁을 보존할 수 있
을 것이요, 물은 우리 智者가 좋아하는 바이니 강을 보면 우리의
智를 보존할 수가 있을 것이다(山, 吾仁者所樂也, 見山則存吾仁,
水, 吾智者所樂也, 見江則存吾智)."라 하여 변형을 가하고 있다.

牧隱이 儒敎經典이나 개인의 文集에서 引文을 한 것은 "수많은
책을 널리 보았던"398) 그의 博學에서 연유한 것이기도 하다. 목은
은 이처럼 經典이나 文集, 諸子百家 등의 여러 글에서 다양한 방
법으로 引文함으로써 자신의 논지를 예증하고 전개하는 데 활용하
고 있는 것이다.

② 引 言

引言이란 他人의 말을 引用하여 자신이 말하고자 하는 것의 근
거로 삼거나 자신의 뜻을 생동감 있게 전달하는 표현방식이다. 引
言은 타인의 말을 인용하는 방법에 따라 몇 가지 유형으로 나눌
수 있다.

먼저 타인의 말을 길게 引用하는 口述이 있다. 이것은 서술할
대상에 대해 작자 자신의 입이 아니라 제삼자의 입을 통해 어느
정도 서술한 다음, 작자 자신의 논리를 전개하는 방식이다. 직접적

---

396) 왕홍, 앞의 책, 806~807면 참조.

397) 『論語』 권8, 「雍也」, 173면 a.

398) 『목은고』, 「行狀」, 509면 c. "博覽群書."

전달보다는 간접적인 표현방법을 사용함으로써 내용의 객관성을 유지하기에 용이하다. 목은은 많은 산문 작품들에서 이러한 방식을 즐겨 사용하고 있다. 다음은 己未년(1379) 5월 砥平縣 彌智山에 있던 竹杖菴의 重建에 대해 쓴 記文이다.

승려 覺照가 나의 집에 찾아와서 부탁하기를, "세상에서는 砥平의 龍門山으로 알고 있습니다만, 본래의 이름은 彌智山이라고 합니다. 그런데 그 산속에 예전부터 開現이라는 암자가 하나 서 있었는데, 그 암자에 거처하면서 도를 깨친 이가 있었다고 합니다. 지금 그의 이름은 알 수 없습니다만, 그가 군왕으로부터 竹杖을 하사 받았기 때문에 竹杖이라는 편액을 내걸게 되었다고 산에 사는 사람들이 서로 그렇게 전해 오고 있습니다.

이 암자가 산속의 높은 곳을 차지하여 마치 심장 부위에 있다고 한다면 정작 上院寺는 배꼽 정도의 위치에나 있다고 할 것입니다. 그래서 이 암자에 올라서면 저 푸르른 숲과 뫼 바깥으로 멀리 벗어나 앞이 툭 터지는 상쾌한 기분을 맛볼 수가 있습니다. 그리고 아래를 굽어보면 雉岳과 驪江이 마치 손바닥 안에 들어 있는 것처럼 보이는가 하면, 근처의 산봉우리들 역시 좌우에서 줄지어 에워싸고서 머리를 굽혀 절을 하고 있는 듯합니다. 이렇듯 특출하게 수려하면서도 너그럽게 두루 감싸는 기상을 지니고 있어서 사랑할 만도 하고 완상할 만도 한데, 사계절의 경치가 또 밤낮으로 변화하는 모습 역시 말로 다 표현할 수가 없습니다."399)

---

399) 『목은문고』 권2, 「砥平縣彌智山竹杖菴重營記」, 17면 d. "釋覺照踵門請曰, 砥平龍門山, 世所知也, 其名則曰, 彌智. 舊有菴曰, 開現, 居其菴而悟道者, 失其名, 得君王竹杖之賜, 因額曰, 竹杖, 山中人相傳如此. 菴在山中, 據高如在心, 而上院在臍, 則菴之爽塏, 出林巒蒼翠之表. 俯視雉岳驪江, 如在掌中, 而近峯低揖, 環列左右. 秀狀溫藉, 可愛可玩, 四時之景, 晦明變化, 又不在言矣."

글의 서두부터 승려 覺照가 목은의 집에 찾아와서 부탁하는 口述로 시작되고 있다. 砥平山을 세상 사람들은 龍門山으로 알고 있지만 본래는 彌智山이라는 것이다. 『신증동국여지승람』에 의하면, 미지산은 지평현 서쪽 20리 되는 곳에 있는데 곧 龍門山이며, 龍門寺가 있기 때문에 龍門山이라 부른다는 것이다.[400] 각조의 말대로 미지산이 본래의 이름인 것이다. 각조는 미지산의 본래 명칭과 竹杖菴의 유래를 산중 사람들 간에 전해지는 이야기를 통해 목은에게 전하고 있는 것이다.

이어서 竹杖菴 주변의 풍경에 대해 말하고 있다. 죽장암이 상원사보다 높은 곳에 위치하고 있어 이곳에 올라가면 앞이 탁 트여 상쾌한 기분을 맛볼 수가 있고, 아래를 굽어보면 치악산과 여강이 손바닥 안에 들어 있는 것 같으며, 근처의 봉우리들은 머리를 굽혀 절을 하고 있는 듯하다고 했다. '앞이 탁 트여 나오다(爽塏)' · '손바닥에 있는 듯하다(如在掌中)' · '머리를 굽혀 절을 하는 듯하다(低揖)' 등은 죽장암 주변의 풍경에 대해 형상화한 말로, 현장감과 생동감을 느끼게 한다. 또한 比喩와 4자구의 반복을 통해 부드러움과 정제된 느낌을 주고 있다. 이처럼 다양한 표현수법을 동원한 것은 이 글이 覺照의 입을 통해 말하고 있는 듯하지만 사실은 목은 자신의 철저한 구상을 거쳐서 나온 말로, 타인의 말을 그대로 인용하는 듯한 형식을 통해 자신이 직접 보지 못한 죽장암에 대한 진실성을 확보하고자 함이다.

> 그런데 벽을 마주하고 참선하면서 마음이 재처럼 식게 되면 情境을 모두 잊게 마련인데, 거기에만 치우친 나머지 空寂한 경계

---

400) 『신증동국여지승람』 권8, 「砥平縣」, 115~116면.

로 빠져드는 것에 대해서는 佛法을 배우는 자가 또 염려하는 바
입니다. 그래서 入定에서 일단 벗어나 소맷자락을 펄럭이고 눈썹
을 추켜세우면서 사방을 바라보노라면, 일만 리 창공에는 조각구
름과 나는 새가 떠 있고, 병풍처럼 둘린 산과 흰 깁처럼 빛나는
강물이 좌우에서 비춰 줄 것이니 이런 때에 眼界는 막힘없이 툭
터지고 心源은 밑바닥까지 투명해져서 疑網이 떨어져 나가고 業
障이 소멸되기에 이를 것입니다. 이를 비유하자면 병이 들어서 꼼
짝도 하지 못하던 사람이 지팡이를 짚고서 일어나고, 길을 가다가
힘이 빠진 사람이 지팡이를 의지해서 다시 걷게 되는 것과 같은
이치라고 할 것입니다. 말하자면 외부의 경계가 계기가 되어 내부
의 마음이 촉발되고, 바로 그 마음을 통해서 도의 경지에 顯現함
으로써 그동안 애태우면서 힘을 기울여 왔던 커다란 의문 덩어리
도 저절로 말없는 가운데 풀어지며 契合되는 경지를 맞을 수 있
을 것입니다. 그런데 더구나 대나무로 말하면 속이 텅 비어서 칼
을 대는 대로 쪼개져 나갈 것인 데야 말할 게 있겠습니까? 이것
이 바로 내가 이 암자를 다시 세우려 하는 이유입니다.401)

覺照가 竹杖菴을 重建하려는 이유를 밝힌 부분이다. 參禪하면
사물을 대하여 인식하는 사람의 주관적인 마음인 情과 인식의 대
상이 되는 외부의 객관적인 현상인 境을 모두 잊게 되는데, 거기
에 너무 치우치면 우주에 형상이 있는 것이나 형상이 없는 것이나
모두 그 실체가 空無하여 아무 것도 생각하고 분별하는 것이 없어
지는 空空寂寂에 빠지게 되는 것이다. 그래서 入定에서 벗어나 사

---

401) 『목은문고』 권2, 「砥平縣彌智山竹杖菴重營記」, 17면 d~18면 a.
"面壁心灰, 情境具泯, 偏而沈寂, 學者患之. 出定之際, 聳袂軒眉,
片雲飛鳥, 一碧万里, 山屛江練, 左映右帶, 眼界廓然; 心源瑩然, 疑
網絶; 業障減. 譬之病不能行者, 如杖而起; 行而無力者, 如杖而健,
則因境心生, 因心道顯, 而於所以用力之地, 自有默契者矣. 而況竹
之虛中, 迎刃而解者乎? 此照之所以重營是菴也."

방을 바라보면 眼界는 막힘없이 툭 터지고 心源은 밑바닥까지 투명해져서 疑網이 떨어져 나가고 業障이 소멸되기에 이르러, 외부의 경계가 계기가 되어 내부의 마음이 촉발됨으로써 그동안 의문덩어리도 저절로 풀어지며 契合되는 경지, 즉 百尺竿頭進一步한 경지를 맞을 수 있는 것이다. 이것이 암자를 세우게 된 이유이므로, 이 글에서 가장 의미심장한 부분이다. 그래서 목은 역시 4자구의 반복으로 호흡을 빠르게 진행시키며 문장에 리듬감을 갖게 하였으며, 對偶와 比喩를 통해 내용을 간결하면서도 효과적으로 전달하게 함으로써 전달하고자 하는 주제에 힘을 실어주고 있다. 앞서 언급했듯이 이 역시 覺照의 입을 통해 말하고 있는 듯하지만 사실은 목은 자신의 철저한 구상을 통해서 나온 말이다.

　　覺照의 이야기는 여기서 끝나지 않는다. "또 말하기를(又曰)"이라고 하여 죽장암의 重修 과정에 대해 이야기하고 있다.[402] 일반적인 記文에서는 작자 자신이 직접 언급하는 경우가 대부분지만, 목은은 이 부분 역시 각조의 口述로 처리하고 있다. 그리고는 이 작품의 마지막 단락에 三千大天世界가 일어났다 사라졌다 하는 것은 또한 方寸의 마음에서 벗어나지 않는다는 자신의 議論으로 글을 맺고 있다.[403] 목은의 목소리는 마지막 단락에 이르러서야

---

402) 같은 곳, 18면 a. "又曰, 照之始有志於此也, 無因無助, 適柳代言室元氏至山中, 照則告之, 夫人欣然自爲功德主. 用丁巳春三月始工, 訖於秋七月, 丹於九月, 落成於十月. 雖爲屋三間, 而佛居中, 僧居左右, 與大叢林何異. 一人發眞歸源, 十方虛空, 悉皆消隕, 則僧家之多寡, 屋舍之大小, 有非吾輩所論矣. 願先生賜一言以記."

403) 같은 곳. "予曰, 照也空華人世, 旣以身入法矣, 宜求乾栗馱於其心, 以爲金剛不壞之地如此其急也. 夫一坐具地, 視三千大千世界, 則大小自定也. 然三千大千世界之起滅, 又不出於方寸之心, 求方寸心, 又當於一坐具地得之, 則一坐具地, 何可少哉. 此韓山子之所以爲之

겨우 조금 들을 수 있을 뿐이다.

이 글은 거의 대부분을 覺照의 口述에 할애하고 있다. 牧隱은 자신이 한 번도 가 본 적이 없는 미지산 죽장암의 연원과 주변의 풍경, 그리고 죽장암을 중수한 이유와 과정을 직접 서술할 수가 없었다. 대신 각조의 입을 통해 서술하여 간접적 표현방법인 口述을 사용함으로써 내용의 객관성을 유지하고 진실성을 확보하고자 하였던 것이다. 목은의 다른 산문 작품에서도 口述을 통해 이야기를 전개해 나가는 기법을 흔히 발견할 수 있는데, 그중에서도 불교에 관한 내용일 경우는 더욱 이러한 경향이 두드러지기도 한다.404) 이것은 이 글의 끝에 "뒷날 이 글을 읽는 이들이 譏弄이나 하지 않았으면 좋겠다."라는 언급에서도 드러나듯이, 기본적으로 儒者로 자처한 목은이 불교에 관한 글을 지으려다 보니, 불교에 관한 사상을 직접적으로 전달하기 어려웠을 것이다. 그래서 간접 전달방식인 口述을 채택한 것으로 보인다.

다음으로 對話의 방법이 있다. 두 사람 간에 이루어지는 대화는 對話法으로 보아 독립적일 수 있으나, 거시적으로 보아 대화 역시 引言에 해당되므로 본 고에서는 따로 항목을 설정하지 않고 引言의 경우에 편입시켜 논의하고자 한다. 대화는 희곡이나 소설 등에서 자주 활용되는 것이기는 하지만, 자신의 뜻을 생동감 있게 전달하거나 論旨의 전개 및 그 양상을 제시하는 방법으로 활용되기도 한다. 목은 역시 이러한 표현기법을 자주 사용하고 있다. 아래의 글은 峯上人이란 스님을 전송하면서 지어 준 글의 일부이다.

記也, 後之讀者, 幸無譏焉."

404) 「五冠山興聖寺轉藏法會記」·「砥平縣彌智山竹杖菴重營記」·「梁州通度寺釋迦如來舍利之記」·「潤筆菴記」 등이 여기에 해당된다.

내가 말하기를, "스님이 사방을 유람하겠다고 하는데, 그렇게
해서 무엇을 구하려고 하는 것인가?" 하였더니, 그가 말하기를,
"다만 道를 구할 따름입니다." 하였다. 그래서 내가 말하기를, "어
디 한 번 물어보세. 道라는 것이 도대체 어디에 있는 것인가?"
하였더니, 그가 말하기를, "어디에도 있지 않는 곳이 없습니다."
하기에, 내가 말하기를, "그렇다면 當處를 떠나지 않는다는 말이
군?" 하자, 그가 말하기를, "그렇습니다." 하였다.405)

이 「送峯上人遊方序」는 峯上人을 만난 과정과 유람하는 이유를
敍事한 서두를 시작으로, 牧隱과 峯上人의 대화로 전체가 구성되
어 있다. 서두는 목은이 평소 봉상인을 알지 못하였는데, 봉상인이
목은의 집에 찾아와 만나기를 청하였을 때 목은이 그를 한 번 보
고서 오래 사귄 사람처럼 대하게 되면서부터 시작된다. 그런데 얼
마 지나지 않아 太祖 3년(1394) 8월 1일 목은의 아내가 세상을
뜨자 봉상인이 佛經을 독송하는데, 그 음성이 너무도 청아하여 붙
들어 두고 싶었으나 공부를 위해 떠나는 봉상인을 만류할 수 없
어 전송하는 과정에서 두 사람 간의 대화가 시작된다.406)

위에서 引用한 단락은 대화가 시작되는 부분이다. 대화의 폭이
길지 않은데, 짧은 대화에서는 깊이 있는 논의가 진행되기 어렵다.
하지만 牧隱은 비록 몇 글자 안 되는 짧은 대화이기는 하지만, 그
속에 자신이 표현하고자 하는 주제를 부각시켜 놓았다. '不離當

405) 『목은문고』 권9, 「送峯上人遊方序」, 76면 a. "予乃曰, 師云游方, 何
所求乎? 曰, 道焉而已矣. 曰, 請問道安在乎? 曰, 無不在. 曰, 然則
不離當處矣乎? 曰, 然."
406) 같은 곳, 75 d~76면 a. "上人素所不識也. 然踵吾門求見, 一見握手
如舊. 交未幾, 吾耦喪亡, 留二七對靈一語, 誦經薦福, 梵音清澈, 聽
者竦然. 吾欲挽留, 以久辭去者再, 蓋不三宿桑下也, 臨別索言."

處', 즉 일을 당한 바로 그 자리를 떠나지 않는 곳에 道가 존재한 다는 것이다. 목은의 이러한 논리에 대해 봉상인도 인정을 하고 있다.

이 단락은 비록 짧은 대화로 구성되어 있지만, 이런 짧은 대화 가 글을 읽는 독자들로 하여금 박진감과 현장감을 느낄 수 있게 한다. 동시에 짧은 대화 속에서 道의 소재가 어디에 있는지를 제 시함으로 인해 주제를 선명히 부각시키고 효과도 보여주고 있다. 이어지는 단락에서는 앞서 제시된 주제에 대한 논증이 긴 대화로 연결되고 있다.

> 이에 내가 말하기를,
> "그렇다고 한다면 道를 찾아서 사방을 유람한다는 것 자체가 너무나 쓸데없는 일이라고 해야 할 것이다. 스님이 부들방석에 앉 아 있으면 道가 바로 부들방석 안에 있을 것이요, 스님이 짚신을 신고 걸어가면 道가 바로 짚신 안에 있을 것이니, 墻壁이나 瓦礫 역시 道 아닌 것이 없을 것이요, 강산이나 風月 역시 道 아닌 것 이 없을 것이다. 어찌 이뿐이겠는가? 옷을 입고 밥을 먹는 것도 도 아닌 것이 없고, 눈썹을 추켜세우고 눈을 깜박거리는 것도 도 아닌 것이 없을 것인데, 스님은 어찌하여 꼭 사방을 유람하면서 도를 구하려고 하는 것인가? 내가 쓸데없는 일이라고 말하는 것 이 옳다고 하겠는가? 그르다고 하겠는가?"
> 하였더니, 그가 말하기를,
> "선생의 말씀이 옳긴 합니다. 하지만 지금 제가 들고 있는 것이 바로 趙州의 無자 話頭인데, 趙州는 나이가 일흔이 되어서도 다 시 참선의 길을 떠났습니다. 이것이 어찌 쓸데없는 일을 한 것이 겠습니까? 나는 지금 태어난 지 29년밖에 되지 않았으니, 조주의 나이가 되려면 아직도 멀었습니다. 그런 내가 사방을 돌아다니며 묻지 않는다면 무슨 수로 도를 찾을 수가 있겠습니까? 이것이 바

로 제가 서리와 눈을 무릅쓴 채 산을 넘고 물을 건너면서도 꺼리
지 않는 이유입니다. 그런데 선생께서는 어찌하여 그렇게도 심하
게 譏弄한단 말입니까?" 하였다.[407)]

앞 단락에서 짧게 이어지던 대화가 여기에 이르러 길어졌는데,
박진감에서 이완된 느낌을 주고 있다. 목은은 봉상인이 자신의 논
지에 동조하자, 자신의 생각을 논리적으로 펼쳐 보이고 있다. 스님
이 앉은 부들방석이나 신고 있는 짚신에도 道가 존재할 것이요,
墻壁이나 瓦礫·江山이나 風月에도 역시 道가 존재하는 것이다.
또한 눈썹을 추켜세우고 눈을 깜박거리는 것도 道인데, 道를 찾아
사방을 유람하는 것 자체가 너무나 쓸모없는 일이라고 목은은 이
야기하고 있는 것이다.

이에 대해 봉상인은 唐나라의 고승인 趙州禪師(778~897)를 예
로 들어 목은의 주장을 반박하고 있다. '狗子佛性·趙州無字'라고
하는 이 禪宗의 公案은 趙州禪師에게 어떤 승려가 "개에게도 佛
性이 있느냐?"는 질문에 "없다."고 했다가, 다른 승려가 묻자 말을
바꾸어 "있다."고 한데서, 조주선사가 왜 '있다'고도 하고 '없다'고
도 했는지 그 본래의 참뜻을 깨닫게 하는 것이 이 話頭의 목적이
다. 상대적인 개념인 有無의 집착을 깨뜨리고 초월적인 존재인 佛
性의 실체를 깨닫게 하기 위한 것이다.[408)] 봉상인은 조주선사가

---

407) 같은 곳, 76면 a. "曰, 然則所謂游者贅甚矣. 師在蒲團, 則道在蒲團
矣; 師用草鞋, 則道在草鞋矣. 墻壁瓦礫, 無非道也; 江山風月, 無非
道也. 不寧唯是, 著衣喫飯, 無非道也; 揚眉瞬目, 無非道也. 上人何
待於游, 而後求道乎哉? 吾之所謂贅者, 然乎否乎? 上人曰, 子之言
也是矣. 然吾所提者, 趙州無也. 趙州七十更參禪, 夫豈贅乎? 峯也
生今二十九年矣, 去州年遠矣. 不參訪, 何從而見道乎? 此吾所以蒙
犯霜雪, 跋履山川, 而不之憚也, 何子之譏之甚也?"

일흔의 나이에도 道를 찾아 길을 떠났는데 자신은 이제 29살밖에 되지 않았으니, 사방을 돌아다니며 道를 묻지 않으면 道를 찾을 수 없다고 하면서 유람을 떠날 수밖에 없는 자신의 입장을 말하고 있는 것이다. 그러면서 "그런데 선생께서는 어찌하여 그렇게도 심하게 譏弄한단 말입니까?"라고 하여, 목은이 언급한 심한 論駁에 대한 섭섭함을 제시함으로써, 다음 단락에 목은의 대답이 자연스럽게 이어지게 하였다.

牧隱은 봉상인의 이러한 섭섭함에 대해 웃으면서, 初學者는 모름지기 조용히 마음을 가라앉히는 공부부터 시작해야지 무작정 趙州의 행위를 본받으려고만 해서는 안 된다고 충고하면서, 다행히 봉상인은 자질이 아름다우니 중도에 그만두지만 않는다면 조주의 경지에 이르는 것도 어렵지 않을 것이라며, 送序에서 필수적인 떠나는 이에 대한 격려도 아끼지 않았다. 그리고는 끝으로 이별하기 전에 "그때가 되면 내 말을 수긍하게 되리라고 믿는다."[409]는 말로 끝을 맺으면서 여운을 남기고 있다.

두 사람 간의 一貫된 對話로 글을 엮어가다 보면 단조로울 수가 있다. 그러나 목은은 이러한 단조로운 구성에서 벗어나기 위해 일관된 대화의 방식이 아닌 변화를 채택하고 있다. 위에서 살펴본 것처럼 아주 짧게 연결된 대화로 시작하여, 자신의 논지를 확실히 부각시키고자 하는 단락에 이르러서는 대화의 길이가 길어지기도 한다. 짧은 대화 속에서 긴장감과 현실감을 느낄 수 있다면, 길게 이어진 대화에서는 대화의 주체들이 자기의 생각을 논리적으로 제

---

408) 耘虛 龍夏,『佛敎辭典』, 東國譯經院, 2000, 82면 참조.

409) 같은 곳. "予笑而答曰, 吾旣不云乎, 蒲圃草鞋, 是行住動靜之謂也. 雖然, 初學必自靜定上下功夫, 無遽效趙州爲也. 幸也師之質也美, 不中道廢, 趙州不難到, 及到, 肯吾言乎."

시하여 짧은 대화 속에서 제시했던 주제를 논리적으로 풀어가고
있는 것이다. 만약 道의 존재를 두고 대화의 수법을 쓰지 않고 직
접적인 서술의 표현법을 사용하였더라면, 이처럼 생동적이지는 못
하고 다소 支離한 작품이 되었을 것이다. 對話의 적절한 구사는
표현을 생동하게 해 주며 문학성도 제고시키는 이중적인 효과를
가진다.410)

牧隱은 이렇게 對話의 主體를 명확히 제시하는 경우도 있지만, 때
로는 對話의 대상인 客體를 제시하지 않고 客이나 或人으로 제시하고
서, 자신이 대답하는 수법을 취한 경우도 있다. 물론 이러한 표현법이
목은만 사용한 것은 아니다. 問對라는 것은 文人이 假設한 말로, 옛날
君臣이나 朋友 간에 口頭로 묻고 대답하는『左傳』·『史記』·『漢書』
등에서 자주 등장했던 것인데, 후인들이 그것을 모방하여 問對가 생
겨났다. 이것을 반복적이고 縱橫으로 사용하여 울적함을 펴기도 하고
생각을 통하기도 하는데, 산문에서는 없어서는 안 되는 수법이다.411)
아래 글에서 이러한 수법을 살펴보기로 한다.

> 龍駒의 동쪽에 南谷이 있는데, 그곳에 나의 동년인 李 先生이
> 살고 있다. 어떤 사람이 나에게, "선생이 숨어 사느냐?"고 묻기에,
> "내가 숨어 사는 것이 아니다."라고 대답했다. "벼슬살이를 하느
> 냐?"고 묻기에, "내가 벼슬살이하는 것도 아니다."라고 대답했더
> 니, 그 사람이 매우 의아하게 생각하면서, "벼슬살이도 하지 않고
> 숨어 사는 것도 아니라면 무슨 생활을 하고 있는 것이냐?"고 또
> 물었다. 그래서 내가 이렇게 대답했다.412)

---

410) 李熙穆,「寧齋 李建昌 硏究」, 성균관대 박사논문, 1992, 105면.

411)『文體明辯序說』,「問對」條, 134～135면.

412)『목은문고』권1,「南谷記」, 9면 c. "龍駒之東有南谷, 吾同年李先生
居之. 或問先生隱乎? 予曰, 非隱也. 曰, 仕乎? 曰, 非仕也. 或者疑

이 글은 16·17세 때부터 함께 교유하면서 공부하던 知己이면서 同年인 李茂芳에게 써 준 「南谷記」의 일부분이다. 이무방은 우왕 2년(1376)에 侍中 慶復興에게 공민왕 시해에 가담한 韓方信과 盧積의 재산을 적몰하지 않은 책임을 극렬하게 痛駁하였는데, 이 때문에 그는 벼슬에서 물러나게 된다.[413] 이 글은 그 다음 해인 1377년 12월에 지은 것이다.

牧隱은 먼저 제목에 제시되어 있는 南谷을 설명하면서 그곳에 이무방이 '살고 있다(居)'고 하였다. 그러자 어떤 사람(或)이 등장하여 '숨어 사느냐(隱)'고 묻는 것으로 글이 시작되고 있다. 물론 여기서의 '어떤 사람'은 실제로 존재하는 인물일 수도 있으나 가상적인 인물일 것이다. 어떤 사람이 이러한 질문을 한 까닭은 사대부의 '居'는 '仕'냐 아니면 '隱'이냐 두 가지 삶의 방식이 존재하기 때문이다. 앞장에서 살펴보았듯이 牧隱의 出處에도 "벼슬하지 않으면 숨고, 숨지 않으면 벼슬한다."는 이분법적인 인식태도를 지니고 있었다. 어떤 사람의 이 질문에 목은은 仕도 隱도 아니라고 답하자, 의아한 어떤 사람이 다시 한 번 질문을 한다. 이에 대한 대답으로 목은은 이 작품의 거의 대부분을 할애하며 자신의 논지를 펼치고 있다. 목은은 「送峯上人遊方序」와 마찬가지로 일관된 篇幅의 問對를 사용하지 않고, 논지를 전개하기 위한 立論에서는 짧은 대화로 시작하다가, 주제에 대한 논리적 설명이 필요한 부분에 이르러서는 대화가 길어지는 변화를 줌으로써 단조롭지 않고 지루하지 않게 서술하고 있다.

이 글은 全篇이 이야기로 구성되어 있다. 牧隱은 실제 인물이

之甚, 又問非仕非隱則何居? 予曰."

413) 『고려사』 권112, 「列傳」 권25, 李茂方 條, 459면.

아닌 가상적인 인물과의 대화를 통해 자신이 전달하고자 하는 뜻을 보다 효과적으로 드러내고자 이렇게 對話의 수법을 구사하고 있는 것이다. 이외에 「答問」 등의 작품에서도 역시 全篇이 어떤 사람과 목은의 대화를 통해 주제를 선명히 부각시키면서 글을 생동감 있게 전개하고 있다.

③ 引 事

引事란 成語나 典故 등을 인용하여 논의를 풀어가거나 자신의 뜻을 전달하는 것으로, 用事나 用典으로도 표현된다. 引事는 역사적으로 근거가 확실한 사실을 引用하여 자신의 주장이 합리적임을 밝히는 효과를 부여한다. 그러면 구체적인 작품을 통해 목은이 引事를 어떻게 활용하였는지 살펴보기로 한다. 다음은 洪彦博의 문하에서 함께 급제하고 성균관의 동료로 서로 어울려 지냈던 李崇仁(1347~1392)의 陶隱齋에 지어 준 記文이다.

> 옛사람 가운데 조정에 몸을 숨긴 자가 있으니, ㉮『시경』에 나오는 伶官과 ㉯漢나라 때의 골계가 바로 그들이요, 저잣거리에 몸을 숨긴 자가 있었으니, ㉰燕나라의 屠狗와 ㉱蜀 땅에서 賣卜하던 이가 바로 그들이다.[414]

「陶隱齋記」의 序頭로, 중국에서 몸을 숨긴 隱者들을 열거하고 있다. 먼저 조정에 몸을 숨긴 사람으로 ㉮ "『詩經』에 나오는 伶官(詩之伶官)"인 衛나라의 賢者를 들고 있다. 『詩經』 邶風 「簡兮」의

---

414) 『목은문고』 권4, 「陶隱齋記」, 28면 a. "古之人隱於朝者, 詩之伶官, 漢之滑稽是已. 隱於市者, 燕之屠狗, 蜀之賣卜者是已."

毛序에 의하면, "「簡兮」는 賢者를 등용하지 않음을 풍자한 詩이다. 衛나라의 현자가 伶官으로 벼슬하고 있었는데, 그 재주가 모두 왕을 받들어 섬길 만하였다."[415]는 말이 나온다. 伶官은 궁중의 樂官으로, 牧隱이 『詩經』에서 故事를 인용하였다.

다음은 ㉯"漢나라 때의 골계(漢之滑稽)"로 漢 武帝 때 활약한 東方朔을 거론하고 있다. 『史記』「滑稽列傳」에 의하면, "나와 같은 사람은 조정 사이에 숨어서 세상을 피하는 사람이라고 하겠다. 옛날 사람들은 깊은 산속에서 세상을 피했다. ……궁전 속에서도 세상을 피하면서 몸을 온전히 할 수 있는데, 무엇 때문에 깊은 산속에서 들어가서 오두막 생활을 할 필요가 있겠는가?"[416]라고 말한 동방삭의 말이 실려 있으며, 『漢書』에서는, "그는 滑稽의 영웅이다."[417]라고 평한 贊이 실려 있는데, 여기에서 故事를 인용한 것이다.

다음으로 저잣거리에 몸을 숨긴 사람을 열거하고 있다. 먼저 ㉰"燕나라의 도구(燕之屠狗)"인 戰國시대 말기 燕나라 태자 丹의 부탁을 받고 秦王인 嬴政을 죽이러 갔던 유명한 자객인 荊軻의 故事를 끌어왔다. 『史記』에 의하면, "형가가 이미 燕나라에 이르러, 연나라의 개백정과 筑을 잘 연주하는 高漸離와 친하게 지냈다. 형가는 술을 좋아하여 날마다 개백정과 고점리와 더불어 燕나라 시장에서 술을 마셨다."[418]는 내용이 실려 있는데, 여기에서 引用하였다.

---

415) 『시경』권2, 19면. "簡兮, 刺不用賢也. 衛之賢者, 仕於伶官, 皆可以承事王者也."

416) 『史記』권126, 「滑稽列傳」권66, 811면. "如朔等, 所謂避世於朝廷間者也. 古之人, 乃避世於深山中. ……宮殿中可以避世全身, 何必深山之中, 蒿廬之下."

417) 『漢書』권65권, 「東方朔傳」권35, 732면. "其滑稽之雄乎."

이어서 ㉯"蜀 땅에서 賣卜하던 이(蜀之賣卜)"인 前漢 시대의 術士 嚴遵을 예로 들고 있다. 엄준은 君平이라는 字로 더 잘 알려져 있는데, 蜀 땅 성도시장에서 점을 치며 살았는데 百錢을 벌면 스스로 만족하고 가게 문을 닫고『老子』를 강의하였다고 한다.419)

牧隱은 이외에도 晉나라 때 술을 마시며 숨었던 자들인 竹林七賢과 宋나라 말년에 고기잡이를 하며 숨었던 茗溪 胡仔와 隱者를 가지고 자신의 이름을 표기한 唐代 저명한 시인인 李商隱과 羅隱도 함께 거론하고 있다.420)

牧隱은 왕이 實錄을 찬술하게 할 정도로 역사에 해박한 지식을 지니고 있었다. 그렇지 않다면 이러한 典故들을 인용하기란 쉽지 않았을 것이다. 목은은 陶隱齋의 '隱'을 가지고 작품을 구성할 때, 우선 중국에 있어 隱과 관련된 故事들을 인용함으로써 이후 자신의 논지를 펼쳐나가는 데 있어 진행을 원활하게 하였고, 동시에 精練된 對偶를 사용하여 서두부터 심혈을 기울이고 있다.

牧隱은 이어서 우리나라에 있어서 隱을 사용한 경우를 언급하고 있다. 우리 三韓은 그 기풍이 워낙 儒雅해서 예로부터 걸출한 인재가 많다고 일컬어져 왔으며 드높은 風度를 지니고 絶世의 기예를 소유한 이들이 각 시대마다 모자람이 없이 배출되었는데, 정작隱이란 글자를 가지고 자신의 號로 삼은 이는 근세에 들어와 農隱崔瀣 · 樵隱 李仁復 · 野隱 田綠生 그리고 자기 자신인 牧隱이라

---

418) 『史記』권86,「刺客列傳」권26, 640면. "荊軻旣至燕, 愛燕之狗屠及善擊筑高漸離. 荊軻嗜酒, 日與狗屠及高漸離飮於燕市."

419) 『漢書』권72,「王貢兩龔鮑傳」권42, 778면. "君平卜筮於成都市…… 得百錢足自養, 則閉肆下簾而授老子."

420) 『목은문고』권4,「陶隱齋記」, 28면 a. "晉之時, 隱於酒者, 竹林也. 宋之季, 隱於漁者, 茗溪也. 其他以隱自署其名者, 唐之李氏羅氏是已."

며, 우리나라에서 '隱'을 號로 사용한 이들을 예로 들고 있다. 중
국과 우리나라의 예를 대칭적 구도로 삼아 이야기를 전개하면서
본론으로 논지를 전개하기 위한 포석을 깔아 놓고 있는 것이다.
그리고는 이 글의 주 대상인 陶隱의 경우로 이야기가 전개된다.

> 그런데 지금 또 侍中의 族子인 子安 씨가 이 대열에 참여하였는
> 데, 그가 대개 숨을 곳을 찾은 것은 陶였다. 陶라는 글자 속에는
> ㉮舜임금이 바로 이것을 기반으로 해서 위에 알려졌고, ㉯周나라도
> 바로 이것을 바탕으로 해서 장차 떨쳐 일어나게 된 그런 의미가 깃
> 들어 있는데, 서책에 기재되어 있으니 충분히 살펴볼 수 있다.[421]

陶隱의 '陶'자를 가지고 논리를 전개시키고 있다. 앞선 예에서는
陶隱 이전에 隱이라는 號를 사용한 이들을 예로 들면서 隱에 대
한 이야기를 하고서, 도은에 이르러서는 본격적으로 숨은 곳인
'陶'에 대한 이야기를 하고 있는 것이다. 목은은 먼저 "㉮舜임금이
바로 이것을 기반으로 해서 위에 알려졌다(舜之升聞)."고 하여, 가
장 이상적인 군주인 舜임금의 故事를 인용하고 있다. 『史記』에 의
하면, 舜임금이 평민이었을 때, 20세에 효성으로 세상에 알려졌으
며, 30세에는 四嶽의 추천으로 요임금에게 발탁되었으며, 河水가
에서 질그릇을 구웠다는 기록이 나온다.[422] 그리고 『書經』에는
"옛 帝舜을 상고하건대, 거듭 빛남이 帝堯에게 합하시니 깊고 명
철하고 문채 나고 밝으시며, 온화하고 공손하고 성실하고 독실하
시어 그윽한 덕이 올라가 알려지시니 帝堯가 마침내 직위를 명하

---

421) 같은 곳. "今又得侍中族子子安氏焉, 蓋陶乎隱者也. 陶者, 舜之升
聞, 周之將興, 以之爲地者也. 方册所載, 可見已."

422) 『史記』 권1, 「五帝本紀」 第一, 13면. "舜年二十而孝聞, 三十而帝堯
問可用者, 四嶽咸薦虞舜. ……陶河濱."

시었다."423)는 말이 나온다. 목은은 『史記』와 『書經』의 글에서 '陶'와 '升聞'의 故事를 인용한 것이다.

다음은 "㉕周나라도 바로 이것을 바탕으로 해서 장차 떨쳐 일어 나게 되었다(周之將興, 以之爲地)."고 하여, 周나라의 太王인 古公 亶父의 故事를 인용하고 있다. 고공단보는 岐山 아래로 옮겨와 나 라를 세우고서 처음으로 국호를 周라고 하였는데,『시경』에 "고공 단보가 기와구들과 이중구들로 토실에 거처하여 아직 번듯한 집이 없었다."424)는 내용이 실려 있다. 목은은 '陶復陶穴'의 故事와 관 련해 이것을 引用하였다. 이 陶復陶穴의 故事는 이어지는 단락에 서 "자안 씨는 문장의 폐단이 필시 周나라 말기처럼 될 것을 알고 서 위로 거슬러 올라가 陶復陶穴의 바탕 위에서 찾아보기로 하였 다."425)고 다시 한 번 인용된다. 앞의 引用은 陶자를 끌어오기 위 한 것이었다면, 뒤의 引用은 周나라 초기라는 의미로 인용하고 있 다. 같은 故事를 인용하면서 다른 의미를 부여하고 있는 것이다.

牧隱은 陶隱의 '陶'자를 다양한 서책들에서 인용하여 이야기를 풀어나가면서 '陶'자가 지닌 질박함으로 이야기를 전개시키고 있 다. 지금 시대는 上古시대의 소박하고 간략한 풍조와는 너무도 동 떨어져서 도저히 쫓아갈 수가 없게 되었는데, 오늘날의 제도 가운 데 그래도 상고시대의 질박한 풍조가 가장 잘 드러나 있는 것을 찾는다면 바로 진흙을 구워내는 것이 그렇다고 본 것이다.

---

423) 『書經』권1,「堯典」, 10면. "曰若稽古帝舜, 曰重華協于帝, 濬哲文 明, 溫恭允塞, 玄德升聞, 乃命以位."

424) 『시경』권16,「大雅·緜」, 8면. "古公亶父, 陶復陶穴, 未有室家."

425) 『목은문고』권4,「陶隱齋記」, 28면 a. "子安氏知文之必弊也, 如周 之季焉, 而求其陶復陶穴之地."

　　띠풀을 자르지 않은 채 지붕을 이고 흙으로 섬돌을 만들던 풍조
가 변하여 옥돌 계단의 화려한 樓臺와 宮室이 세워지고, 땅을 파
서 술을 담아 놓고 손으로 움켜 떠먹던 풍조가 변하여 옥 술잔과
상아 젓가락이 등장했지만, 진흙을 구워서 쓰는 풍조가 변했다는
말은 아직 듣지 못하였고, 또 변했다고 하더라도 그 질박한 면모
를 잃지는 않았으니, 예컨대 銅雀臺의 기와 같은 것이 바로 그것
이라고 하겠다.426)

　질박한 풍조를 잃어가고 있는 아쉬움을 언급한 단락이다. "띠풀
을 자르지 않은 채 지붕을 이고 흙으로 섬돌을 만들던 풍조(茅茨
土階)"는 『史記』에서 太史公이 墨家를 비평하는 대목인 "堯임금
과 舜임금은 흙으로 섬돌을 세 칸 올렸고, 띠풀로 지붕을 얹으면
서 가지런하게 자르지도 않았다."427)는 내용에서 끌어왔으며, "땅
을 파서 술을 담아 놓고 손으로 움켜 떠먹던 풍조(汚尊抔飮)"는
言偃이 孔子에게 禮에 대한 근본적인 설명을 묻자, 孔子가 禮의
시작은 음식에서 비롯되었음을 설명하는 대목에서 인용하였다.428)
　그리고 이와 반대로 질박한 풍조를 잃어버린 예로 "옥돌 계단의
화려한 樓臺와 宮室과 옥 술잔과 상아 젓가락(瑤臺瓊室, 玉杯象
箸)"은 말세 사치스러운 제왕에 대해 이야기한 晉나라 江統의 고
사에서 인용하고 있다.429) "銅雀臺의 기와"는 魏 武帝 曹操가 故
都인 相州에다 동작대를 세울 적에 黑鉛에 호두 기름을 섞어서

---

426) 같은 곳. "茅茨土階之變也, 而瑤臺瓊室作焉; 汚尊抔飮之變也, 而玉
　　杯象箸興焉. 而陶之用, 未聞其有變也, 雖變, 而不離乎質也, 銅雀之
　　瓦是已."
427) 『史記』 권130, 「太史公自序」, 832면. "土階三等, 茨茅不翦."
428) 『禮記』 권9, 「禮運」.
429) 『晉書』 권56, 「江統列傳」 권26, 398면.

기와를 구웠다고 하는데, 후대에 그 기왓장을 벼루의 재료로 썼다
는 기록에서 인용하였다.430) 목은은 故事의 대비적 인용을 통해
질박함과 질박함을 잃어버린 풍조를 선명하게 부각시키고 있다.
자세한 세부적 설명보다는 故事를 통해 간결하면서도 효과적으로
자신의 논지를 전개시키고 있다고 하겠다.

위의 예가 자신의 논지를 전개시켜 나가기 위해 필요한 故事를
나열식으로 인용하여 예증으로 삼고 있다면, 앞서 언급한 「南谷記」
중의 다음 대목은 자신의 의중을 집약적으로 드러내고자 하는 곳에
쓰인 예라고 하겠다.

> 그리고 보면 앞으로 使者를 태운 말이 울음소리를 내면서 南谷
> 에 들어오게 될 것이요, 그리하여 뒷날 마치 南陽에서 諸葛孔明
> 이 일어났던 것처럼 큰 계책을 세우고 큰 의논을 결정하면서 위
> 로 南面의 교화를 성대하게 할지도 모르는 일이다. 하지만 꼭 그
> 렇게 될지 안 될지는 또 모두가 하늘에 달린 일이다.431)

이 단락은 「南谷記」의 마지막 부분으로 목은의 바람이 담겨 있
다. "使者를 태운 말이 울음소리를 내면서 남곡에 들어오게 될 것"
이라는 말은 「北山移文」에서 인용하였다. 孔稚珪는 거짓 隱者인
周彦倫이 "使者를 태운 말이 울음소리를 내며 골짜기에 들어오고,
隱者를 조정에 부르는 鶴書가 산언덕을 넘어오자, 몸은 내달리고
정신은 혼비백산하여 뜻과 정신이 바뀌었다."432)고 비난을 하였다.

---

430) 『春渚紀聞』, 「銅雀臺瓦」.

431) 『목은문고』 권1, 「南谷記」, 10면 a. "是必鳴騶入南谷矣, 異日立大
策, 決大議, 上贊南面之化, 如諸葛公起於南陽. 可必也, 抑未可必
也, 皆天也."

432) 『고문진보』 권2, 「北山移文」, 105면. "鳴騶入谷, 鶴書赴隴, 形馳魄

목은은 이것을 부정적 의미 그대로 인용하지 않고, 北山에 은거했다가 조정의 부름을 받고 관직에 복직했던 周彦倫처럼 이무방도 다시 관직에 나아갈 것이라는 기대로 전환하여 사용하고 있다.

그리고 "마치 남양에서 제갈공명이 일어났던 것처럼"이라는 것은 『三國志』에 있는 「諸葛孔明傳」에서 인용하였다. 劉備가 南陽 땅에 살고 있던 제갈공명을 三顧草廬해서 맞이했다는 고사를 통해, 이무방도 남양에 은거해 살던 제갈공명처럼 임금으로부터 극진한 대우를 받아 경륜을 펼칠 것이라는 기대로 글을 끝맺고 있다. 南谷의 '谷'자를 孔稚珪의 「北山移文」과 연결시켰으며, 南谷의 '南'을 가지고 南陽의 '南'과 연결하여 제갈공명을 끌고 왔다. 묘한 引事라 할 수 있다. 그 후 실제로 이무방은 얼마 후 소환되어 檢校門下侍中을 除授받게 된다. 이 글을 지을 당시는 3품이었는데, 1품까지 올라간 것이다.

牧隱은 두 가지의 故事를 인용해 지금은 南谷에 물러나 살고 있지만 미래에 이무방은 주언륜과 제갈공명처럼 조정의 부름을 받아 자신의 경륜을 펼칠 수 있는 기회가 올 것이라는 자신의 기대를 表出하고 있는 것이다. 이러한 引事는 故事에 얽힌 敍事的 내용을 환기시킴으로써 故事를 사용하지 않는 비유보다 더욱 구체적이고 극적이며 생생한 이미지를 제공하고 있다.[433]

牧隱은 故事를 인용하면서 실제 그대로 인용하지 않고 轉用하는 수법을 사용하기도 하였다.

散, 志變神動."

433) 송재소, 「漢詩 用事의 譬喩的 機能」, 『한국한문학연구』 제8집, 한국한문학회, 1985, 306~307면 참조.

東亭은 생활환경이 바뀌면 거기에 맞춰서 적응을 잘해 나가니, 그 식견이 세상 사람들보다 훨씬 뛰어나다고 하겠다. 부귀한 환경에 처하면 부귀한 생활을 하고, 환란을 당하게 되면 또 거기에 맞는 생활을 하니, 이는 대개 自得한 경지가 깊기 때문에 가능한 것이다.434)

이 글은 廉興邦(?~1388)이 驪州로 귀양 갔을 때 亭子 이름을 枕流亭이라 하고 목은에게 記文을 청하자 지어 준 글이다. "생활환경이 바뀌면 거기에 맞춰서 적응을 잘해 나간다."는 『孟子』「盡心 上」에 있는 "居處가 기질을 바꾸고, 봉양이 체질을 바꾼다(居移氣, 養移體)."에서 引用을 하였다. 그런데 단순히 『맹자』에 있는 내용을 있는 그대로 引用한 것이 아니라, "居移養移"만을 인용하여 居處가 바뀌면 봉양도 달라진다, 즉 '생활환경이 바뀌면 거기에 맞추어서 적응해 간다.'고 轉用의 수법을 사용하고 있는 것이다. 또한 「松風軒記」에서도 같은 수법을 사용하고 있다. 목은은 松風軒의 松을 이야기하면서, "솔은 안으로 변치 않는 자신의 마음을 지니고 있다. 그리하여 사계절 때를 막론하고 천 년의 세월이 지나도록 곧은 나뭇가지와 푸르른 잎사귀가 바뀌는 법이 없다."435)고 하여, 生滅이 없는 佛性을 비유하고 있다. 그런데 원래 이것은 『禮記』에 나오는 글로, 禮를 설명하면서 비유적으로 끌어온 것이다. 즉 대나무의 굳은 나뭇가지와 소나무와 잣나무의 푸르른 잎사귀는 다른 것과 달리 큰 절개를 지니고 있어 사계절을 통해 가지와 잎이 변하지 않음을 언급하고 있다.436) 목은은 여기에서 모두 솔의 속성으로 돌려 인용하고 있는

---

434) 『목은문고』 권2, 「枕流亭記」, 14 d~15면 a. "東亭居移養移, 識高一世. 素富貴, 則行乎富貴; 素患難, 則行乎患難. 蓋其自得者深矣."

435) 『목은문고』 권5, 「松風軒記」, 36면 a. "松之有心也, 貫四時, 閱千歲, 所以不改柯易葉者."

것이다.

牧隱은 여러 가지 故事를 나열하기도 하고, 한두 곳에 집약하기도 하며, 본 내용과는 달리 轉用의 수법을 쓰는 등 다양한 방식으로 引事를 함으로써 자신이 언급하고자 하는 논지의 예증으로 삼거나 집약적으로 전달하여 간결하면서도 응집력 있는 문장을 구사하고 있다.

지금까지 牧隱이 구사한 引用에 관해 살펴보았다. 물론 이러한 引用의 표현법은 어느 文人에게나 보이는 修辭이기는 하다. 하지만 목은의 경우에는 거의 모든 작품에 있어서 빈번하면서도 다양하게 나타난다는 점에 있어서 다른 文人과 구별될 수 있을 것이며, 그의 여러 가지 표현기법 가운데 가장 두드러진 특징이기도 하다.

2) 簡潔美와 含蓄美의 추구

어떠한 문학 작품의 언어라도 모두 簡潔性을 강조하지만, 산문은 散行文字를 사용하기 때문에 보통 字數의 제한을 받지 않아 늘어지기 쉽다. 따라서 문장을 간결하게 하면서 뜻을 풍부히 할 수 있는가 없는가 하는 것이 산문의 성공여부를 결정짓는 관건이다. 과거에 어떤 사람이 말하기를, "王安石은 문장을 지을 때에 먹을 금처럼 아꼈다."고 한다. 이것은 왕안석이 문장을 고도로 응축 단련하여 결코 한 글자라도 낭비하지 않았다는 사실을 말해 준다. 歐陽修 또한 어릴 때부터 문장을 고쳐서 簡煉을 추구하는 좋

---

436) 『禮記』 권10, 「禮器」, 1면. "如竹箭之有筠也, 如松柏之有心也. 二者居天下之大端也. 故貫四時而不改柯易葉."

은 습관을 몸에 익혀, 문장을 지을 때 늘 먼저 벽에 붙여두고 때
때로 고쳐서 마지막에는 한 글자도 남겨두지 않았을 정도로 간결
한 문장으로 저명하다.437) 그런데 문장이 간결하다고 해서 모두
우수한 것만은 아니다. 간결함 속에 내재되어 있는 작가의 의도가
극대화되어 있어야 하는 것이다. 표현해 내려는 작가의 의도를 문
장의 전면에 드러내지 않고, 표현하려고 하는 사실들 가운데 필요
한 정점만을 드러냄으로써 주제를 선명하게 부각시키면서 의미를
깊이 있게 함축할 수 있어야 하는 것이다. 목은 역시 그의 작품
곳곳에서 이러한 양상을 살필 수 있다. 그러면 목은이 簡潔美와
含蓄美의 추구(簡雋)를 위해 자주 사용한 수법이 무엇이며, 이것
이 또 구체적으로 작품에 어떻게 나타나는지 고찰해 보기로 한다.

우선 簡雋하기 위해서는 적절한 제재의 선택이 필수적이다. 歐
陽修는 상당히 이름이 있었던 문학가이자 정치적으로 친밀했던 尹
洙의 죽음을 애통해하며 「尹師魯墓誌銘」을 지었다. 그런데 너무
간략하다는 비난을 듣자, 「論尹師魯墓誌銘」에서 「尹師魯墓誌銘」
을 '文簡而意深'의 원칙으로 썼다는 것을 상세히 밝히면서, "그의
사적을 모두 다 열거할 수 없기 때문에 그 중요한 것 한두 가지만
을 들어 진실의 증거로 삼았다."438)고 하여, 문장을 간략하기 위해
서는 적절한 제재의 선택이 중요하다는 것을 강조한 바 있다. 목
은 역시 작품을 간결하게 지으려고 하였기에, "글 쓰는 법으로 볼
때 그런 것은 생략하는 것이 옳다고 하겠다. ……글 쓰는 법으로
볼 때 이런 것들은 마땅히 집어넣어야 할 것이다.(在於書法, 所當

---

437) 陳必祥 著, 『한문문체론』, 심경호 옮김, 이회, 1995, 26~27면 참조.
438) 『歐陽修全集』, 『居士外集』 권22, 1168면. "其事不可遍擧, 故擧其
　　　要者, 一兩事以取信."

略之也. ……在於書法, 所當進之者也)."439)라고 하였던 것이다. 글
을 쓸 때 들어가야 할 것과 빼 버려야 할 것을 깊이 고려해야 한
다는 말이다. 즉 제재의 선택에 있어 고려를 많이 하고 있다는 방
증인 것이다. 다음은 尙州 牧使인 金南得이 公館의 동쪽에다 亭
子를 지은 뒤에 목은에게 亭子의 이름과 記文을 요청하기에, 목은
이 홍건적 침입으로 왕을 호종하여 安東으로 피난 갔다가 한때 상
주에 머문 적이 있었는데, 그때 亭子가 없었던 것을 아쉬워하여
亭子 이름을 風詠亭이라 命名하고 지어 준 記文의 후반부이다.

　　이 공사를 시작하고 끝낸 과정이야 다른 공사와 다른 점이 없
　　지만, 여기에는 特記할 만한 점이 네 가지가 있다. ……그밖에 담
　　장을 둘러 동산을 만들고 물을 끌어와 못을 만들고서 각종 초목
　　을 심어 놓은 것이라든가, 사방을 둘러보면 경계가 툭 터진 가운
　　데 뭇 산봉우리가 옹위하듯 이 亭子의 경관을 도와주고 있는 것
　　등에 대해서는 생략하는 것이 좋겠다.440)

일반적으로 樓亭記의 서술체계는 樓亭 주위의 形勝이나 누정의
외관·興廢의 역사, 工役의 전말 등에 대한 敍事體의 서술유형과
누정의 명칭에 대한 議論·누정의 효용성·修造者의 功德 등에
대한 議論體의 서술유형으로 나누어진다.441) 목은은 "尙州 牧使인
金公이 공관의 동쪽 편에다 亭子를 지었다."442)는 말로 서두를 시

439) 『목은문고』 권3, 「慈悲嶺羅漢堂記」, 25면 b.
440) 『목은문고』 권1, 「風詠亭記」, 6면 a~b. "若夫工役之本末, 常事也,
　　然又有可書者四焉……至於繞垣爲囿, 引水爲池, 以種以樹, 顧瞻敞
　　豁, 衆峯拱衛, 斯亭之羽翼也, 略之可也."
441) 졸고, 「李奎報의 記에 관한 考察」, 성균관대 석사논문, 1998, 44면.
442) 『목은문고』 권1, 「風詠亭記」, 5면 c. "尙牧使金公, 旣作亭公館東偏."

작하고는, 이 亭子의 공사를 시작하고 끝낸 工役의 전말은 다른 일반적인 공사와 다를 것이 없기 때문에 기록하지 않는다고 했다. 그리고는 특별히 기록할 점이 네 가지 있다고 하고서, 그 네 가지 를 상세히 기록하고 있다. 그리고 끝으로 亭子 주변의 경관 역시 생략하는 것이 좋겠다고 하면서, 樓亭의 경관에 대해서는 생략하 였다. 목은은 다른 글에서도, "그밖에 강산과 풍물의 아름다움이나 晝耕夜讀하는 즐거움 같은 것은 그대 자신이 실컷 누리고 있을 터이니, 여기서는 자세히 기록하지 않겠다."[443]고 하여, 필요하지 않다고 생각되는 내용들은 과감하게 생략하였다.

牧隱은 風詠亭을 지으면서 발생한 신기한 일과 金南得의 공적 을 칭송하기 위해, 風詠亭에 관련된 여러 가지 내용들을 모두 기 록하는 것이 아니라 필요한 제재만을 선택하여 서술함으로써 '文 簡而意深'의 묘미를 살리고자 했던 것이다.

그렇다고 牧隱이 한결같이 工役의 전말이나 樓亭의 풍광만을 일률적으로 생략한 것은 아니다. 위의 「風詠亭記」가 工役의 전말 과 주변의 勝景을 생략하고 命名의 동기와 네 가지 특이한 사실 만을 기록한 것에 반해, 「重房新作公廨記」는 重房의 修造記를 쓰 면서 오히려 重房의 구조·공역의 전말 등에 중점을 두고 있다. "武官은 어디까지나 간소한 것을 위주로 하느니 만큼 곧장 그 일 만을 써내려 갈 뿐 다른 이야기는 감히 번거롭게 덧붙이지 않기로 하였다."[444]고 하여, 工役에서 일어난 일들과 工役을 일으킨 崔公 에 대한 칭송만을 기술하고 있다. 목은은 작품을 구성하고 표현하

---

443) 『목은문고』 권1, 「遁村記」, 10면 d. "若其江山風物之勝, 朝耕夜讀 之樂, 浩然自有地矣. 故不詳著云."

444) 『목은문고』 권6, 「重房新作公廨記」, 49면 d. "宜虎官尙簡. 故直書 其事, 而辭不敢煩."

는 데 있어서 작품의 대상을 선명하게 부각시키기 위한 방안의 하나로 제재를 적절히 선택함으로써 간결하면서도 깊은 의미를 내포시키고자 하였던 것이다.

둘째로는 互文法을 사용하여 簡雋을 추구하였다. 互文이란 한 작품 내에서 앞 문장에서 생략한 것을 아래 문장에서 드러내거나, 아래 문장에서 생략한 것을 앞 문장에서 드러내어 서로 참고하여 글을 이루거나 합쳐서 뜻을 드러내거나, 한 작품에서 드러내었으면 다른 작품에서는 생략하여 중복해서 기록하는 것을 피하는 것이다.[445] 목은은 이러한 互文法을 자주 사용하여, "사제 간에 서로 계승한 기록은 사찰의 문서에 기재되어 있으므로 여기서는 쓰지 않는다."[446] · "이 사찰의 興廢에 대한 사연은 옛 기록에 나와 있으니, 여기서는 거론하지 않겠다."[447] · "선생의 출처에 대한 대략적인 내용은 國史에 실려 있기 때문에 여기서는 贅言하지 않기로 하겠다."[448]고 하였다. 이러한 언급들은 다른 문서에 기록되어 있으니 다시 기록하는 것을 피한다는 것으로, 간결함을 추구하면서도 주제를 강화시키는 효과를 발휘할 수 있는 것이다.

다음은 驪興 神勒寺에 있는 懶翁의 眞堂을 위해 지어 준 詩의 幷序이다. 이 글은 승려 志先이 禪覺의 교화에 대해 칭송을 하고, 이어서 口述을 통해 眞堂을 세우려는 이유를 진술하고 있다. 목은

---

445) 成偉鈞 · 唐仲揚 · 向宏業 主編, 『修辭通鑑』, 中國靑年出版社, 1992, 662면; 하기팽, 앞의 책, 178면.
446) 『목은문고』 권3, 「長城縣白巖寺雙溪樓記」, 25면 d. "其師弟子之相承, 載在寺籍. 故不書."
447) 『목은문고』 권1, 「眞宗寺記」, 7면 a. "寺之興廢本末, 有舊藉在, 玆不論著云."
448) 『목은문고』 권8, 「栗亭先生逸藁序」, 65면 a. "若夫先生出處大致, 有國史在, 玆不贅云."

은 먼저 상당 부분을 志先의 口述에 할애하고, 이어서 자신의 논의를 다음과 같이 펼친다.

志先 스님의 말이 옳다. 지금 초상을 설치해 놓은 곳이 많기는 하다마는 길거리의 아이들이나 민간의 부녀자들이 어떻게 그것들을 모두 알 수가 있겠는가? 그들에게 반드시 "이것은 부처인데 그 이름은 무엇이고, 이것은 부처의 제자인데 그 이름은 무엇이다."라고 말해 준 뒤에야 비로소 그들이 귀의하는 마음을 일으켜 제대로 예배를 하면서 은연중에 그 초상과 마음이 합치되는 느낌을 가질 수가 있을 것이다. 만약 그렇게 하지 않는다면 선각을 모신 眞堂도 단청을 칠해 놓은 하나의 故物에 지나지 않을 것이다.[449]

眞堂이 필요한 이유를 매우 간결하게 설명하고 있다. 앞서 志先이 "지금 이 신륵사의 석종으로 말하면, 실로 스승의 頂骨 舍利를 받들어 모신 곳입니다. 그런데 저희들이 생각하기에, 뒷날 이 舍利에 예배하는 이들이 우리 스승의 道貌가 어떠한지 알 수가 없고, 우리 스승의 風度를 흠모하면서도 그 儀表가 어떠한지 알지를 못한다면 우러러 귀의하려고 하는 마음에 필시 미흡한 점이 있게 되리라고 여겨졌습니다. 그러니 가령 그들이 나와서는 우리 스승의 道貌를 뵙고 물러가서는 舍利를 예배하면서 마음속으로 환희를 일으켜 사모한다면 얼마 안 되는 그 시간 사이에서나마 어찌 감격하여 깨닫게 되는 점이 없겠습니까? 이것이 바로 眞堂을 세우게 된 이유입니다."[450]라는 말로, 眞堂의 설립 이유를 상세히 밝혀 놓았

---

449) 『목은문고』 권9, 「驪興神勒寺禪覺眞堂詩 幷序」, 71면 c~d. "先也言也是矣. 今夫像設多矣, 街童巷婦, 豈盡知哉? 必從而語之曰, 是佛也, 其名曰某也; 是佛之弟子也, 其名曰某也, 然後始得展其歸仰之禮, 而心冥於其像矣. 不然, 則禪覺之眞, 亦一丹靑故物爾."

다. 牧隱은 志先이 앞서 말한 상당히 많은 분량의 口述에 동조하면서 단지 76字만으로 간결하면서도 의미심장하게 자신의 논의를 피력하고 있는 것이다.

이 단락에 대해 雪橋 安錫儆은 "'지금 초상을 설치해 놓은 곳이 많기는 하다.' 이하로 '선각을 모신 진당도 단청을 칠해 놓은 하나의 고물에 지나지 않을 것이다.'까지의 몇 행에 할 말을 다했다. 만약 簡易 崔岦이나 谿谷 張維가 그 글을 지었다면 반드시 자질구레한 말을 집어넣었을 것이니, 어찌 이처럼 簡雋할 수 있겠는가?"[451] 라는 말로 評을 남겨 놓았다. 古文의 大家였던 최립이나 장유도 목은만큼 이렇게 簡雋한 글을 지을 수 없다는 것이다.

牧隱은 이어서 "토목 공사의 과정은 보통 다들 아는 일인 만큼 여기서는 기록하지 않겠다."[452]는 말로 작품을 매듭짓고 있다. 앞서 살폈듯이 수많은 제재 가운데 필요한 제재를 선택하여 자질구레하게 문장을 엮어나가는 것이 아니라 정련된 제재를 통해 간결하지만 그 속에는 깊은 의미를 담고자 한 것이다.

다음으로 崔瑩(1316~1388)의 畵像에 讚한 작품을 살펴보기로 한다. 이 작품은 洪武 12년(1382) 4월에 우왕이 "判三司事 崔瑩은 우리 先考를 섬기는 동안 있는 힘을 다하여 의기를 떨치면서 외적으로부터 우리를 지켜줌으로써 오늘날까지 우리가 행복하게

---

450) 같은 곳, c. "今神勒石鍾, 實所以頂骨舍利也. 先等以謂後之禮舍利者, 無以知吾師之道貌也, 歆其風而未知其容儀之如何也, 則於歸仰之心, 必有所慊然者矣. 進瞻道貌, 退觀舍利, 以欣以慕, 夫豈無感悟於介然之頃者哉. 此眞堂之所由作也."

451) 『삽교집』 하, 640면. "今夫像設多矣以下至禪覺之眞亦一丹靑故物爾數行, 語能盡之. 使簡易谿谷爲之, 必有煩言細語, 豈能簡雋如是."

452) 『목은문고』 권9, 「驪興神勒寺禪覺眞堂詩 幷序」, 71면 d. "土木工程, 常事也. 故不書."

지낼 수 있게 해 주었으므로, 내가 매우 가상하게 여기는 바이다. 지금 그 휘하가 鴻山에서 왜적의 진을 격파하던 당시의 상황을 묘사하였는데, 그의 공로를 끝없는 세월 동안 전하여 보여주려고 하니 그대는 여기에 讚을 짓도록 하라."453)는 임금의 명을 받고 지은 奉敎讚이다.

> 국가에서 文臣과 武臣을 등용하는 목적은 文臣은 조정에서 腹心으로써 원기를 기르게 함이요, 武臣은 용맹한 장수로서 외적의 침입을 막게 함이니, 천하 사람들이 시대의 안위에 따라서 각각 그 한쪽에 주의를 하게 되는 것이라고 여겨집니다.454)

국가에서 文臣과 武臣을 등용하는 목적을 一目瞭然하면서도 간결하게 제시하고 있다. 목은은 앞선 공민왕 원년에 올린 上疏에서 문학을 숭상하고 무력을 증강할 것에 대한 의견을 피력한 바 있고, 또한 "文과 武는 국가의 쓰임이 됨에 있어서 인체의 두 팔과 같고 수레의 두 바퀴와 같으니, 어느 하나를 일방적으로 무시해서는 물론 안 될 것이다."455)라고 하여, 文武를 동시에 숭상할 것을 역설한 바도 있다. 국가에서 文臣과 武臣을 등용하는 목적은 문신은 腹心으로써 元氣를 기르게 하려는 것이요, 무신은 용맹한 장수

---

453) 『목은문고』 권12, 「判三司事崔公畵像讚」, 101면 d. "洪武十二年夏四月乙丑, 中官傳旨, 若曰, 判三司事崔瑩, 事我先考, 竭力奮義, 扞我外侮, 克至于今日休, 予甚嘉之. 今其麾下圖鴻山破陣之狀, 將垂示無窮, 汝穡其讚之."
454) 같은 곳, 101 d~102면 a. "國家之用文武臣也, 腹心以養元氣; 爪牙以禦外侮, 而天下之人, 隨時安危, 而注意焉."
455) 『목은문고』 권6, 「重房新作公廨記」, 49면 c. "文武之爲國家用也, 在身如兩臂, 在車如兩輪, 固不可偏廢也."

로서 외적의 침입을 막으려는 것이다. 목은이 이렇게 문신과 무신의 등용 목적을 각각 분리해서 제시하는 것은 다음에 이어지는 최영의 文武兼全을 드높이려는 의도에서 나온 것이다. 신하는 문신과 무신으로 나뉘어져 있지만, 신하들 중에는 전장에 나아가서는 장수가 되고 조정에 들어와서는 재상이 될 자격을 갖추어, 조정은 그를 의지하여 중하게 되고 변방은 그에 힘입어 편안하게 되는 文武兼全의 인물이 또한 있는 법이다. 이 사람이 바로 판삼사사인 최영이라고 목은은 말하고 있다.[456]

牧隱은 "천하 사람들은 시대의 안위에 따라서 각각 그 한쪽에 주의를 하게 되는 것"이라며 이 단락을 맺고 있다. 이것은 "천하가 평안하면 재상에게 관심을 두고, 천하가 위태로우면 장수에게 관심을 두게 마련이다(天下安, 注意相, 天下危, 注意將)."라는 『史記』의 유명한 故事에서 인용한 것으로,[457] 태평할 때에는 문신에게 관심을 기울이고 위태할 때에는 무신에게 관심을 기울인다는 말이다. 用事를 하는 이유가 짧은 글귀 속에 많은 뜻을 함축시킬 수 있는 경제적인 이유에서 사용되듯이,[458] 목은은 故事를 인용하여 간결하게 구절을 단락 짓고 있는 것이다.

안석경은 이 글을 "雋奇可誦"이라 評하고, 위에 인용한 단락이 이 글의 綱領이라고 評하였다. 그리고 李晦叔의 말을 인용하여, "이 글의 첫 단락인 文武에 대한 한 구절은 간결하면서도 갖출 것은 다 갖추고 있어서 본받을 만하다. 만약 谿谷이나 農巖이 이것을 지었다면

---

456) 『목은문고』 권12, 「判三司事崔公畵像讚」, 102면 a. "至於出將入相, 朝廷倚之爲重, 邊鄙賴之以寧, 猾畏威而伏, 寇盜聞風而退縮, 求之今日, 判三司尤其傑然者也."

457) 『史記』 권97, 「酈生陸賈列傳」.

458) 송재소, 앞의 논문, 310면 참조.

반드시 자질구레한 말로 지었을 것이니, 이와 같이 磊磊할 수는 없을 것이다."459)라고 하였다. 古文의 大家로 알려진 農巖이나 張維도 이렇게 간결하면서도 의미심장하게 지을 수 없다는 삽교의 이 평은 簡雋함을 추구한 목은의 산문을 높이 평하고 있다는 방증인 것이다.

끝으로 「跋護法論」을 살펴보기로 한다. 이 글은 「護法論」이란 글의 뒤에 쓴 跋文으로, 『동문선』과 『동문집성』에 수록되어 있다. 짧은 글이므로 全文을 제시하면 다음과 같다.

> 宋나라 승상 張天覺의 「護法論」한 편의 글은 문자가 거의 1만 여 자에 이른다. 승려 僧俊이 幻菴 普濟 대선사의 명을 받들어 忠州 靑龍寺에서 重刊을 하고 나서, 묵본을 싸 들고 나에게 跋文을 써 달라고 요청하였다. 내가 그 글을 살펴보니 거의 대부분 이해할 수 없었으나, 韓氏와 歐氏를 배척하기를 좋아하는 점이 눈에 뜨였다. 그런데 한씨와 구씨로 말하면 내가 스승으로 삼는 분들이었으므로, 내가 실로 놀라움을 금치 못하였다. 비록 그렇긴 하지만 五濁惡世에서는 善을 행한다고 해서 꼭 복을 받지도 않고 惡을 행한다고 해서 꼭 재앙을 받지도 않으니, 부처가 아니면 귀의할 곳이 또 어디에 있다고 하겠는가? 아! 그러고 보면 「護法論」이 세상에 성행하는 것도 당연하다고 하겠다.460)

1만 자가 넘는 「護法論」이란 글의 跋文을 105자로 간결하게 지었다. 天覺이란 字를 가진 북송의 張商英이 歐陽脩의 排佛論과 韓

---

459) 『삽교집』, 641면. "此文首段文武一節, 簡而該, 可法. 若使谿谷農嵓 爲之, 必有纖碎語, 不能若是之磊磊也."

460) 『목은문고』 권13, 「跋護法論」, 112면. "宋丞相張天覺護法論一篇, 殆萬餘言. 釋僧俊以幻菴普濟大禪師之命, 重刊于忠之靑龍寺. 旣訖, 携墨本, 求予跋其尾. 予觀其辭, 率不可解, 然喜闢韓歐氏. 韓歐氏, 吾所師也, 吾實駭焉. 雖然, 五濁惡世, 爲善未必福; 爲惡未必禍, 非佛, 何所歸哉. 嗚呼! 護法論宜其盛行於世也."

愈・程伊川 등의 불교관을 배척하기 위하여 지은 글이 「호법론」이다. 이 「호법론」에는 유교・불교・도교 三敎의 우열을 논하면서 비유법을 사용하여 유교는 피부의 질환을 고치기 위한 것이고, 도교는 혈맥의 질환을 고치기 위한 것이며, 불교는 골수의 질환을 고치기 위한 것이라 하여, 불교의 우수성을 강조하고 있다. 이 「跋護法論」은 승려 僧俊이 慧勤의 수제자인 幻菴(1320~1392)의 명으로 青龍寺에서 重刊을 하고 목은에게 跋文을 청탁한 것이다.

　牧隱은 장상영의 「護法論」에서 자기가 스승으로 간주했던 한유와 구양수에 대해 비판적으로 쓰여 있는 것을 보고서 놀라움을 금치 못했다고 자신의 심정을 피력해 놓고 있다. 그 글을 보니 대부분 이해할 수 없었다고 謙辭를 표하긴 했지만, 그 이유보다는 아마 한유와 구양수를 배척했던 것이 이 글을 이렇게 간결하게 만든 이유 가운데 하나임은 분명할 것이다.

　목은은 앞 절에서 보았던 '雖然'이라는 轉折의 접속사를 사용하여 논의를 전환시키고 있다. 인류의 수명이 8만 세에서 점차 감소되어 100세도 못되는 때에 이르면, 劫濁・見濁・煩惱濁・衆生濁・命濁 등 다섯 가지의 고통과 죄악이 이 세상에 가득 찬다는 五濁惡世에서는 善을 행한다고 해서 꼭 보답을 받는 것도 아니요, 惡을 행한다고 해서 반드시 재앙을 받는 것도 아니라고 하였다. 이 글을 지은 연도가 명시되어 있지 않아 정확한 연도를 파악할 수는 없으나, 청룡사 惠禪師가 경성에 오는 편에 환암의 글을 지니고 와서 목은에게 「幻菴記」라는 記文을 지어 줄 것을 청한 것이 우왕 4년(1378)이니,[461] 대략 그 무렵일 것으로 추정된다. 그렇다면 목은의 이러한 언급은 당시 이인임 일파에 의해 이루어지고 있는 어지러운 사회상

461) 『목은문고』 권4, 「幻菴記」, 33면.

황을 우회적으로 드러내고 있는 것이다. 그러니 불교에서 말하는 말
세에는 귀의할 곳이 부처밖에 없으니, 「護法論」이 세상에 성행하는
것은 당연한 일로 여겨 강한 정감을 기탁하여 感慨로 글을 마무리
하였다. 수십 자밖에 되지 않는 짧은 글 속에 깊은 의미가 함축되어
있는 것이다.

송백옥은 이 글을 두고, "의미는 남김없이 다 말했으나 말은 간
결하고, 감개로 끝 부분을 맺었다."462)고 평을 붙여 놓았다. 간략
함 속에 말하고자 하는 의도는 이미 다 드러나 있다는 것이다.

牧隱은 표현해 내려는 작가의 의도를 문장의 전면에 드러내지
않고, 표현하려고 하는 사실들 가운데 필요한 정점만을 드러냄으
로써 주제를 선명하게 부각시키면서 의미를 깊이 있게 함축할 수
있는 簡雋한 글쓰기에 뛰어났던 것이다. 簡雋은 古文에서 추구하
는 글쓰기로, 古文을 애호했던 목은 역시 간결하면서도 의미심장
한 簡雋에 뛰어날 수 있었던 것이다.

3) 對比와 對偶에 의한 主題 浮刻

對比와 對偶는 거시적으로 보았을 때는 비슷하다. 즉 비교한다
는 측면에서는 서로가 유사하기는 하지만, 對偶가 言語形式에 치
중하는 것인 반면 對比는 언어형식에는 엄격하지 않고 내용이 대
립적이어야 함으로 양자는 차이가 있다고 하겠다.463) 본 고에서는
對比와 對偶를 나누어 고찰하기로 한다.

---

462) 『동문집성』 87면. "意盡言簡, 末段感慨係之."
463) 왕홍, 앞의 책, 785면; 김종섭, 「蘇轍 散文 硏究」, 서울대 박사논문,
     1995, 278면.

① 對 比

對比는 서로 다른 사물이 대립적인 속성을 지녔거나 같은 사물
이 모순된 면을 가졌을 경우 이를 비교하는 방법이다. 동일한 사
물의 같지 않은 두 개 방면 또는 두 가지의 서로 상반되거나 모순
되는 사물을 한곳에 늘어놓아 대조와 비교를 통해 강조하고자 하
는 목적이 있다.464) 이러한 수사법은 사물의 특징을 돌출시키거나
명확한 판단을 표현함으로써 선명한 인상을 부여하며, 어느 한쪽
이 상대적으로 浮刻되는 강조의 효과가 있다. 對比의 대상에 따라
몇 가지 양상으로 나누어 살펴보기로 한다.

먼저 서로 다른 사물을 對比하고 있는 예이다.

> 우리나라의 국토는 삼면이 모두 바다로 둘러싸인 가운데 북쪽
> 으로 長白山과 연결되어 있다. 그런데 바다에 붙어 있는 州縣들
> 마다 예외 없이 樓臺가 휘황하게 서 있기 때문에 관원들의 행차
> 가 끝없이 이어지면서 이곳에서 유람하고 춤추며 노래하는 일이
> 행해지곤 하였다. 그리하여 사계절 내내 즐겁게 노니는 일이 끊이
> 지 않은 채 마치 하루처럼 수백 년의 세월이 그렇게 흘러갔다.
> 그러다가 바다에 도적 떼가 일어나 한 달이 지나고 한 해가 갈
> 수록 더욱 극성을 부리기 시작하면서부터는 밤낮으로 烽燧가 이
> 어지고 추운 때나 더운 때를 가릴 것 없이 군대가 출동하게 되었
> 다. 그리하여 바다를 끼고 있는 곳은 온통 해골로 뒤덮인 채 황폐
> 해지고 말았으니, 더군다나 樓臺라고 하는 곳이야 더 말할 것이
> 있겠는가? 그저 황량한 폐허 속에 여우와 토끼만 뛰노는 곳이 되
> 고 말았으므로, 지나가는 이들이 눈물을 훔칠 따름이다.465)

---

464) 왕홍, 위의 책, 752면.

465) 『목은문고』 권3, 「谷州公館新樓記」, 27면 a. "我國壤地, 三面大海,
北連長白山. 附海州縣, 樓臺相輝, 冠蓋相望, 游觀歌舞. 四時之樂不

이 글은 동쪽으로는 交州道(강원도)와 연결되고 북쪽으로는 평양부와 경계를 접하고 있는 谷山 고을의 公館에 관한 記文이다. 당시 이 고을을 맡아 다스리던 尹商發은 公館이 여염집으로 둘러싸여 있어 빈객이 찾아와도 어디에 올라가서 관람할 곳이 없기 때문에 마치 우물 속에 들어앉아 있는 것처럼 답답하기에 새로 公館을 지으려 했으나 완성을 보지 못하자 후임자가 완성을 하였다. 이 단락은 이렇게 누각을 지은 경과에 대한 敍事에 이어지는 부분이다.

牧隱은 이 글이 谷州에 있는 공관에 대한 이야기인데도 곧바로 谷州에 관한 언급으로 단락을 이어가지 않고 있다. 谷州는 지금의 황해도 북동부에 위치한 내륙지방이다. 바다와는 전혀 상관이 없는 지리적 위치를 지니고 있다. 하지만 목은은 바닷가 주변의 고을로 논의를 풀어가고 있는 것이다. 먼저 우리나라는 三面이 바다로 둘러싸인 半島國이라는 지리적 여건 때문에 바다에 붙어 인접해 있는 고을들은 휘황찬란한 樓臺를 세우고 관원들은 끊임없이 왕래하며 樓臺 위에서 즐겁게 노니는 상황에 대해 이야기하고 있다. 그런데 이야기는 거기서 끝난 것이 아니라 언젠가 바다에 도적 떼가 발생한 뒤로는 밤낮으로 烽燧가 이어져 마을이 온통 해골로 뒤덮여 황폐해지고 말았다는 것이다. 그러니 樓臺는 더욱 황폐해졌을 것은 말할 나위도 없는 것이다. 마을에 위치한 樓臺를 중심으로 이야기를 서술하고 있다.

그런데 목은은 앞 단락의 敍事와 달리 이 단락에서는 4자구나

絶, 數百年如一日也. 自海盜興, 歲增月益, 烽燧連晝夜, 甲冑無寒暑. 控海之地, 骸骨而已矣, 汚萊而已矣, 況其所謂樓臺者乎? 丘墟狐兔, 過者流涕."

5자구의 정제된 구문을 활용하여 바닷가 주변 마을들의 상황을 대조적으로 설명하고 있다. 즉 도적이 발생하기 전의 상황과 발생 후의 상황을 대조적으로 그리면서 도적 떼로 인해 발생하는 폐해들을 부각시키고자 한 것이다. 더구나 마지막의 "그리하여 사계절 내내 이들 樓臺 위에서 즐겁게 노니는 일이 끊이지 않은 채 마치 하루처럼 수백 년의 세월이 그렇게 흘러갔다."와 "그저 황량한 폐허 속에 여우와 토끼만 뛰노는 곳이 되고 말았으므로, 지나가는 이들이 눈물을 훔칠 따름이다."라는 두 구절은 비유를 통한 對比를 활용해서 극한 상황을 보다 선명하게 표현하고 있다. 이러한 극한 상황을 對比的으로 제시한 것은 다음에 이어지는 谷州에 대한 본격적인 설명을 위한 예비적인 장치인 것이다.

그런데 谷山 고을로 말하면, 京都에서 북쪽으로 300리쯤 되는 거리에 위치하여 바다와는 아주 멀리 떨어져 있기 때문에 백성들이 烽燧라는 것을 알지 못함은 물론이요, 그저 아침저녁으로 꼬박꼬박 끼니를 거르지 않으면서 봄과 가을로 밭을 갈고 거두는 이외에는 따로 할 일이 하나도 없었으니, 이곳의 수령된 자들이야말로 政事를 번거롭게 할 것도 없이 공을 손쉽게 이룰 수 있으리라는 것은 충분히 알 수 있다고 하겠다. 그러니 우리 김공처럼 仁으로써 어루만져 주고 義로써 법을 시행하여, 백성이 쉽게 안정을 찾게 하고 일이 용이하게 이루어지도록 하는 경우에야 더 말해 무엇 하겠는가?466)

谷州는 바다와 아주 멀리 떨어져 있는 내륙 지역이라 백성들이 烽燧라는 것 자체를 알지 못한다고 했다. 더구나 그저 아침저녁으

---

466) 같은 곳. "谷之州, 在京都北可三百里, 去海甚遠, 其民不知烽燧, 朝夕饗飱; 春秋耕穫, 外無一事, 爲其守令者, 政不煩而功易就, 可知也. 況其仁以撫字; 義以施爲, 民易寧; 事易輯, 如金公者哉?"

로 꼬박꼬박 끼니를 거르지 않으면서 봄과 가을로 밭을 갈고 거두는 일 외에는 따로 할 일이 하나도 없었을 정도로 한가롭고 고요한 마을로, 杜甫의 표현을 빌리자면 '事事幽'한 마을인 것이다. 목은은 谷州의 이러한 살기 좋은 환경을 부각시키기 위해 谷州와 對比가 되는 바닷가 州縣을 먼저 제시하고 있는 것이다. 일종의 반대 면을 묘사함으로써 다른 면을 드러내고자 하는 수법을 사용해 谷州라는 마을이 바닷가의 마을보다 훨씬 살아가기가 좋다는 것을 對比를 통해 부각시키고 있는 것이다.

이 외에도 서로 다른 사물을 對比하여 주제를 부각시키려고 한 용례는 여러 곳에서 자주 보인다. 하나만 더 예로 들어보기로 한다.

> 대개 조정이 맑고 밝아서 윗사람이나 아랫사람이나 평화롭고 안정된 생활을 하게 되면 관리는 자신의 직분을 즐거운 마음으로 수행하고 백성은 자신의 생업에 충실하게 될 것이니, 이런 때에 樓臺나 亭子가 있지 않다면 태평시대의 장관을 무엇으로 형용할 수 있겠는가?
> 반면에 법령이 가혹하고 사나우며 세금을 거두는 것이 번거롭고 무거우면 백성들은 들판에서 탄식하고 관리들은 관청에서 곤욕을 치를 것이니, 이런 때에 비록 樓臺나 亭子가 있다 한들 어찌 혼자서 즐길 수가 있겠는가?[467)]

이 글은 水原府에 있는 客舍의 池亭에 대해 지은 記文이다. 목은은 이 단락에 앞서 연못 속의 樓臺나 언덕 위의 亭子가 모두

467) 『목은문고』 권4, 「水原府客舍池亭記」, 31면 c. "蓋朝廷淸明, 上下豫安, 則吏樂其職; 民安其生, 非有池臺坡榭, 何以形容大平之盛觀哉? 法令苛暴; 賦斂繁重, 則民咨於野; 吏困於官, 雖有池臺坡, 豈能獨樂哉?"

노닐면서 감상하는 곳이니, 世道와 관계가 없다고 말한다. 그렇긴 하지만 국가가 다스려지고 어지러워진 자취라든가 州縣이 흥하고 폐하게 된 사유 등을 이 樓臺를 통해서 알 수 있다[468]고 하면서, 논지를 전개해 나간다.

그리고는 이어서 樓臺의 존재를 중심으로 태평시대와 혼란한 시대를 대비적으로 그리고 있다. 태평시대에는 이 樓臺에서 장관을 즐겨야 하는데 樓臺가 없으면 그러한 장관을 즐길 수가 없을 것이요, 반대로 백성들이 살기 어렵고 관리들 역시 힘든 생활이 이어진다면 비록 樓臺가 있더라도 즐길 수가 없다는 것이다. 樓亭을 중심으로 평화롭고 안정된 시대와 법령이 가혹한 어지러운 시대의 對比를 통해 목은이 말하고자 하는 의도를 효과적으로 전달하고 있는 것이다. 결국 樓臺란 朝廷이 맑아서 관리는 자신의 직분을 즐거운 마음으로 수행하고, 백성은 자신의 생업에 충실할 수 있는 태평시대에 존재의 의의가 있다는 것이다.

牧隱은 이 단락의 끝 부분에, "그리고 보면 수원부에 새로 지은 亭子에 어찌 記文이 없어서야 되겠는가?"[469]고 언급하고 있는데, 이것은 수원부의 亭子가 이러한 조건에 알맞음을 드러내고, 이어서 관리가 백성을 괴롭히지 않고 자신의 직분을 다해 亭子를 세우는 과정을 제시함으로써 목은이 여기서 무엇을 제시하고자 했는지의 서술의도를 잘 드러내 보이고 있다.

다음은 서로 다른 인물을 對比하고 있는 경우이다.

---

468) 같은 곳. "池臺坡樹, 遊翫之所也. 於世道何與焉? 然國家理亂之迹, 州縣興廢之由, 於是乎在."
469) 같은 곳. "然則水原府新亭之作, 可無記乎?"

다행히 청명한 기운이 성한 때에 태어나서 태평시대를 만나게
될 경우에는 살아서는 聖賢이 되고 죽어서는 밝은 신명이 되어
當世에 명성이 넘칠 것이요, 후세에도 끝없는 은택을 끼쳐 주게
될 것이다.

그러나 불행히도 濁亂한 기운이 성한 때에 태어나서 쇠퇴의 길
로 접어든 말세와 맞닥뜨리게 될 경우에는 걸핏하면 禍만 뒤따를
뿐이요, 얻는 것보다는 잃는 것이 많게 된 채 그저 목숨만 유지하
다가 허망하게 죽고 말 따름이니, 이 또한 너무나도 애처로운 일
이 아니겠는가?470)

이 글은 惕若齋 金九容이 공민왕 20년(1371)에 江陵道 按廉使
로 부임해 가는 것을 전송하며 지어 준 글이다.471) 목은은 "하늘
과 땅이 생긴 이래로 청명한 기운과 濁亂한 기운이 서로 그 사이
에서 쇠했다 성했다 하는 현상을 보이고 있으니, 비록 호걸스러운
인사라 할지라도 '홀로 우뚝 서서 변화를 받지 않는' 경우는 매우
드물다고 하겠다."472)는 말로 서두를 시작하였다. 즉 사람은 시대
의 淸濁과 관계될 수밖에 없다는 것이다. 그리고는 淸明한 기운이
성한 태평시대와 반대로 濁亂한 기운이 성한 말세와의 對比를 통
해 그러한 각각의 시대에 일어날 수 있는 일을 대비시킴으로써 발
생할 수 있는 정반대의 결과를 부각시키고 있다. 끝으로 "이 또한

---

470) 『목은문고』 권7, 「送江陵道按廉金先生詩序」, 55면 d. "幸而與淸明
之氣相遭乎大平之世, 則生爲聖賢, 沒爲明神, 聲孚于時, 流澤之罔
極也; 不幸而與濁亂之氣相薄乎衰否之季, 則動而禍隨之, 得不竝失,
徒生徒死, 不亦可哀之甚哉?"

471) 『목은문고』에는 저작 연도가 실려 있지 않으나, 『惕若齋集』의 「先
君惕若齋世係行事要略」에 의하면 "歲辛亥, 拜民部議郞兼成均直講.
秋, 承命爲江陵道按廉使."라는 기록이 나와 있다.

472) 『목은문고』 권7, 「送江陵道按廉金先生詩序」, 55면 d. "有天地來, 淸
明濁亂之氣, 相爲消長於其間, 雖豪傑之士, 卓然不爲所變者甚鮮."

너무나도 애처로운 일이 아니겠는가?"라는 탄식을 제시하여, 다음
에 이어지는 내용이 어떠한 것인가를 독자가 미리 알 수 있게 하
고 있다.

다만 叔氏의 경우로 말하면 역적 辛旽이 사납게 날뛰는 날을
당하여 영민하고 예리한 그 기질을 스스로 억누르지 못하는 점이
있었다. 그리하여 이따금씩 그 기질을 발휘하면서 분연히 일어나
빈손으로 맹수를 때려잡고 맨주먹으로 날카로운 칼날에 맞서려
하다가 끝내 화를 당한 나머지 그만 목숨을 잃고 말았다.

반면에 敬之는 편안한 마음으로 조용히 거하면서 外物과 갈등
을 빚는 일이 없이 洙泗의 가르침을 깊이 음미하였는데, 그 綱領
과 條目이 모두 『大學』 속에 들어 있다고 생각하고서는 아침저녁
으로 반복하여 공부하면서 빈틈없이 몸에 익혔다. 그리하여 事變
에 응수할 적에도 한결같이 이에 입각해서 자신을 드러낸 결과,
이른바 自慊이라고 하는 것에 대해서 전혀 유감이 없게 되었으니,
내 속에 들어 있는 기운을 배양함으로써 저 濁亂한 기운에 녹아
나지 않게 된 것을 알 수 있다고 하겠다.[473]

牧隱은 濁亂한 기운이 성행한 시대를 살고 있는 두 인물에 대
해 기술하고 있다. 安東 金氏 형제 가운데 伯氏인 金九容과 叔氏
인 金齊顔은 두 분 모두 총명하여 뛰어난 자질을 지니고 있다는
점은 동일하나, 행동에 있어서 차이를 보이고 있다. 叔氏인 김제안
은 역적 辛旽이 횡행하던 시절에 자신의 영민한 기질을 억누르지

---

473) 『목은문고』 권7, 「送江陵道按廉金先生詩序」, 56면 a. "而叔氏當逆
旽跋扈之日, 不能抑其英銳之氣, 時而用之, 奮然欲以赤手擊猛獸,
空拳御利刃, 卒罹其禍, 而隕其身. 敬之則恬靜自居, 不牾於物, 深有
味於洙泗之旨, 以爲綱目盡在大學書, 朝夕反復, 體之周密. 酬應事
變, 一於是而發之. 故其所謂自慊者, 已無遺恨, 其所以培養在吾之
氣, 而不爲彼氣之所爍焉者, 蓋可知已."

못해 그만 죽음을 당하고 말았다는 것이다. 목은은 김제안이 신돈의 권력에 도전하는 것은 "빈손으로 맹수를 때려잡고 맨주먹으로 날카로운 칼날에 맞서려는 것이다."라는 비유적 수법을 사용하여, 기질을 스스로 억누르지 못한 점을 드러내고자 하였다. 공자가 子路에게 말한 "暴虎憑河한 자와는 함께하지 않을 것이다."라는 언급을 연상하게 하는 대목이다.

이에 반해 金敬之는 편안한 마음으로 조용히 거하면서 『大學』의 綱領과 條目을 몸에 익혔다. 목은은 다른 글에서도, "김경지가 학생들을 가르치고 틈이 날 때면 언제나 조용한 곳으로 물러 나와 하루에 한 장씩 正書하면서 한더위에도 멈추지 않는 것을 보고는 내가 더욱 중히 여기는 마음을 갖게 되었다."474)고 하여, 그의 학문적 열의에 탄복한 바 있다. 이러한 그의 학문적 수양으로 인해 外物과의 갈등을 빚는 일이 없게 되고, 그 결과 일의 변화에도 한결같을 수 있었던 것이다. 그리하여 自慊에 전혀 유감이 없게 되었다는 것이다. 自慊은 『大學』 「誠意章」에 있는 "뜻을 참되게 한다는 것은 자신을 속이지 않는다는 말이다."475)라는 것으로, 자신의 마음에 비추어 볼 때 부끄러움이 없이 만족스럽게 된 것을 의미한다. 목은은 자신의 기질을 억누르지 못한 김제안과는 달리 자기 속에 들어 있는 기운을 배양함으로써 濁亂한 기운에 녹아나지 않는 김구용이라는 인물의 특징을 선명하게 드러내기 위해 두 인물을 비교하는 對比의 수법을 쓰고 있는 것이다.

이어서 목은은 강릉도의 백성은 순박하고 업무가 간소한데다 기

---

474) 『목은문고』 권13, 「跋及菴詩集」, 111면 d. "每見敬之受徒餘暇, 輒屛靜處, 日書一紙, 暑不輟, 予益重之."
475) 『大學』, 「誠意章」, 25면 b. "所謂誠其意者, 毋自欺也."

이하고 그윽한 경치가 또 빼어나서 천하의 으뜸인 까닭에, "按廉使가 되기를 희망하는 사람들은 모두 이곳을 얻어서 즐겨봤으면 하고 바라는 터이다. 그런데 김경지 자신은 이를 평범한 일처럼 간주하기만 할 뿐 근심스러운 기색도 용모에 나타내지 않고 기쁜 표정도 안색에 드러내지 않고 있으니, 이것은 이른바 '홀로 우뚝 서서 변화를 받지 않는' 경우와 가까운 것이 아니겠는가?"476)고 하여, 내면의 기운을 배양함으로써 外物과 갈등을 빚는 일이 없는 김구용의 인물됨을 實例를 들어 제시하고 있다. 그러면서 서두에 제시한 "'홀로 우뚝 서서 변화를 받지 않는' 경우는 매우 드물다."는 일반 상황과는 대비되는 "'홀로 우뚝 서서 변화를 받지 않는' 경우"인 김구용의 개별상황을 제시함으로써 개별인물에 대한 특징을 더욱 선명하게 보여주고 있다고 하겠다.

이렇듯 서로 다른 인물을 對比시켜 한 인물의 특징을 부각시키는 경우도 있으나, 다음의 경우는 서로 다른 인물의 특성을 제시하여 동시에 두 인물을 부각시키고 있다.

지금 全君이 위엄과 은혜를 병행하여 백성을 어루만져 안정시키는 일을 알맞게 행하는 한편, 힘없는 주민들을 성가시게 하지 않고서도 우리 국가에서 이룬 태평시대의 아름다움을 널리 보여주기에 이르렀다.
그리고 安君 역시 자신의 직분에 따라 백성의 풍속을 제대로 관찰함은 물론이요, 타인의 훌륭한 점을 또 즐겨 말하고 있으니 이것도 모두 기록할 만한 일이라고 하겠다.477)

---

476) 『목은문고』 권7, 「送江陵道按廉金先生詩序」, 56면 b. "爲按廉者之所願得而樂爲者, 敬之自視如平時, 憂不介乎容, 喜不形乎色, 殆所謂卓然不變者歟?"
477) 『목은문고』 권4, 「水原府客舍池亭記」, 31면 d. "今全君威惠竝至,

앞서 보았던 水原府 客舍의 池亭記이다. 이 池亭을 세운 全成安은 관가에서 비용을 조달하지도 않았고 백성들에게 일을 시키지도 않았다. 그래서 亭子가 완성되었을 때 고을 사람들이 이것을 보고는 서로를 돌아보며, "어쩌면 이렇게도 쉽게 이루어졌단 말인가? 아마도 귀신이 와서 도와준 것이 틀림없다. 우리에게 일을 시키지도 않고서 어떻게 이처럼 만들 수 있었단 말인가?"478)라고 말하고 있다. 목은은 백성을 어루만져 주고 배려한 全成安의 이러한 백성을 부릴 줄 아는 능력에 중점을 두었다.

그리고 전성안이 내직으로 옮겨가고 安君이 안찰하러 나왔는데, 安君은 전성안의 능력을 높이 평가하고 목은에게 이러한 史蹟이 후세에 전해지도록 記文을 부탁한다.479) 목은은 안군의 이러한 행동이 "군자는 남의 좋은 점을 키워주고 남의 나쁜 점을 키워주지 아니한다."480)고 한 孔子의 언급처럼, 군자다운 행동에 적합하다고 생각한 것이다. 즉 安君이 타인의 훌륭한 점을 즐겨 말하려고 한 점을 높이 평가하고 있는 것이다. 이처럼 목은은 두 인물의 대조적인 면을 부각시키기보다는 두 사람의 훌륭한 점을 對比시켜 동시에 각각의 특징을 드러내고자 하였다. 이러한 수법은 일반적인 對比와는 다소 차이를 보이는 점이기도 하다.

撫集得宜, 又能不煩細民, 廣我國家大平之美. 安君職察民風, 樂道人善, 皆可書也."

478) 같은 곳. "府理東北隅, 舊有池, 蕪處已久. 全君成安爲守時, 慨然有志於興復, 乃鑑而深之, 中爲島以翼新亭. 財不出於官, 役不及於民. 及其成也, 州人見之, 相顧驚駭, 以爲何其成之易耶? 必異物之來相也. 何不吾役而能若此也? 全君其知使民者歟."

479) 같은 곳. "會全君內遷, 而秘書少監安君, 出按楊廣道. 嘉全君爲政之能, 走書於予曰, 全氏之迹, 不泯而傳之後, 惟在於文, 子毋辭諸."

480) 『論語』 권12, 「顔淵」, 303면. "子曰, 君子成人之美, 不成人之惡."

다음은 한 인물의 행동을 서로 對比하고 있는 예이다.

中書君은 젊은 나이에 조정에 몸을 담고서 화려한 관직과 侍從의 직책을 차례로 거쳤으므로 사람들이 영광스럽게 여겼는데, 정작 중서군 자신은 이를 영예로 여기지 않았다.
그리고 조정에서 물러나서는 아침저녁으로 부모님 모시는 데 정성을 다하고 형제간에 우애하고 공경하였으므로 집안에 항상 和氣가 감돌아서 참으로 볼만한 점이 있었는데도 정작 자신은 늘 뭔가 부족한 듯이 느끼기만 하였다.481)

이 글은 어버이를 찾아뵈러 가는 朴中書를 전송하면서 지어 준 글이다. 이 글이 조정에서 배척당해 대부인을 만나러 떠나는 친구의 부탁으로 지어진 글이기 때문에 다소 무거운 주제를 다룰 수도 있겠으나, 목은은 오히려 다소 해학적으로 글을 전개시키고 있다. 즉 '올바른 교우 관계는 어떠해야 하는가?'라는 문제 제기로 서두를 시작하고 있는 것이다. 붕우관계가 형세 때문에 이루어진 경우라면 서로 안다고 해야 그저 안면밖에는 없을 것이다. 따라서 마음으로 합쳐져야만 의로운 교우관계가 성립된다고 할 것이니, 그런 뒤에야 서로 아는 것도 비로소 지극해질 것은 당연한 일이다. 그런데 자신과 박중서의 관계를 뒤돌아본다면 서로를 아는 것이 지극하다고 해야 할 것인가? 아니면 아직도 미흡한 점이 있다고 해야 할 것인가482)라고 反問을 던지는 것으로 서두를 열어가고 있다.

481) 『목은문고』 권7, 「送朴中書歸覲序」, 56면 c. "中書君束髮立朝, 游歷華近, 人榮之, 而不自榮. 退而朝夕溫淸, 兄弟友恭, 靄乎可觀, 而常若有所慊然者."
482) 같은 곳, b~c. "朋友以勢合, 相知者徒面而已. 以心合是義交也, 然後相知, 始爲至矣. 予於朴中書, 知之至耶? 抑猶未也?"

그리고서 위의 인용문을 제시하여 박중서에 대해 아는 것을 가지고 질정하겠다고 하면서 벼슬을 하는 것과 벼슬에서 물러나서의 삶을 對比的으로 형상화하고 있다. 다음 단락에서 자세한 설명을 더하기 위해 목은은 이 부분에서는 간략한 對比만을 제시하였다. 이 단락에서 목은이 힘을 쏟고자 한 것은 일반적 상황과 박중서 개인의 상황을 대비적으로 묘사함으로써 박중서의 인품을 부각시켜 드러내고자 한 것이다. 즉 모든 사람들은 조정에서의 화려한 관직을 영광스럽게 여기는데 박중서는 영예로 여기지 않았으며, 조정에서 물러나서는 부모님에게 정성을 다하고 형제간에 우애가 있어 집안에 늘 和氣가 감돌아 참으로 볼만한 점이 있는데도 박중서는 뭔가 부족함을 느끼고 있다는 대비적 상황을 설정함으로써 일반인과 다른 서술대상의 인물에 대한 형상화에 집중하고 있는 것이다.

中書君이 조정에 있을 때에는, 자신의 직무를 극진하게 수행할 것만을 생각하여 마땅히 해야 할 일이 있으면 하지 않는 일이 없었다. 그리하여 아침에 출근하고 저녁에 숙직하는 모든 일에 있어서 흐트러지는 모습을 보이지 않고 갈수록 성실한 모습을 보여주기만 하였다. 그러니 자신이 쓰이건 버려지건 승진하든 쫓겨나든 간에 그것이 자기와 무슨 상관이 있어서 영욕으로 삼을 가치가 있다고 생각했겠는가? 이것이 중서군의 마음이라 할 것이다.
그리고 중서군이 집에 있을 때에는, 부친을 깍듯이 모시면서 애모하고 공경하는 일을 모두 극진히 하였다. 하지만 그런 가운데에서도 慈堂이 멀리 향리에 떨어져 계신 것을 생각하노라면, 부모님을 한집안에 같이 모시고서 형제가 서로 그 아래에서 아이처럼 재롱을 부리고 싶은 생각이 어찌 들지 않았겠는가? 이것이 바로 중서군의 마음이라 할 것이다.483)

朝廷에서의 삶의 방식과 조정에서 물러나서의 삶의 방식을 對比的으로 그리고 있다. 朴中書는 조정에 출사했을 때에는 자신에게 주어진 일에 언제나 충실한 관료였다. 자신이 해야 할 일이 있으면 그 일을 할 뿐이지 그 이외의 결과, 즉 자신이 쓰이건 버려지건 승진하든 쫓겨나든 간에 그것은 자기와 아무런 상관이 없어서 영욕으로 삼을 가치도 없다고 여겼다는 것이다. 君子的 면모를 형상화하고 있는 것이다. 그리고 벼슬에서 물러났을 때에는 한집에 모시지 못하고 멀리 떨어져 계시는 慈堂을 언제나 그리워하는 효성스런 아들이었다. 보통의 對比는 내용이 정반대인 것을 제시하여 쌍방의 차이점을 분명하게 설명하고자 하는 것이 일반적인 대비의 방법이다. 하지만 목은은 상반적인 모습보다는 주어진 상황에 따른 행동의 변화를 서술하여 그 인물의 특징을 동시에 부각시키고 있다.

牧隱은 이어서 忠과 孝에 대해 대비적으로 논지를 전개시켜 나가다가, "이쯤 이야기를 했으면 내가 박중서를 아는 것이 지극했다고 할 것인가? 아니면 그렇지 않다고 할 것인가?"라고 自問하면서, "아마도 박중서가 갔다가 돌아오면 자기를 알아준다고 나에게 復命할 것도 같은데, 뒷날에 가서도 박중서가 나를 저버리지 않는다면 나를 知己로 알아주는 것이 또한 의심할 여지가 없다고 할 것이니, 그때 가서는 내가 그에게 序文을 청해 볼까 한다."[484]는

---

483) 같은 곳, c. "蓋於朝, 則思盡己之職, 當爲無不爲, 朝衙夕直, 不懈益慶而已. 用舍升黜, 何與於我, 而足以爲榮辱乎? 此中書之心也. 於家, 則祇事嚴顏, 愛敬俱至. 然念慈堂遠在鄉里, 豈若父母同處一堂之上, 而吾兄弟子, 相與兒於其下乎? 此中書之心也."

484) 같은 곳, d. "予之知中書也, 至乎否也? 中書歸, 其以知我者復我也. 他日中書不予棄, 則知己我也無疑, 請以爲序."

다소 諧謔이 섞인 말로 글을 맺고 있다. 서두에서 제시한 의문을 마지막에 답을 제시함으로써 글의 均衡美를 느낄 수 있게 하였다. 동시에 이 글은 다소 어려운 상황에 처해 있는 친구인 박중서의 상황을 해학적 수법을 동원하여 위로하고자 했으며, 대비적 수법을 사용하여 그 인물이 지닌 다양한 측면을 對比하여 제시함으로써 대상 인물의 특징을 도드라져 보이게 하고 있다.

높은 산을 보지 않고서는 평지가 있다는 것을 알지 못하듯이, 사물의 특성은 對比를 통해 더욱 뚜렷하게 드러낼 수 있는 것이다. 牧隱은 자신이 나타내고자 한 뜻을 더욱 효과적으로 전달하기 위해 서로 다른 사물이나 인물, 또는 동일한 인물의 다른 행동을 對比하는 수법을 즐겨 사용하고 있다. 목은은 이러한 對比를 통해 자신이 제시하고자 했던 주제를 더욱 강하게 제기하고자 한 것이다.

② 對 偶

對偶는 본래 韻文에서 비롯된 것으로, 구성·字數가 서로 같거나, 語義가 서로 비슷하거나 반대되는 두 개의 句나 節을 나란히 두는 수사방법이다.[485] 對偶에 관해서는 일찍이 劉勰(465~552)이 다음과 같이 언급했다.

자연이 부여한 형체는 사람의 팔과 다리처럼 반드시 쌍을 이룬다. 그러한 조화의 작용은, 사물이란 고립적이 아니라는 사실을 드러내 준다. 문학작품을 창작함에 있어서도 구상하고 모색하는 가운데 여러 방면에 대해 많은 고민을 하게 되는데, 이때 높고 낮음과 위와 아래가 서로 배합되어 자연스럽게 對偶를 구성한다.[486]

485) 왕홍, 앞의 책, 791면.

유협은 사람의 팔과 다리가 雙을 이루어 만들어졌듯이, 문학작품을 창작함에 있어서도 여러 가지 장치 가운데 對偶가 나오는 현상은 자연이 부여한 자연스러운 것이라고 언급하고 있다.

이처럼 자연스러운 對偶는 문학의 장르 구분 없이 여러 분야에서 다양하게 쓰이고 있는데, 對偶의 종류는 일반적으로 내용과 형식상으로 나눌 수 있고, 성분과 句와 단어로 나누는 경우도 있다.[487] 즉 문장 내의 구성성분이 서로 대칭을 이루는 성분적 對偶와 이보다 작은 범위에서 句가 서로 대칭을 이루는 문장 격식의 對偶, 그리고 쓰인 단어가 서로 대칭을 이루는 단어의 對偶로 나눌 수 있는데, 단어의 대우는 형식적 對偶 · 내용적 對偶 · 음운적 對偶로 세분화시킬 수도 있다. 성분적 대우로는 主語와 謂語로 이루어진 主謂對偶 · 動詞와 賓語로 이루어진 動賓對偶 · 수식구조로 이루어진 修飾對偶 등이 있다. 문장 격식의 對偶로는 앞의 한 구절과 뒤의 한 구절이 대를 이루는 單句對와 두 개의 구절이 한 조가 되어 앞뒤로 서로 짝을 이루는 雙句對 등이 있으며, 단어의 내용적 대우로 典故를 사용한 典故對와 비유를 사용한 比喩對 등이 있다. 牧隱의 散文에서는 對偶가 쓰이지 않은 작품이 없을 정도로 많은 對偶를 사용하고 있는데, 위에 제시한 對偶를 하나하나 세분화시켜서 논하지 않고 對偶가 가장 잘 드러난 몇 작품을 대상으로 분석해 보기로 한다.

먼저 전편에 걸쳐 對偶가 고르게 보이고 있는 작품을 살펴보기

---

486) 『文心雕龍』, 「麗辭」 제35장, 154면. "造化賦形, 支體必雙. 神理爲用, 事不孤立. 夫心生文辭, 運裁百慮, 高下相須, 自然成對."

487) 成偉鈞 · 唐仲揚 · 向宏業, 『修辭通鑒』, 중국청년출판사, 1992, 598~608면 참조; 蔣伯潛 · 蔣祖怡, 『騈文與 散文』, 上海書店出版社, 1997, 163~171면 참조.

로 한다. 한 편에서 작가가 얼마나 많은 對偶를 적절히 사용하고 있는지를 살펴보면 그 작가의 對偶에 대한 愛用度도 확인할 수 있을 것이다. 다음은 「送楊廣道按廉使安侍御詩序」488)에 구사된 對偶를 순서대로 摘出한 것이다.

㉠ 山之大; 而水之遠(산이 커서 물줄기가 멀리까지 흘러간다).
㉡ 居官; 莅事(관직에 몸을 담고, 일을 행하다).
㉢ 激頹風; 翼衰世(퇴폐한 풍속을 격동시키고, 쇠퇴한 세도를 바로잡다).
㉣ 立懦; 廉頑(나약한 자들이 지조를 세우게 하고, 완악한 자들을 方正하게 한다).
㉤ 立于朝, 如祥麟威鳳; 使于外, 如長城敵國(조정에 서면 상서로운 기린이요 위의 있는 봉황과도 같으며, 외국에 사신가면 장성이요 적국과도 같다).
㉥ 有學業; 有節操(학업을 닦고, 절조를 세우다).
㉦ 規之則妄; 頌之則諛(그에게 충고를 하면 망발이 될 것이요, 칭송을 하면 아첨이 될 것이다).
㉧ 親炙乎聖人; 朝夕乎聖訓(성인에게 가르침을 직접 받고, 성인의 가르침을 아침저녁으로 접하다).
㉨ 世德之舊; 行己之勤(오래된 世德과 근면한 자신의 행동).
㉩ 道德之在躬; 政事之成效(道德이 자신에게 있고, 政事가 실효를 이루다).

牧隱은 이 작품의 전편에 걸쳐 여러 곳에서 對偶를 사용하였다. 對偶를 놓는 방식과 종류도 고정된 것이 아니라 다양하게 사용하고 있다. 앞의 한 구절과 뒤의 한 구절이 대를 이루는 單句對(㉠ ㉡㉢㉣㉥㉦㉧㉨)를 사용하기도 하고, 두 개의 구절이 한 조가 되

488) 『목은문고』 권8, 63~64면.

어 앞뒤로 서로 짝을 이루는 雙句對(ㅁㅅ)를 사용하기도 하였다.
또한 의미가 상반된 내용을 써서 한쪽을 강조하는 강한 대조의 성
격을 띠는 것(ㅅ)과 앞뒤의 句가 서로 의미가 연계되도록 하는 방
식(ㄱㄴㄷㄹㅁㅂㅇㅈㅊ)도 쓰고 있다. 또한 문장 내의 구성성분으
로 대칭을 이루는 것으로는 主謂對偶(ㄱㅈ)와 動賓對偶(ㄴㄷㄹㅁ
ㅂㅅㅇ), 그리고 수식구조로 이루어진 修飾對偶(ㅈ)도 보인다. 이
외에도 『孟子』에서 故事를 인용한 典故對偶(ㄹ)도 사용하고 있다.
對偶를 맞추는 글자의 수에 있어서도 2字에서 8字까지 다양하게
구사하고 있다. 이 작품은 모두 402字밖에 되지 않은 단편인데,
목은은 이렇게 짧은 글 속에 다양한 對偶의 수법을 구사하여 자신
의 뜻을 간결하면서도 분명하게 전달하고 있으며, 아울러 整齊美
를 느낄 수 있게 하였다.

다음은 목은이 자신의 논점을 중점적으로 제시하고자 할 때 對
偶를 어떻게 활용하고 있는지 살펴보기로 한다. 자신의 주된 논지
를 제시하고자 하는 부분에서는 작가의 관심이 가장 집중적으로
들어갈 수밖에 없는 것이다.

> 산은 우리 仁者가 좋아하는 바이니 산을 보면 우리의 仁을 보
> 존할 수 있을 것이요, 물은 우리 智者가 좋아하는 바이니 강을
> 보면 우리의 智를 보존할 수 있을 것이다(山, 吾仁者所樂也, 見
> 山則存吾仁; 水, 吾智者所樂也, 見江則存吾智).
> 그리고 눈은 겨울에 온기를 덮어서 감싸주니 겨울에도 기운이
> 中和를 잃지 않도록 보존할 수가 있을 것이요, 달은 밤에 밝음을
> 내어 비춰주니 밤에도 몸이 다치지 않도록 보존할 수가 있을 것
> 이다(雪之壓冬溫, 保吾氣之中也; 月之生夜明, 保吾體之寧也).
> 또 바람은 팔방으로부터 각각 때에 맞게 불어주니 이를 통해서
> 우리가 함부로 행동하지 않을 수 있을 것이요, 꽃은 四時에 따라

각자 같은 종류끼리 모여서 피는 모습을 보여주니 이를 통해서 우리가 질서를 잃지 않을 수가 있게 될 것이다(風有八方, 各以時 至, 則吾之無妄作也; 花有四時, 各以類聚, 則吾之無失序也).

그런데 더군다나 敬之 氏로 말하면 가슴속이 洒落해서 한 점 티끌도 남아 있지 않은데다가, 거처하는 곳의 산과 물 역시 맑고 푸르기만 해서 밝은 거울이요 비단 병풍이라고 해도 손색이 없을 것인 데야 더 말해 무엇 하겠는가?(又況敬之氏, 胸中洒落, 無一 點塵滓, 又 其所居, 山明; 水綠, 謂之明鏡;錦屛, 無忝也哉?)[489]

이 글은 永嘉 金敬之가 자신의 집의 이름을 四友堂이라고 짓고 목은에게 記文을 청했으나 목은이 부응하지 못하다가, 驪興의 어머니 집에 있으면서 눈과 달, 바람과 꽃, 강과 산을 합쳐 六友堂 이라 하고서 다시 목은에게 記文을 청한 것이다.[490]

牧隱은 본격적인 논의에 앞서 記文을 청탁한 배경과 六友堂이 라 命名한 사실을 제시하고 있다. 그런데 이 부분에서는 글자 수 가 같지 않은 구를 뒤섞여 두는 散行으로 일관하고 있다. 그러다 가 六友에 대한 본격적인 논의를 하기에 앞서 자신이 記를 쓰는 입장을 밝히면서, "天時가 위에서 끝없이 변화해도 나는 그저 멍 청하게 바라다보고 있을 따름이요, 地利가 밑에서 조용히 순응해 도 나는 그저 아무 생각이 없이 대하고 있을 따름이다(天時變于

---

489) 『목은문고』권3,「六友亭記」, 24면 a.

490) 『목은문고』에는 작품을 지은 연대가 명시되어 있지 않으나, 김구용 의 연보에 의하면, 그는 8년 癸卯(1375)에 三司左尹에 배수되었는 데, 이때 이인임의 죄를 논하다가 竹州로 유배되었다. 그 뒤 어머 니의 고향인 여흥으로 옮겨와 한가롭게 7년을 지내며 강·산·눈· 달·바람·꽃으로 즐기며 자신의 집을 육우당이라 명명한다. 이후 辛酉(1381)년에 左司議大夫에 제수된다. 이러한 기록으로 보아 대 략 목은의 나이 48세에서 54세 사이에 지어진 작품이다.(『惕若齋學 吟集』,「先君惕若齋世係行事要略』, 5면.)

上, 吾憒然而已; 地理瀆于下, 吾冥然而已)."라는 부분에 이르러서 對偶를 처음 사용하였다. 그리고 위의 인용문으로 이어지면서 본격적인 六友에 대한 설명을 하는 가운데 다량의 對偶의 수법을 채택한다.

산과 물에 관한 것은 『論語』에서 故事를 끌어와 典故對寓를 이루고 있다. 그리고 눈과 달, 바람과 꽃을 對偶로 하여 六友의 德에 대한 설명을 이어간다. 목은은 전체를 對偶가 아닌, 세 句 이상의 對偶로 이어진 排比의 수법을 사용할 수도 있었을 것이다. 그러나 그렇게 되면 너무 단조로워질 가능성이 있기 때문에 六友를 두 가지씩 나누어 對偶의 수법을 구사하고 있는 것이다. 이렇게 두 구씩 짝을 지은 3개의 對偶를 排比로 구성하면서 글자 수가 같은 여러 구를 가지런하게 나열하는 正行으로 글을 구성하였다. 정제미와 간결미가 드러나 보인다.

牧隱은 여기서 중단하지 않고 六友의 風致에 대한 설명에서도 對偶의 수법을 동원한다.

> 눈은 외로운 배를 타고서 도롱이를 쓰고 있을 적에 더욱 멋이 있을 것이요, 달은 높은 다락 위에 앉아서 술잔을 기울일 적에 더욱 흥치가 날 것이다(雪也, 在孤舟蓑笠爲益佳; 月也, 在高樓樽酒爲益佳).
> 바람은 낚싯줄을 드리우고 있을 적에 그 맑음을 한층 더 느끼게 될 것이요, 꽃은 책상머리 앞에서 바라볼 적에 그 그윽함을 한결 더 실감하게 될 것이다(風在釣絲, 則其淸也益淸; 花在書榻, 則其幽也益幽).
> 여기에 또 四時의 승경이 한데 어우러져 각자 분위기를 한껏 돋우면서 강과 산 사이에 가로세로로 걸쳐 있게 될 것이다(四時之勝, 各極其極, 以經緯乎江山之間).

　　그리하여 敬之 씨가 어버이를 옆에서 모시는 여가에(敬之氏侍
側餘隙), 강에 배를 띄우든가 산에 올라가 본다거나(舟乎江; 屬乎
山), 떨어지는 꽃잎을 세어 보든가 맑은 바람을 맞으면서 서 있어
본다거나(數落花; 立淸風), 눈길을 밟고 승려를 찾아가든가 달을
마주 보고서 객을 불러 보노라면(踏雪尋僧; 對月招客) 四時의 즐
거움이 또한 그 흥치를 한껏 돋우어 주리니, 이쯤 되면 경지 씨야
말로 한 세상에 독보적인 존재라고 해도 좋을 것이다(四時之樂,
亦極其極矣. 敬之氏其獨步一世者哉).491)

　　눈과 달, 바람과 꽃을 對偶하여 흥치를 제시하고 있다. 그런데
앞서 六友의 덕을 제시한 단락과는 다른 방식을 채택하고 있다.
앞 단락에서는 산과 물로부터 對偶를 시작하여 두 개의 자연물로
짝을 이루었는데, 이 단락에서는 강과 산의 경우에는 對偶를 쓰지
않았다. 앞 단락과 똑같이 세 구를 연속으로 正行의 수법을 사용
하면 단조로울 수 있기 때문이다. 그래서 처음에 對偶로 사용했던
강과 산을 뒤로 배치하여 구성방식에 변화를 주고 있는 것이다.
　　그리고 끝으로 김경지가 부모님을 모시는 여가에 자연의 흥치를
즐기며 한 세상에 독보적인 존재가 될 수 있는 방법을 제시하면서
다시 강과 산, 꽃과 바람, 눈과 달을 짝을 이루어 對偶하고 있다.
목은은 "四時의 勝景이 한데 어우러져 각자 분위기를 한껏 돋운
다(四時之勝, 各極其極)."와 "四時의 즐거움이 또한 그 흥치를 한
껏 돋운다(四時之樂, 亦極其極矣)."는 勝景과 즐거움을 서로 對偶
하면서 변화 있는 모습을 보여주고 있다. 마지막 부분은 正行과
散行을 아울러 사용함으로써 앞서 사용한 방법들을 정리하고 있는
듯하다.

---

491) 『목은문고』 권3, 「六友亭記」, 24면 a～b.

牧隱은 이후 벗에 대한 正義를 끝으로 단락을 맺으면서 두 구에 對偶를 더 사용하고 있다. 이것으로 볼 때 목은은 자신의 논지를 간결하면서도 분명하게 제시하고자 하는 부분에서는 對偶의 수법을 愛用하고 있다는 것을 알 수 있다. 이러한 對偶는 句를 正行으로 만들기에 글의 구성 면에 있어서 정제미를 느낄 수 있으며, 율동성도 아울러 제공하고 있다고 하겠다.

다음으로 위의 예에서처럼 한곳에 집중적으로 對偶를 구사한 경우도 있지만, 단락별로 對偶를 사용하고 있는 경우를 살펴보기로 한다. 다음은 앞서 살펴본 바 있는 「萱亭記」의 일부이다.

㉠ 諼은 잊는다는 말이니 바로 근심을 잊는다는 뜻이요, 萱이라는 글자 속에서는 宣이 들어 있으니 답답함을 푼다는 말이다 (諼之言忘, 忘其憂也; 萱之從宣, 宣其鬱也).

㉡ 마음이 답답할 때 풀어 버리면 通暢하게 되고, 마음에 근심이 있을 때 잊어버리면 즐겁게 된다(有鬱于心, 而宣之則通; 有憂于心, 而忘之則樂).

㉢ 즐겁게 되면 어버이의 뜻을 잘 따르게 되어 어버이도 즐겁게 되고, 通暢하게 되면 천지에도 통해져서 천지가 또한 평온해지게 마련이다(樂則順乎親, 而親亦樂; 通則通于天地, 而天地以平).

㉣ 천지가 평온하고, 부모님이 즐겁게 되도록 하는 것(天地之平; 父母之樂)이야말로 요순이 치세를 펼친 도리라고 할 것이니, 이는 아무나 미칠 수 없는 경지이다(堯舜時雍之理, 所以不可及也.).

㉤ 그런데 그 도리의 소재를 찾아보면 象으로 드러나 있는 것을 통해서 알 수 있고, 象으로 드러나 있는 것을 찾아보려면 바로 萱을 통해서도 알 수가 있다(求其理之所在, 則著於象; 求其象之所在, 則見乎萱).

ⓑ 萱이라는 것이 하찮은 물건이고 그리 중요하지 않은 글자로
　보일지는 몰라도(一物微矣; 一字末矣),

ⓐ 天理와 人情의 도리가 밝게 드러나 있고, 正體와 國風과도 관
　련성을 지니고 있다고 할 것이다(而天理人情之昭著; 政體國風
　之關係).492)

　이 단락은 서두 부분으로, 『詩經』의 "어디에서 萱草를 하나 얻
어와 우리 집 뒷마당에 심어 볼거나(焉得萱草, 言樹之背)."라는 말
을 引用하는 것으로 시작된다. 그리고는 이어서 萱의 풀이를 통해
자신의 논지를 전개해 나간다. 목은은 單句對(ⓐⓑⓐ)와 雙句對(ⓐ
ⓐⓐⓐ)를 서로 혼합하여 사용하고 있으며, 主謂對偶(ⓐⓐ)·動賓
對偶(ⓐⓐⓐⓐ)·修飾對偶(ⓐⓑⓐ) 등 다양한 방법으로 對偶를 사
용하고 있다. 또한 대부분의 경우 虛辭의 위치나 글자 수까지 동
일하게 對偶하면서 때로는 글자 수와 虛詞를 달리하여 변화를 주
기도 하였다(樂則順乎親, 而親亦樂; 通則通于天地, 而天地以平).
글이 시작되는 서두부터 자신의 논지를 분명하게 전달하기 위해
對偶의 수법을 쓰고 있다는 것이다.

　이어서 牧隱은 萱庭이라고 命名한 동기와 記文을 청탁한 배경
등을 서술하고 있다. 이 단락은 議論이 아닌 敍事이기 때문에 목
은은 두 구에서만 對偶를 사용하고 나머지는 散行의 형식으로 글
을 쓰고 있다. 목은은 "다음과 같이 그에게 거듭 일러준다(重爲告
曰)."는 말을 하고, 다시 敍事에서 議論으로 전환한다.

　하늘과 땅 사이에 氣가 충만해 있는데, 사람은 물론이고 다른
생물들도 모두 이 氣를 받아서 살아가고 있다(天地氣也, 人與物

---

492) 『목은문고』 권2, 「萱庭記」, 15면 a～b.

受是氣以生).

그런데 무리를 나누어 같은 종류끼리 모여 살면서(分群; 聚類),

물은 축축한 곳으로 우선 번져가고 불은 건조한 곳으로 먼저 타들어 가는 차이를 보이는 등(流濕; 就燥),

외면적으로는 각양각색으로 어지럽게 뒤섞여 있는 것처럼 보이기도 하지만, 내면적으로는 그야말로 질서정연하여(外若紛揉; 而內實秩然),

찬연히 빛나는 가운데 그 조리가 한 번도 문란해진 적이 없다고 하겠다(粲然倫理, 未嘗紊也).

士君子가 소년 시절에 글을 읽으며 사물의 이치를 탐구하면 천하의 事理에 밝아질 수 있을 것이요, 장년 시절에 임금을 섬기며 사물을 다스리게 되면 천하의 사리에 공평해질 수 있을 것이다(士君子, 少也讀書而格物, 則天下之事理, 致其明; 壯也事君而理物, 則天下之事理, 歸于平).

그렇게 되면 마음이 넓어져서 사사로움이 없게 될 것이니 나의 기운에 무슨 누가 되는 일이 있을 것이며, 마음이 활짝 펴지면서 쾌활해질 것이니 나의 마음에 무슨 손상되는 일이 있을 것인가(蕩蕩也, 何累於吾氣; 愉愉也, 何傷於吾心)?

화기가 감돌면서 모든 일이 순리대로 전개되고 얼음이 녹듯 모든 갈등이 해소될 것이다(怡然理順; 渙然氷釋).

그 사이에 어찌 털끝만큼이라도 서로 어긋나는 점이 있을 수가 있겠는가(夫豈有一毫之齟齬於其間哉)?[493]

牧隱은 자신의 논지를 효과적으로 제시하기 위해, 위 인용문에서 첫구와 끝구에 散行을 사용하여 자유롭게 글을 구성하고, 가운데 부분은 正行을 사용하여 정제된 느낌을 준다. 이 단락도 앞서 보았던 단락과 마찬가지로 다양한 對偶의 방법을 동원하고 있다. 그런데 앞에서 보이지 않은 수법도 보인다. 즉 『周易』에 있는 故

---

493) 같은 곳, 15면 b~c.

事를 인용하여 典故對寓를 쓴 것도 있고(流濕; 就燥), 문장 내의 구성성분에 있어 변화를 준 것도 있으며(外若紛揉; 而內實秩然), 對偶를 이루는 단어의 성분이 疊字로 구성된 疊字對도 보인다(蕩 蕩也, 何累於吾氣; 愉愉也, 何傷於吾心).

끝으로 단락을 隔하여 단락과 단락이 對偶를 이루는 특이한 경우를 살펴보기로 한다. 이러한 隔句對는 주로 說에서 몇 사람의 名字를 논의하는 과정에서 주로 쓰이고 있다. 「茂珍金氏三名字說」에서는 金景先의 세 아들의 이름과 字의 뜻을 논의하면서 세 단락으로 나누어 설명을 하는데, 단락과 단락이 서로 對偶를 이루고 있다. 「韓氏四子名子說」 역시 이러한 방식을 취하고 있다. 완전히 字數가 일치하지는 않지만 거의 동일한 형식으로 對偶를 구사하고 있다. 전편에 걸쳐 隔句對를 사용함으로써 서로 대칭을 이루어 시각적으로 균형감을 제공하고 있는 것이다.

위에서 살펴본 것처럼 목은은 전편에 걸쳐 對偶가 고르게 보이고 있는 경우도 있고, 자신의 주장을 설득력 있게 전달하기 위한 議論부분에 적극적으로 對偶의 수법을 동원하기도 하였다. 敍事부분과 議論부분에 사용한 수사법이 다르다는 것은 작가가 말하고자 하는 핵심이 어디에 있는지를 말해 주는 방증이기도 하다. 또한 동원된 방식이 일관되지 않고 다양한 형태로 나타나고 있다는 것은 작가가 얼마나 고심했는가를 엿볼 수도 있다. 목은은 문장의 기세를 증강시키고 전편의 글에 있어 변화 있는 모습을 주기 위해 對偶의 수법을 운용하고 있는 것이다. 목은의 이러한 對偶는 후대 洪萬宗에 의해 "對偶가 기묘하다."는 칭송을 받기도 하였다.[494]

그러나 이것이 목은만의 특징이라고 할 수는 없다. 왜냐하면 목은

---

494) 『旬五志』上卷.

보다 앞 시대에 활동했던 대문장가인 李奎報(1168~1241)도 對偶를 구사하여 균형 잡힌 句式과 간결성을 갖추었기 때문이다.495) 또한 李齊賢(1287~1367)도 "글이란 對가 없을 수 없다. 그러나 對偶를 씀에 實을 잃으면 어찌 숭상할 만하겠는가?"496)라고 하여, 實을 잃어서는 안 되지만 글에 있어서는 對偶가 필요함을 역설하고 있으며, 실제 그의 작품에서도 對偶를 사용하여 리듬감을 주어 유려한 느낌이 나도록 했다.497) 이처럼 對偶가 보편적인 수사법이기는 하지만 목은은 문장을 지을 때 이러한 對偶의 수법을 자주 愛用하고 있어서, 그의 작품에서 이러한 용례를 찾기란 아주 용이하다. 심지어 한 작품 속에서 이러한 對偶를 전편에 걸쳐 쓰거나, 중심 논의가 진행되는 곳에 집중적으로 활용하는 등 다양한 방법으로 對偶를 사용하고 있다. 이것으로 볼 때, 목은이 작품을 구상하면서 對偶를 활용하여 문장 속에 간결미·정제미·율동미를 느끼게 하는 데 상당한 노력을 기울였음을 엿볼 수 있겠다.

4) 虛詞의 절묘한 活用

漢文의 가장 기본적인 특성은 思惟의 개념들을 單字로 표시하여 槪念詞를 단위로 짜 문장을 구성하는 것이고, 이들 개념사들은 詞序를 중요한 문법관계로 삼고 또 虛詞들이 介在하여 제반 어법 기능을 보충하는 문법구조를 갖추고 있다.498) 따라서 문장의 구성

---

495) 졸고, 「李奎報의 記에 관한 考察」, 성균관대 석사논문, 1998, 60면.
496) 『櫟翁稗說』 後集 권2, 58면. "文未嘗對也. 然而用之失實, 亦奚足尙哉?"
497) 윤상림, 앞의 책, 214면.
498) 許璧, 『中國古代語法』, 신아사, 1997, 232~238면 참조.

성분에 있어서 實詞 못지않게 虛詞의 역할도 중요하다고 하겠다.
일찍이 유협은 虛詞의 기능에 대해 다음과 같이 언급하였다.

> 이 虛詞들은 실제 내용과는 관련이 없는 군더더기처럼 보일지
> 모르나, 실질적으로 절실한 기능을 한다고 말할 수 있다. 뛰어난
> 작가들은 그것을 활용해서 문장의 글귀를 더욱 엄밀하게 한다. 實
> 詞로 구성된 몇 개의 구절 끝에 虛詞를 배치하는 것은 그 하나의
> 虛詞로부터 문장 전체의 도움을 받기 위함이다.499)

유협은 章句를 안배함에 있어 주의해야 할 3가지 점을 언급하
면서, 세 번째 항목에 이르러 虛詞의 기능에 대해 이야기하고 있
다. 章句의 안배에 있어서 주의해야 할 것은 '虛詞를 어떻게 운용
할 것인가'라고 보았다. 문장에 있어서의 虛詞의 중요성을 지적하
고 있는 것이다. 이후 많은 사람들이 虛詞의 운용에 주의를 하게
된다. 劉大櫆는 「論文偶記」에서 "문장은 반드시 虛字가 갖추어진
뒤에야 神態가 나온다(文必虛字而後神態出)."라 하였고, 林紓도
"古文에 유심한 자는 결단코 虛字를 소홀히 여겨서는 안 된다(留
心古文者, 斷不能將虛字略過)."500)고 하여, 虛詞의 중요성을 말하
고 있다.

산문은 構文에 있어서 詩歌에 비해 생략이나 도치가 적으며, 章
句를 구성함에 있어서 虛詞가 詩歌보다 월등히 많다. 즉 虛詞의
운용이 산문의 특징 가운데 하나일 수 있는 것이다. 그러므로 본
장에서는 목은의 산문 작품을 통해 구체적으로 목은이 虛詞를 어

---

499) 『문심조룡』, 「章句」 34장, 154면. "據事似閑, 在用實切. 巧者廻運,
彌縫文體, 將令數句之外, 得一字之助矣. "
500) 劉晟俊, 「歐陽修 散文 硏究」, 한국외대 박사논문, 1991, 669면에서
재인용.

떻게 사용하였는지 살펴보고자 한다.

먼저 虛詞를 가장 빈번하게 사용하고 있는 작품 가운데 「直說」
이란 작품을 고찰해 보기로 한다.

"天可問乎? 楚詞是已. 歷漢至唐, 柳子厚氏出死力以對焉. 仲舒
氏曰, 道之大原出於天. 於是乎寐若寤焉, 醉若醒焉. 然猶曰, 蒼蒼
者天也, 而不知民彛物則之出於此, 而全體是天也. 於是乃曰, 天
則理也, 然後人始知人事之無非天矣. 夫性也在人物, 指人物而名
之曰, 人也物也, 是跡也. 求其所以然而辯之, 則在人者性也, 在
物者亦性也. 同一性也, 則同一天也, 奚疑焉?"

하늘에게 의심나는 점을 따져 물어볼 수 있는 것인가?『초사』
의 글을 보면 하늘에게 힐문하는 내용이 나와 있다. 漢대를 거쳐
唐대에 와서 유자후가 죽을 힘을 다 내어 그것에 대답해 보려고
한 적이 있다. 하지만 이미 동중서가 "도의 큰 근원은 하늘에서
나온다."고 한마디 하였는데, 이 말은 그야말로 잠든 사람을 깨워
일으키고, 술 취한 사람의 정신을 번쩍 들게 하는 발언이었다. 하
지만 사람들은 여전히 "푸르고 푸른 것이 하늘이다."라는 말은 하
면서도, 사람의 양심과 사물의 법칙 모두가 하늘에서 나온 것으로
서, 그 전체가 바로 하늘이라는 사실에 대해서는 모르고 있었다.
그래서 이번에는 "하늘이란 것은 바로 이치이다."라는 설이 나오
게 되었는데, 그 뒤에야 사람들이 비로소 사람과 사물 모두가 하
늘이 아닌 것이 없다는 사실을 인식하게 되었다. 性이라는 것은
사람뿐만 아니라 사물까지도 모두 포괄하는 개념이다. 우리가 人
과 物을 가리켜서 人이요 物이라고 이름 붙인 것은 그 자취 때문
이다. 우리가 만약 그렇게 된 까닭을 추구해 따져 본다면, 人 속
에 있는 것도 性이라고 해야 할 것이요, 物 속에 있는 것도 性이
라고 해야 할 것이다. 이처럼 性을 동일하게 지니고 있고 보면
天을 동일하게 지니고 있는 것이니, 또 의심할 것이 있겠는가?[501]

501)『목은문고』권10,「直說三篇」, 77면 a.

위의 예문은 '乎'·'已'·'焉'·'而'·'之'·'也'·'於是乎'·'者' 등이 전부 虛詞로서 어느 한 구절도 虛詞가 없는 구절이 없을 정도로 많이 사용하고 있다. 또한 동일한 虛詞라도 구사된 용법은 같지 않고 다양하게 활용하고 있다. 인용문에서 사용된 虛詞의 종류가 많으나, 이 가운데 중복하여 사용된 虛詞 몇 가지만을 살펴보기로 한다.

牧隱은 먼저 시작을 語氣詞 '乎'자를 사용하여 의문으로 출발하고 있다. 일반적인 문장의 출발은 평서형으로 시작되나, 의문형으로 시작한 것은 독자의 주의를 끌기 위한 장치로 보인다. 이어서 句 末에 쓰여 단정을 나타내는 '也'자와 동일한 의미로 '……이다'라는 뜻을 지니고 있는 語氣詞 '已'자를 사용하여, 『초사』에 이미 그러한 내용이 실려 있었다고 단정을 내리고 있다. '已'자가 단정을 나타내는 경우는 그다지 많지 않다.[502]

牧隱은 이어서 '焉'자를 세 번 사용하고 있다. 먼저 '柳子厚氏出死力以對焉'에서의 '焉'자는 介詞 겸 代詞로, '於之'류에 상당하며, 보어로 쓰여 관련된 사물을 나타내는 데 사용되었다. 두 번째의 '寐若寤焉, 醉若醒焉'에서는 助詞로, 陳述句에 쓰여 陳述語氣를 나타냄으로 해석하지 않아도 되는 경우이다. 마지막에 쓰인 '奚疑焉'에서의 '焉'자도 句 末에 쓰인 어기사이기는 하지만, 疑問句에 쓰여 疑問代詞와 어울려 의문을 도와주는 작용을 하고 있다.[503] 목은은 세 번에 걸쳐 '焉'자를 사용하면서 實詞인 介詞 겸 代詞로 쓰기도 하고, 虛詞로써 구 말에 써서 진술과 의문의 語氣를 띄게 하고 있다.

---

502) 金元中 編著, 『虛詞辭典』, 1989, 451면 참조.
503) 위의 책, 420~423면 참조.

다음으로 '之'자에 대해 살펴보면, 모두 다섯 차례 사용하고 있다. 먼저 '道之大原出於天'에서의 '之'자는 定語와 중심어 사이에서 영속관계를 나타내는 '……의'라는 뜻으로 쓰였다. 물론 이 말은 목은이 직접 한 말이 아니라 『漢書』에 실려 있는 동중서의 말을 그대로 인용한 것이다. 다음은 '而不知民彝物則之出於此'와 '然後人始知人事之無非天矣'에서의 '之'는 주어와 謂語 사이에 놓여 '은·는·이·가'의 뜻을 지니며 이 결구는 독립하여 구를 이루지 못하고 성분절의 역할만이 가능하다. 끝으로 '指人物而名之曰'과 '求其所以然而辯之'의 경우는 代詞로 쓰였다.504) 목은은 '之'자를 實詞와 虛詞의 뜻으로 번갈아 가며 활용하고 있다.

끝으로 '也'자에 관해 살펴보면, 모두 11번으로 가장 많이 활용하고 있다. 그중에서도 '蒼蒼者天也'·'而全體是天也'·'天則理也'·'則在人者性也, 在物者亦性也'·'則同一天也'의 경우는 구 말에 쓰인 語氣詞로, 어떤 사실에 대해 판단하는 語氣를 나타낸다. 古代 漢語 가운데 판단을 나타내는 구형으로 일반적인 형식은 '○○, ○○也'이고 전형적인 형식은 '○○者, ○○也'로, '也'자의 용법 가운데 가장 보편적인 것이다. 다음으로는 구 중에 쓰여 멈춤을 나타내는 어기사로, '夫性也在人物'·'人也物也'처럼 短句에서 주어 뒤에 쓰여 語氣를 한 번 잡아 늘림으로써 강조를 나타내는 경우와, '同一性也'처럼 複句에 쓰여 정지를 나타냄으로써 아래 문장을 이끌어내기도 한다. 끝으로 '是跡也'처럼 因果關係 끝에 쓰여 원인을 해설하는 語氣를 나타내기도 한다.505)

이 외에도 목은은 '蒼蒼者天也'·'則在人者性也, 在物者亦性也'

---

504) 위의 책, 568~579면 참조.
505) 위의 책, 430~435면 참조.

처럼 어떤 단어의 뒤에 놓여 결구를 만들며 '……하는 사람(사물・
일)'이라는 뜻을 지닌 '者'자도 사용하였고, '於是乎瘝若癏焉'・'於
是乃曰'처럼 '於是乎'나 '於是乃'를 아래 구의 맨 앞에 써서 뒷일이
앞일과 밀접함을 나타내기도 하며, '而不知民彝物則之出於此'・'而
全體是天也'・'指人物而名之曰'・'求其所以然而辯之'처럼 앞뒤의
두 구가 서로 호응하여 순접의 뜻을 지닌 '而'자를 쓰기도 했다.506)

이 작품은 독립된 3편으로 구성되어 있는 「直說」의 첫 번째 이
야기로, 程明道가 주장한 "하늘이란 것이 바로 이치이다(天者理
也)."의 논리에 입각해 人性과 物性이 같음을 설명하고 있는 글이
다. 문장 중에 쓰인 虛詞의 효과는 상당히 복잡해서 간단히 말하
기는 어렵지만 간략히 말해 본다면, 긴장된 문장의 기운을 느슨하
게 해 주어 일종의 여유 있고 급박하지 않는 심리상태를 더해 주
고, 이러한 여유로움으로 말미암아 문장이 轉折할 수 있는 약간의
공간을 제시해 주며, 문장의 성조를 길게 늘려 독자들에게 抑揚의
느낌을 강화시켜 주면서 아울러 작가의 정감의 전달이나 문장의
감화력을 확충시켜 주는 역할을 한다.507) 說이란 양식은 義理를
해석하여 자기의 뜻을 서술하는 것이다. 그러므로 性理說을 이야
기하는 논리적인 이 「直說」은 문장의 기운이 급박해지며 周密할
수밖에 없는 것이다. 목은은 이러한 단점을 보완하기 위해 여러
가지 종류의 虛詞와 다양한 용법으로 반복적인 虛詞를 이용해, 긴
장된 문장의 기세를 느슨하게 하며 부드럽게 하여, 자신의 논지를
전개하는 데 도움을 주어서 문장의 운치를 확대시키고 있다. 목은

---

506) 牧隱의 경우 '而'는 거의 대부분 順接으로 사용하였으며, 逆接의
경우에는 '然'자를 선호하였다.

507) 하기팽, 앞의 책, 189면.

의 여러 산문양식 가운데 특히 說에 虛詞를 많이 사용하고 있는
것도 이러한 점에서 이해할 수 있을 것이다.

이와는 달리 같은 虛詞를 중복해서 사용한 경우를 살펴보기로
한다. 다음은 陶隱 李崇仁의 陶隱齋에 써 준 記文이다.

> "古之人隱於朝者, 詩之伶官, 漢之滑稽是已. 隱於市者, 燕之屠
> 狗, 蜀之賣卜者是已. 晉之時, 隱於酒者, 竹林也. 宋之季, 隱於漁
> 者, 苕溪也."
>
> 옛사람 가운데 조정에 몸을 숨긴 자가 있었으니, 『시경』에 나오
> 는 영관과 漢나라 때의 골계가 바로 그들이요, 저잣거리에 몸을 숨
> 긴 자가 있었으니, 燕나라의 도구와 촉 땅에서 매복하던 이가 바로
> 그들이다. 晉나라 때에 술을 마시며 숨었던 자들이 죽림이라면 宋
> 나라 말년에 고기잡이를 하며 숨었던 이는 초계였다.[508]

이 단락은 序頭로써 대대로 隱을 사용한 사람들을 제시하고 있
는 부분이다. 앞 절에서 살펴보았던 對偶의 방식으로 글을 전개시
키고 있으면서, 반복된 '之'·'者'·'已'·'也' 등의 虛詞를 사용하
고 있다. 물론 여기서의 '已'자는 앞서 보았듯이 句 末에 쓰여 단
정을 나타내는 '也'자와 동일한 의미로 '……이다'라는 뜻을 지니
고 있다. '之·乎·者·也'가 古文의 특색으로 간주되고, 심지어는
古文의 代稱으로 불리기도 한 것처럼,[509] 古文家였던 목은 역시
古文에 쓰이는 대표적인 이러한 虛詞들을 중복해서 사용하고 있는
것이다. 이후에 이어지는 단락에서도 목은은 '之'·'也'·'者'라는
虛詞를 계속 반복해서 사용하고 있다. 이 작품에 사용된 '之'자는

---

508) 『목은문고』 권4, 「陶隱齋記」, 28면 a.

509) 吳丈蜀·陳振寰·劉致中·侯鏡昶·鮑善淳, 『讀古詩文常識』, 上海
古籍出版社, 2000, 68면.

모두 35회로 가장 많고, '也'자가 30회이고, 그 다음이 '者'자로
모두 17회가 사용되었다. 古文家였던 歐陽修 역시 「醉翁亭記」에
21개의 '也'자와 23개의 '而'자를 중복 사용하고 있다. 이것을 보
면, 宋대 이르러 古文이 사대부 사이에 정착되면서 그 문체 개혁
적인 의미는 희박하게 되었으나, 이치를 논하는 說理性이 더욱 강
화되고 문장종결사인 '也'자를 빈번히 사용하는 형식상의 변화가
일어났다.510) 목은도 이러한 시류에 편승하여, 虛詞를 반복적으로
사용하여 語氣의 완급을 조정하고 있는 것이다.

　　그러나 목은이 모든 그의 산문 작품에 많은 虛詞를 사용한 것은
아니다. 아래의 경우는 虛詞의 사용을 극도로 자제하고 實詞만으
로 사건을 구성하고 있다. 다소 길지만 하나의 사건이므로, 사건
전체를 인용하기로 한다.

　　"仝讀書三角山僧舍, 人有薦亡齋呈疏於香卓, 會僧中無識字者,
衆髡汗出, 莫知所爲. 仝曰, 是不難. 吾爲汝讀之. 乃被僧衣, 髻其
髮於頂, 蒙之以其冠. 群立於衆, 佯爲施主曰, 吾病頭風不可出, 然
飽施主飯, 而不與法席, 吾罪大矣. 衣冠之異於衆, 其罪小, 請施主
無怪. 旣梵唄, 施主捧香爐長不敢動, 仝起於群中, 若將去其冠者,
施主遽曰, 請比丘無去冠. 仝佯應曰, 諾. 會旣罷, 施主去矣. 群髡
大噱, 聲震山谷, 至今傳爲山中故事."

　　吳仝이 삼각산 승방에서 독서할 때의 일이다. 어떤 사람이 亡
人의 천도재를 올리러 와서 향탁 위에다 기도문을 올려놓았는데,
그때 마침 승려 중에는 문자를 아는 자가 없었으므로 승려들은
모두 식은땀만 흘릴 뿐 어쩔 줄을 몰랐다. 이에 오동이 "이것은
어렵지 않은 일이다. 내가 그대들을 위해서 읽어 주겠다." 하고는
승복을 걸치고 머리를 틀어 올려 정수리에 묶고 나서 고깔을 뒤

---

510) 심경호, 앞의 책, 15면.

집어썼다. 그리고는 뭇 승려들 사이에 서 있다가 그럴듯하게 신분을 가장하고 시주에게 말하기를 "나는 頭風을 앓고 있는 몸이라서 바깥에 나오면 안 되는 입장이오. 하지만 시주의 밥을 배불리 먹으면서 법석에 참여하지 않는다면 나의 죄가 클 것이고, 의관이 다른 이들과 다른 것은 그 죄가 작을 것 같기에 이렇게 나왔으니, 시주는 괴이하게 생각하지 마시오." 하였다.

그러다가 범패를 마치고 나서 시주가 향로를 받들고는 한참 동안 무릎 꿇고 앉아만 있을 뿐 감히 움직이질 못하자, 오동이 사람들 사이에서 일어나 이제는 고깔을 벗어버릴 것처럼 행동을 취하였다. 그러자 시주가 이를 보고는 다급한 목소리로 "비구께서는 고깔을 벗지 마십시오." 하였으므로, 오동이 또 마지못한 척하면서 알았다고 대답했다. 그리하여 법회를 무사히 끝내고 시주가 돌아가자 뭇 승려들이 어찌나 큰 소리로 웃어댔던지 산골이 떠나갈 듯하였는데, 지금까지도 이 일이 산중의 고사로 전해져 오고 있다.[511]

이 글은 글씨를 잘 쓰고 글도 잘 지은 太學生 吳소에 관한 傳이다. 「吳소傳」의 구성은 성균관 유생으로 들어오기 전과 후의 생활의 대비를 통해 禮法에 밝은 인물임을 제시하는 짧은 문단을 서두에 제시하고, 이어서 길게 逸話를 쓰고, 끝으로 사촌 형제인 李穎과 함께 했던 추억으로 글을 맺는다. 이러한 「吳소傳」의 구성을 볼 때, 위에 인용문으로 제시한 逸話가 가장 핵심적인 부분이라 할 수 있다. 목은은 吳소이 글자를 모르는 승려들을 위해 가짜 승려로 분장하고 亡者를 위한 기도문을 읽는 이러한 급박한 상황을 구성함에 있어 虛詞의 사용을 극도로 제한하고 있다. 앞서 보았듯이 虛詞의 효과 중의 하나가, 긴장된 문장의 기운을 느슨하게 해주어 일종의 여유 있고 급박하지 않는 심리상태를 더해 주는 것이

---

511) 『목은문고』 권20, 「오동전」, 170 d〜171면 a.

다. 만약 이렇게 곤경에 처한 승려들을 돕는 긴박한 상황에서 虛詞를 과다하게 사용하였다면 긴장감은 반으로 절감되었을 것이다. 목은은 이러한 점을 인식하고, 사건의 긴박함을 드러내기 위해 虛詞의 사용을 극도로 제한하고 있는 것이다.

지금까지 虛詞의 활용에 관해 살펴보았다. 虛詞의 활용은 唐 · 宋文의 특징으로 秦 · 漢文과는 다른 점이다. 그리고 이러한 虛詞의 활용은 古文의 문장표현에 있어 중대한 변화로 간주하기도 한다. 韓愈는 이러한 虛詞의 새로운 길을 열었으며 사용에 있어 남보다 뛰어났다.512) 歐陽修 역시 虛詞의 활용에 탁월함을 보이고 있다. 목은은 唐宋古文家 중에서도 한유와 구양수를 가장 愛好하여 이들을 스승으로 삼을 정도였으니, 이들의 虛詞 활용법 역시 習得의 대상이었을 것이다. 목은은 여러 가지 종류의 虛詞와 다양한 용법으로 중복된 虛詞를 활용해, 긴장된 문장의 기세를 느슨하게 하며 부드럽게 하여 자신의 논지를 전개하는 데 도움을 주어서 문장의 운치를 확대시켰다. 또한 사건의 긴박함을 드러내기 위해 虛詞의 사용을 극도로 제한하기도 하였던 것이다.

---

512) 金鐘聲, 「韓愈의 書信體 散文 연구」, 『中國語文論叢』 제17집, 중국어문연구회, 1999, 230면.

V. 牧隱 散文의 文學史的 位相

牧隱은 문장의 위대한 의미를 확신하고 자신의 삶의 과정에서 문학을 실천하였다. 그는 문학적 역량이 탁월했으며 문장으로 國威를 빛냈다. 그의 존재는 무엇보다 문장으로 뚜렷하게 된 것이다.[513] 그러면 이러한 목은의 산문이 역사적으로 어떠한 평가를 받아 왔을까? 목은 산문의 문학적 位相을 고찰함에 있어, 현재의 시각과 그 당시 문학 창작활동에 직접 참여했던 문인들의 시각을 통해 함께 살펴보는 것이 합당하리라 여겨진다.

牧隱은 생존 시에 이미 文의 大家로 國王의 인정을 받고 있었다.

> 恭愍王이 近臣에게 이르기를, "요즘에 物議가 어떠한가?" 하니, 대답하기를, "모두들 국가에서 인재를 얻었다고 말합니다."고 하였다. 왕이 웃으면서 이르기를, "文武官이 모두 제일류로 재상을 삼았는데, 누가 감히 비난하겠는가?" 하였으니, 대체로 한때에 兩賢을 나란히 등용한 것을 스스로 자랑스럽게 여긴 것이었다.[514]

辛亥(1371)년 가을, 이성계가 知門下事가 되었을 때 恭愍王과 신하들의 대화를 기록한 내용이다. 여기서의 兩賢은 물론 이성계

---

513) 임형택, 앞의 논문, 112면.
514) 『목은고』, 「行狀」, 508면 b. "恭愍王謂近臣曰, 近日物議如何? 對曰, 皆言國家得人. 王笑曰, 文武皆用第一流以爲宰相, 誰敢議之. 蓋自多同日並用兩賢也."

와 牧隱이다. 武의 재상에는 이성계를, 文의 재상에는 목은을 除授하여 문무제일의 재상을 둔 것에 대한 공민왕의 흡족한 마음을 드러내고 있다. 이해 5월, 공민왕은 高麗의 역사서인 『金鏡錄』515)의 重修를 목은에게 명한다. 이것으로 볼 때, 당시 목은의 文에 대한 왕의 신임도가 어떠했는지를 짐작할 수 있겠다.

이러한 文의 역량으로 牧隱은 수십 년간 文翰을 담당하였던 것이다.

> 元나라 말엽인 至正 癸巳년부터 皇朝 洪武 己巳년에 이르기까지 수십 년 동안 국가의 문한을 관장하여 수많은 변고를 겪으면서 험난한 시기에 詞命을 잘 작성하여 누차 황제의 칭찬과 감탄을 받았다. 그러다가 공이 폄척됨에 이르러 공을 꺼리던 자가 문한을 관장하여서는 비로소 表辭로 인하여 황제에게 책망을 받았으니, 공의 문장과 지식이 세상에 보탬이 된 것이 이러하였다.516)

癸巳년(1353)부터 己巳년(1389)까지는 횟수로 36년이다. 36년간이나 文翰을 담당하기란 쉽지 않은 일이다. 더구나 元과 明이 교체되는 험난한 변고의 시대에는 더더욱 어려웠을 것이다. 그러니 목은이 아닌 다른 사람이 文翰을 담당했다가 황제의 책망을 받기에 이른 것이다. 심지어는 "어제 李子安과 權可遠이 북방에 보낼 表章을

---

515) 『필원잡기』(권2, 324면)에 의하면, 정총의 「高麗史序」를 인용하면서, "정종까지 기록인데 볼 수 없으니 그 책이 완성되지 않은 것이 아닌가 의심된다."고 하면서, 아마도 비록 완성되었더라도 미진한 곳이 있어 전하지 않은 것 같다고 추정하고 있다.

516) 『목은고』, 「行狀」, 509면 c~d. "自元季至正癸巳, 至皇朝洪武己巳, 數十年間, 掌國文翰, 多更變故, 險難之際, 能修詞命, 屢見嘉嘆. 及公貶斥, 忌公者典文, 始以表辭見責於帝, 則公之文章智識, 有補於世如此."

지어 가지고 와서 나에게 윤색해 주기를 청했다."517)는 언급에서도
알 수 있듯이, 목은이 다른 사람의 表文을 潤色하기도 했던 것이다.
斯文의 으뜸이 되어 국가의 모든 辭命 · 制敎 · 銘頌 등의 글은 반
드시 목은의 손을 빌어야 이루어졌으며,518) 누차 황제의 칭송과 감
탄을 받았다고 하니, 목은의 문학적 역량을 짐작할 만하다.

　牧隱은 公的인 文에서뿐만 아니라 私的인 文에 있어서도 인정
을 받고 있었다.

　　훗날 雲庵 澄淸叟가 長城縣 白菴寺의 누각을 중수하고 三峯
　鄭道傳에게 그 누각의 이름을 부탁하니, 삼봉이 克復으로 이름을
　짓고 記文을 써 주었다. 그의 문도 絶澗倫師를 시켜 幻菴에게 楷
　書를 받아오라고 하였다. 환암이 "이것은 내가 쓸 것이 아니다.
　목은이 세상에 계신데, 내 어찌 감히 장문의 대작을 지을 수 있겠
　는가?"라고 하고는 곧장 사미승을 절간과 함께 목은에게 보내어
　누각의 이름과 기문을 부탁하였다.519)

　書法으로 유명한 幻菴이 삼봉 정도전의 記文으로 글을 써달라
는 부탁을 받자, 목은에게 글을 받아오라고 사미승을 보내는 이야
기이다. 三峯의 記文 가운데 그가 지었다는 「克復記」의 내용이 현
재 남아 있지 않아 어떤 작품인지 알 수 없으나, 위의 이야기는
삼봉의 文보다는 목은의 文이 당시 훨씬 높이 평가받고 있었다는

---

517) 『목은시고』 권18, 「昨日子安可遠修北方表章請予潤色」, 226면 d.

518) 『목은고』, 「牧隱先生文集序」, 501면 a. "冠冕斯文, 凡國歌辭命制敎
　　銘頌之文, 必需公乃成."

519) 『東人詩話』上, 57화, 119~121면. "後雲庵澄公淸叟, 重修長城縣白
　　菴寺樓, 請名於三峰鄭先生. 三峰名以克復而記之. 使其徒絶澗倫師,
　　受楷於幻菴. 菴曰, '此非吾所書也. 牧隱在世, 而敢爲長文大作歟.'
　　卽令沙彌偕絶倫, 往牧老請名若記."

사실을 傍證하고 있다고 하겠다. 물론 목은이 18명의 儒者들과 結
社를 맺었을 때, 환암도 그 일원으로 함께 참여하여 어울렸다.[520]
이러한 개인적 친분과 思想的인 부분이 환암에게 삼봉의 글보다는
목은의 글에 더 애착을 가지게 했을지도 모른다. 그러나 澄淸叟가
결국 삼봉이 지은 克復이 아니라 목은이 지어 준 雙溪樓란 이름
과 記文을 채택하여 걸어둔 것은 목은의 문학적 역량을 인정했기
때문일 것이다.

또한 牧隱의 산문 작품은 거의 전부가 請託에 의해 지어진 글
이다. 측근의 門生들부터 武人과 승려, 심지어는 王命에 이르기까
지 목은에게 산문을 지어달라고 청탁하고 있다. 그중에서도 記의
서술자는 본래 文名과 德望이 있어야 짓는다. 郭之泰와 李慕之가
목은에게 記를 청하면서, "지금 이 세상에서 글 잘하는 이에게 記
文을 청한다."[521] · "만약 당대에 글 잘 짓는 이에게 부탁해서 이
일을 기록하게 한다면 그 글이 반드시 널리 전파될 것이다."[522]라
는 언급을 통해서 볼 때, 목은 역시 당대에 문명이 높았던 것으로
보인다. 그 결과 고려시대에서 가장 많은 記를 남길 수 있었던 것
이며, 고려시대 3대 文豪의 한자리를 당당히 차지할 수 있었을 것
이다. 이것으로 보아 당시 목은의 문학적 역량이 어느 정도였는지
짐작하기 어렵지 않다고 하겠다.

牧隱은 이렇듯 公的 · 私的인 글에 있어 當代에 이미 文으로 인
정을 받고 있었다. 그럼 이후 文人들에 있어서 목은의 평가는 어
떠했는지 살펴보기로 한다.

---

520) 『목은문집』 권4, 「幻菴記」, 33면.

521) 『목은문고』 권4, 「永慕亭記」, 30면 d. "其謁文當世秉筆者."

522) 『목은문고』 권6, 「淸州牧濟用財記」, 50면 d. "如得當世喜爲文詞者,
記其事, 其傳也必廣矣."

1. 文의 大家

"동방의 文은 牧隱이 최고다."[523]라는 언급에서도 드러났듯이, 목은은 이후 문인들에게 詩에 못지않게 文에 있어서도 大家로 인정을 받고 있었다.[524] 다음의 내용은 목은의 아들 李種善(1368∼1438)과 權近의 아들 權踐과의 대화 내용이다.

> 文景 李種善은 목은의 아들이며, 總制 權踐은 양촌의 아들이다. 총제가 술에 취해 문경에게, "그대는 목은의 아들로 文章이 부족하고 나는 양촌의 아들로 文名이 없으니, 그대와 나 두 사람이 燈下不明契를 맺자."고 하니, 듣는 사람들이 모두 웃었다.[525]

文章으로 뛰어났던 목은과 文名을 떨쳤던 양촌, 두 사람의 명망에 미치지 못한 두 아들들의 민망함을 엿볼 수 있는 대화이다. 물론 취중에 나눈 대화이기는 하지만 부친의 뛰어난 문장에 이종선이 미치지 못한다는 자조가 섞여 있다. 그래서 두 사람이 '燈下不明契', 즉 '등잔 밑이 어둡다'는 계를 맺자고, 권천이 장난스럽게 제안하고 있는 것이다. 당대를 이어 2세대에 이르러서도 목은의

---

523) 『於于集』 권25, 「報滄洲道士車萬里書」, 418면 d. "東方之文, 牧隱
爲最."

524) 시에 관한 부분은 이병혁(「牧隱詩의 後人評說考」, 『한국한문학의 탐구』, 국학자료원, 2003)과 정재철(「한국 시화에 있어서의 이색 시의 비평양상」, 『이색 시의 사상적 조명, 집문당, 2002)이 상세히 언급하고 있다.

525) 『海東雜錄』 권4, 84면. "李文景種善牧隱之子, 權總制踐陽村之子. 總制醉謂文景曰, '君爲牧隱之子, 而文章不足, 我爲陽村之子, 而文名不及, 君與吾當作燈下不明契.' 聞者皆笑."

뛰어난 文章力에 대한 평가가 이어지고 있음을 알 수 있다.

그럼 牧隱의 文에 대해 후인들은 어떻게 생각하고 있었을까? 목은의 文에 대한 후인들의 평가가 여러 가지 양상으로 나타나기에, 몇 가지 유형으로 나누어 살펴보도록 하겠다.

첫째, 牧隱만을 단독으로 언급하면서 文의 大家라고 평가하고 있는 것을 고찰해 보기로 한다. 목은은 문장을 발휘함에 절묘하였으며,526) 심부름을 다니는 하인들마저도 그의 문장력을 알 정도였다고 한다.527) 그래서 金春澤(1670~1717)은 "文은 마땅히 牧隱을 가장 앞에 두어야 한다."528)고 하여, 여러 편의 글 가운데에서 牧隱의 文을 가장 앞세워야 한다고 極讚을 아끼지 않았던 것이다. 後人들 가운데 몇 사람의 언급을 통해 이를 좀 더 구체적으로 살펴보면 다음과 같다.

먼저 奇大升(1527~1572)은 『論事錄』에서 다음과 같이 牧隱의 문장에 대해 언급하고 있다.

> 젊었을 때, 중원에 들어가서 元나라 制科에 급제하였다. 널리 배우고 뛰어난 재주를 지녔으며, 배운 것은 문장을 주로 하였으나 禮文과 儒學에도 견문이 많았으므로 남을 가르쳐 깨우치게 한 일에 크게 공이 있었다. …… 고려 조정에서 불교를 숭상하였는데, 그의 문장이 매우 뛰어났기에 사원이나 佛經의 序文이 모두 그의 손에서 나왔다.529)

---

526) 『목은고』, 「牧隱先生畵像讚」, 516면 a. "文章妙於發揮."
527) 『三灘先生集』 권2, 「失題」, 393면 d. "事業文章壓東海, 走卒皆知牧隱翁."
528) 『北軒居士集』 권18, 「東文問答」, 249면 d. "文則當以牧隱置諸編首."
529) 『高峰先生論思錄』. "少時入中原, 擢制科于元. 博學高材, 所學雖主於文章, 而其於禮文儒學, 所見亦多. 而敎誨之事, 甚有功力. ……"

高峰은 牧隱이 뛰어난 재주에 두루 배운 것을 바탕으로 '主於
文章', 즉 문장에 힘을 쏟아 뛰어난 文章力을 갖추었다고 하였다.
그래서 記나 塔碑 등 사원에 관계된 글이나 佛經의 序文은 모두
그의 손에서 나왔다는 것이다. 실제 목은의 산문 중에는 스님의
청탁에 의해 지어진 것이나 임금의 명에 의해 지은 것이 상당한
부분을 차지하고 있어 이러한 사실을 입증하고 있다.

다음은 『竹窓閑話』에 실린 내용이다.

　　선배들의 문장은 실로 문장을 하는 선비가 아니고서는 본래 이
　　것을 감히 의논하지 못하는 것이다. 내가 새로 과거에 급제하여 簡
　　易 崔岦에게 인사를 갔더니, 간이가 말하기를, "牧隱의 자손은 文
　　官이 계속해 나와서 그 유풍과 여운이 여전히 남아 있다. 그리하여
　　비록 그 자손의 말엽까지도 혈맥이 흘러가고 있으니, 참으로 이상
　　한 일이다. 근래 『牧隱文集』 중에 碑銘과 墓誌를 보았는데 고금에
　　뛰어났으니, 우리나라 문장은 마땅히 牧隱으로 으뜸을 삼아야 할
　　것이다. 자손 된 자들은 하필 중국의 한유나 유종원의 글을 읽느라
　　공력을 허비할 필요가 있겠는가? 『牧隱集』을 읽는 것이 옳다."[530]

李德泂(1566~1645)은 문장에 대한 안목이 있는 사람만이 문장
에 대해 의논할 수 있다는 점을 전제로 제시함으로써 다음에 이어
질 簡易 崔岦의 언급에 먼저 힘을 실어주고 있다. 簡易는 科學에
합격해 인사를 온 이덕형에게 牧隱 집안에서 계속 文官이 배출되

─────────

　　高麗崇佛, 而其文章甚高, 故寺院佛經之序, 皆出於其手."
530) 『竹窓閑話』, 59면. "前輩文章, 非文章之士, 則不敢尙論雅矣. 余以
　　新及第投刺崔簡易岦, 簡易曰, '牧隱子孫文官繼出, 其遺風餘韻尙有
　　存者. 雖後裔末葉, 血脈流通, 甚可異也. 近觀牧隱文集碑銘墓誌, 冠
　　絶古今, 東國文章, 當以牧隱爲首. 爲子孫者, 何必費功於韓柳. 讀牧
　　隱集可也."

고 있는 상황에 찬사를 보내고 있다. 물론 이렇게 문관이 계속해서 나온 것은 목은의 유풍과 그가 남겨 놓은 여운 때문이라는 것이다. 근자에 『목은문집』을 읽어보니 고금을 통틀어 가장 우수한 글로, 우리나라 문장은 목은을 으뜸으로 삼아야 한다고 극찬을 아끼지 않았다. 간이는 자신의 글에서도 "牧隱의 文과 陶隱의 詩가 우리나라의 제일이다."531)라고 언급할 정도로, 목은의 文을 최고의 문장으로 인식하고 있었다. 심지어 그는 목은의 자손들이 唐나라의 대문장가인 한유나 유종원의 글을 읽는 데 공력을 낭비하는 것보다 『牧隱集』을 읽는 것이 더 옳은 일이라 말하고 있다. 許筠 (1569~1618)으로부터 '千年以來 絶調'라는 극찬을 받아왔던 簡易의 이러한 評은 조선시대 목은의 文에 대해 어떠한 평가를 하고 있었는지를 잘 보여준다고 하겠다.

다음은 송백옥의 『東文集成』에 있는 내용이다.

> 본 조에서 藝苑의 宗匠으로 걸핏하면 고려 말 문장가가 한 사람 있다고 했는데, 牧隱이 바로 그 사람이다. …… 그러므로 나는 高麗에서 가장 으뜸으로 牧隱을 선택하고서 그쳤다.532)

송백옥이 "본 조에서 藝苑의 宗匠으로 걸핏하면 고려 말 문장가가 한 사람 있다고 했는데, 牧隱이 바로 그 사람이다."라고 말한 것은 "대개 고려 오백 년간 문장으로 이름난 사람은 헤아리기 쉽지 않으나, 牧隱이 으뜸이다."533) · "牧隱 李 先生의 문장은 고려 말에 크

---

531) 『簡易集』. 권3, 「新印陶隱詩集跋」, 304면 b. "牧隱之文, 陶隱之詩, 吾東第一家數也."

532) 『東文集成』, 「牧隱李先生文集鈔引」, 3면. "本朝藝苑宗匠, 動稱麗季 文章有一人焉, 牧隱李先生是已. …… 故余於勝國首揭牧隱而止."

게 세상을 울렸다."534)는 언급들을 염두에 두고서 한 말일 것이다.
송백옥은 東文을 집성하면서 고려시대의 文人으로 牧隱만 選集의
대상으로 삼았다. 그 이유는 고려 말의 문장가라고 하면 牧隱이라는
당시의 通念 때문이었다. 물론 이것으로 인해 曺兢燮(1873~1933)으
로부터 익재 이제현을 버리고 목은을 선택한 송백옥이란 사람의 견
식은 말할 만한 가치도 없다고 비판을 받기도 했다.535)

다음은 農巖 金昌協(1651~1708)의 말이다.

> 우리나라에서 문장을 논하자면 어떤 한 사람을 들어 최고라고
> 단언하기는 참으로 어렵다. 그렇긴 하지만 文으로는 마땅히 牧隱
> 을 大家로 삼아야 하며, 詩로는 挹翠軒을 절조로 추대해야 한다.
> 牧隱은 文만 大家일 뿐 아니라 詩 또한 宏肆 豪放하여 그 기상
> 이 볼만하니 이규보의 악착함과는 같지 않다.536)

우리나라 문장에서 가장 으뜸은 누구일까? 김창협 역시 단언하
기가 쉽지 않다고 했다. 그러나 詩에 있어서는 挹翠軒 朴誾(147
9~1504)이요, 文에 있어서는 牧隱을 大家로 추대해야 한다고 자
신의 견해를 밝히고 있다. 詩 또한 뛰어나서 이규보보다 우수하다
고 하였다. 농암 역시 古文의 大家로서 牧隱을 文의 大家라고 단

---

533) 『淸陰先生集』 권38, 「稼亭集重刊序」, 582면 c~d. "蓋麗朝五百年,
以文章名家者不易數, 而牧隱爲冠首."

534) 『木齋先生文集』 권6, 「晦軒安先生牧隱李先生遺墟碑記」, 432면 c.
"牧隱李先生文章, 大鳴麗季."

535) 『深齋集』 全集 권6, 「與金滄江」, 89면 b. "宋伯玉不知何人, 然觀其
捨益齋, 而取牧隱, 則其見識不足言矣."

536) 『農巖集』 권34, 「雜識」, 311면 a. "論文章於東國, 固難以一人斷爲
冠首. 然文則當推牧隱爲大家, 詩則當推挹翠爲絶調. 牧隱不獨文爲
大家, 詩亦宏肆豪放, 氣象可觀, 不似奎報齷齪."

정 지은 것은 牧隱 散文의 우수성을 인정한 것이다. 농암의 이러한 입장은 조긍섭에 의해 "뒤에 농암이 牧隱을 동방 제일의 大家라고 논한 것을 보고서 이것은 농암의 견식이 매우 정밀하고 밝은 것으로 잘못된 칭찬은 아닌 것 같다."[537]고 농암의 견해에 지지를 보내고 있다.

牧隱의 文은 이처럼 후인들에 의해 大家로 평가받고 있었으며, 심지어는 "우리 동방문학의 성대함은 고려 말부터인데 牧隱이 으뜸이다. 그의 隻字片言은 지금까지도 사람들이 소중히 여겨 간직하고 있다."[538]고 하여, 조선 후기까지도 그의 文은 文人들의 사랑을 받고 있었던 것이다.

둘째, 다른 文人과 함께 거론된 경우이다. 牧隱의 문장은 稼亭에게서 나온 것이기에, "대개 公의 父子가 서로 이어 중국 과거에 급제하여 문장이 천하에 울렸다."[539]는 언급처럼, 稼亭과 함께 언급되는 경우가 많다. 稼亭 이외에는 여러 文人과 함께 거론되곤 하는데, 眉叟 許穆(1595～1682)은

> 우리 동방문학이 성대한데 …… 신라로부터 수백 년이 흘러 그 사이에 뛰어난 재능을 지녀 걸출한 사람으로는 崔學士 · 李相國 · 牧隱 · 佔畢齋와 같은 사람들이 있는데, 이들의 뛰어난 작품은 唐나라나 宋나라의 작품과 견줄 수 있을 정도다.[540]

537) 『深齋集』 全集 권6, 「與金滄江」, 88면 d. "後見農巖所論以牧爲東方第一大家, 此公見識極精明, 似非曲譽."
538) 『訥隱先生文集』 권7, 「睡隱集序」, 256면 b～c. "吾東方文學之盛, 粤自麗季, 而牧隱爲之冠. 其隻字片言, 至今人寶而蓄之."
539) 『埜隱先生逸稿』 권6, 「附錄」, 431면 c. "蓋公父子相繼中制科, 文章動天下."
540) 『記言』 권18, 「湖陰遷葬陰記」, 96면 a. "吾東方文學之盛, …… 自

라고 말하고 있다. 신라시대는 崔致遠을, 고려시대는 李奎報와 牧隱을, 조선시대에는 金宗直을 문학에 뛰어난 사람으로 꼽고 있다. 서거정은 "우리나라 말소리는 중국과 달라, 相國 李奎報·大諫 李仁老·猊山 崔瀣·牧隱 李穡 등이 모두 문장의 大家들이다."541)라고 하여, 雄文大手로 이규보·이인로·최해·牧隱 네 사람을 예로 들고 있으며, 이덕무는 "우리나라의 문장으로는 신라시대 崔致遠, 고려시대에는 李奎報와 李穡이 있다."542)고 하여, 新羅時代를 대표하는 문장가로 최치원을, 高麗時代는 이규보와 이색을 당대를 대표하는 문장가로 인식하고 있었다. 張維는 "우리나라 문학이 진실로 中國만 못하기는 하지만, 그중에 능한 사람은 종종 높은 자리에서 많이 나왔는데, 高麗의 이문순·익재·목은 같은 사람이 있다."543)고 하여, 이규보와 이제현 그리고 목은을 高麗의 대표 문장가로 인식하고 있었다. 이것으로 보아 朝鮮時代의 文人들은 고려시대를 대표하는 문인으로는 李奎報·李齊賢·牧隱 이 세 사람을 꼽고 있다는 것을 알 수 있다.

이처럼 李奎報와 牧隱이 고려시대를 대표하는 문장가로 인식되고 있었는데, 그렇다면 이규보와 목은의 문장은 누가 더 우수한가?

新羅歷數千百年, 其間高才傑出者, 如崔學士李相國牧隱佔畢諸老之作, 能頡頏唐宋氏."

541) 『東人詩話』 상, 99면. "吾東榜語音與中國不同, 李相國李大諫猊山牧隱, 皆以雄文大手."

542) 『靑莊館全書』 권63, 15면. "我國文章, 新羅有崔孤雲, 高麗有李奎報李牧隱."

543) 『谿谷先生集』 권6, 「玄軒先生集序」, 104면 c. "我東文學不如夏, 固也. 然其能者, 往往多出於顯位, 若麗之李文順益齋牧隱."

> 그가(최립 - 인용자) 牧隱을 추앙하는 뜻이 보통과 다르니, 그의 아들 東望이 곁에 있다가, "李相國의 문장과 牧隱의 문장은 어느 쪽이 더 낫습니까?" 하고 물으니, 간이가 "湖陰이 항상 말하기를, '이규보의 「조강부」가 가장 좋다'고 했지만, 어찌 牧隱을 당하겠느냐?"라고 대답했다.544)

簡易가 牧隱을 특별히 추앙하자, 아들 동망이 이규보와 목은의 문장은 어느 쪽이 더 낫느냐는 질문에 간이는, 鄭士龍이 "이규보의 「조강부」가 가장 좋다고 했으나, 목은만은 못하다."라는 말을 인용해 목은이 더 낫다고 하였다. 물론 이것은 간이만의 개인적인 입장일 수 있으나, 古文의 大家인 간이의 심미안이 터무니없는 것은 아닐 것이다. 그러나 미수는 "고려 중엽 이후부터 문학이 매우 성대해졌는데, 李相國과 牧隱이 가장 저명하다. 그중에서도 이상국이 특히 雄偉하다."545)고 하여, 미수는 이규보를 더 높게 평가하고 있다. 이규보가 우수한지 목은이 뛰어난지 우열을 가리는 것이 중요한 것이 아니라, 목은이 고려시대 大文豪인 이규보와 나란히 거론되고 있으며, 이제현과 더불어 고려시대를 대표하는 文人으로 손꼽히고 있다는 것이 중요하다. 이것은 목은의 文이 후대의 많은 文人들에게 높게 평가받고 있었다는 방증인 것이다.

끝으로, 中國 文士와의 비교를 통해 牧隱 文의 우수함을 언급한 評들을 살펴보고자 한다. 조선의 太宗은 "성리학과 문장학은 중국의 선비라도 간혹 그보다 더 나을 수 없었다."546)고 하여, 목은의

---

544) 『죽창한화』, 59면. "其推仰之意, 敻出尋常, 其子東望在傍曰, '李相國文章與牧隱孰愈?' 簡易曰, '湖陰常言, 李奎報祖江賦最勝, 然何能當牧隱哉."

545) 『記言』 권18, 「簡易堂碣」, 96면 a. "自高麗中世以後, 文學甚盛, 李相國牧隱最著聞, 李相國特雄偉."

성리학과 문장이 우수함을 말하였다. 앞서도 보았듯이 미수는 목
은의 글이 唐나라와 宋나라의 작품에 견줄 수 있다고 하였다. 唐
宋古文家들의 작품과 비교해 결코 뒤지지 않는다는 것이다. 그럼
구체적으로 어떤 文人들과 비교를 하고 있는지 살펴보면 아래와
같다.

> 구양수와 한유를 따라잡아 그들과 어깨를 나란히 했으니, 후세
> 에 공의 문장을 보는 이가 내 말이 거짓이 아님을 알리로다.[547]

> 구양수·소식의 궤철을 달려서 한유·유종원의 室堂에 올랐
> 다.[548]

> 문사는 高古하여 소식·황정견을 내려보았네.[549]

> 의리는 정미하고, 한유·구양수의 궤범에 나란했다.[550]

　唐宋 八大家인 한유·유종원·구양수·소식 등 當代에 뛰어났
던 古文家들과 비견되고 있는데, 때로는 이들보다 더 뛰어났다고
평가하고 있다.
　李黔翁은 동방의 문장을 논하는 글에서 "牧隱의 文은 前無後無

---

546) 『太宗實錄』 권5, 3년 3월 庚辰條. "性理之學, 文章之學, 雖中國之
　　士, 未能或之先也."
547) 『목은고』, 「畫像讚」, 516면 b. "追逐歐韓, 並駕齊馳, 後之觀者, 知
　　吾言之不欺也."
548) 『목은고』, 「牧隱先生文集序」, 500면 b. "騁歐蘇之軌轍, 升韓柳之室堂."
549) 『목은고』, 「神道碑」, 514면 a. "文辭高古, 下視蘇黃."
550) 『東文集成』, 「牧隱李先生集文鈔引」, 3면. "義理精微, 駕韓歐之軌範."

하여 뒤를 이을 자가 없으니, 정말로 동방의 韓愈다."[551]고 하여, 牧隱의 文을 중국 唐나라에서 최고의 문장가인 한유에 비기고 있다. 이러한 諸家들의 評들을 통해 볼 때, 牧隱의 文이 唐宋古文家들의 文에 비길 정도로 우수하다는 것을 알 수 있다.

2. 東國文章의 集大成者

牧隱에 대해 後人들은 '東國文章의 集大成者'라는 評을 남기고 있다. 이러한 評을 남긴 사람들을 시대순으로 제시하면 다음과 같다. 먼저 高麗時代 文臣인 金子粹(自粹)가 漢山을 읊은 詩에,

東國文章集大成   동국문장을 집대성한 이로
稼亭父子冠群英   稼亭 父子가 뭇 인재 중 으뜸이네
山川孕秀今猶古   산천의 빼어난 정기 지금도 옛날과 같은데
且問何人繼姓名[552] 묻노니, 어떤 이가 그 성명을 이을런고?

라고 하였다. 우리나라 문장을 집대성한 이로 稼亭과 牧隱 父子를 여러 인재 중 가장 으뜸이라고 노래했다. 하지만 예나 지금이나 빼어난 산천은 변화가 없는데, 시대가 흘러 훗날 그러한 명성을 어떤 이가 이어갈 것인가라고 反問하고 있다. 이것은 목은의 생존시에도 이미 문장을 集大成한 사람으로 일컬어지고 있었다는 사실을 보여주고 있다고 하겠다.

---

551) 『聽竹衲被別識』, 「論東方文章」. "牧隱之文, 前無其比, 後無繼者, 眞東方之昌黎也."
552) 『松窩雜說』, 28면.

이후 成俔(1439~1504)은 최치원 이후 고려시대 작가들의 장점과 단점을 들어 비평을 하면서, 牧隱에 대해서는 다음과 같은 평을 남겼다.

세상에서 말하기를, "牧隱은 集大成할 수 있어서, 詩와 文에 모두 능하다."고 하는데, 비루하고 소략한 태가 많다. …… 陽村과 春亭은 文柄을 잡기는 하였지만, 牧隱에게는 미치지 못한다.[553]

여기서 世稱이라 표현한 것은 이미 그러한 평가가 당시에도 있었다는 것을 의미한다. 즉 김자수의 앞 詩에서도 드러났듯이, 당시 牧隱에 대한 평가는 '東國文章集大成'이란 타이틀이 주어졌던 것이다. 成俔은 詩文을 集大成한 목은이 鄙疎한 단점이 있으나, 뒤에 조선시대 文柄을 잡은 권근과 변계량이 목은의 수준에 미치지 못한다 하여, 목은의 詩文에 대해 높이 평을 가하고 있다. 『해동잡록』에도 성현의 이러한 견해를 그대로 인용하여, "우리 동방의 문장은 최치원으로부터 발휘되기 시작하여 牧隱에 이르러 集大成할 수 있어 詩文이 모두 우수하다."[554]고 하였다.

같은 시기 任士洪(1445~1506)은 「四佳先生集序」에서 다음과 같이 '集大成'이란 무엇인가를 제시하고 있다.

國朝 이래 문인과 시인 중에 저술한 사람이 무려 수백 명에 이른다. 그런데 어떤 이는 詩를 잘 지어도 文에 능하지 못하고, 文은 혹 잘한다고 일컬으면서도 詩는 잘 못하는 사람이 있다. 온전

553) 『慵齋叢話』 권1, 10면. "世稱牧隱能集大成, 詩文俱優. 然多有鄙疎之態. ……陽村春亭, 雖秉文柄, 不能及牧隱."
554) 『해동잡록』 권4, 81면. "吾東方文章, 始發揮於崔致遠, 至牧隱能集大成, 詩文俱優."

히 하여 두 가지 모두에 능한 사람을 集大成했다고 한다. 집대성
할 수 있었던 사람은 오직 牧隱뿐이다. 선생이 이미 작고하였으
니, 쓸쓸하여 백 년이 지나도록 그만한 인물이 있다는 말을 듣지
못했다.555)

　본래 '集大成'이란 말은 孟子가 孔子를 일컬어 한 말이다. 孔子
가 伯夷와 伊尹과 柳下惠의 道를 모아 大成하게 되었다는 의미에
서 나온 것이다.556) 임사홍도 이러한 의미를 수용하여 集大成이란
두 가지 모두에 뛰어나 大成한 것으로 풀이하고 있다. 임사홍은
國朝 이래 수백 명의 文人과 詩人들이 있었으나, 詩를 잘 지으면
文을 잘 짓지 못하고 文을 잘 지으면 詩에 능하지 못하는데, 이
두 가지를 다 잘할 수 있어야 集大成이란 칭호를 붙일 수 있다고
했다. 그런데 集大成이란 칭호를 붙일 수 있는 유일한 사람은 牧
隱 한 사람뿐이라는 것이다. 牧隱 이후 백 년이 지나도 牧隱만한
인물이 없다고 함으로써, 詩와 文에 모두 능해 集大成할 수 있는
사람은 牧隱뿐이라고 극찬을 아끼지 않고 있는 것이다. 『목은문집
』의 序文이라면 그에 대한 일정 정도의 찬사를 하는 것이라 이해
할 수 있지만, 이 글은 四佳 徐居正의 문집에 쓴 글이다. 그러니
굳이 일반적인 序文에 상투적으로 들어가는 讚辭의 말이 필요 없
는데도 불구하고, 이렇게 牧隱을 평가하고 있다는 것은 '東國文章
集大成'이란 칭호가 牧隱의 글을 평가하는 데 가장 합당하다고 여
겼기 때문일 것이다.

---

555) 『四佳集』,「四佳先生集序」, 227면 a~b. "國朝以來, 文人詩士之著
述者, 無慮數百家, 或能於詩, 而不能乎文, 文或可稱, 而詩不可稱
也. 全而能之者, 謂之集大成. 可乎集大成者, 其惟牧隱而已. 先生既
沒, 寥寥百歲, 未聞其人焉."
556) 『孟子』,「萬章 下」.

洪汝河(1621~1678)는 "동방의 선비 중에 崔文昌·李益齋·牧隱과 같은 이는 중국에 유학하여 문장이 바르고 우아하다고 일컬어졌다."[557]고 하여, 중국에 유학한 동국문장가로 최치원·이제현·목은 세 사람을 제시하고 있다. 그리고 다른 글에서는

　　논하기를, "동국문장은 최문창이 근원을 개척하여 이규보가 그 흐름을 넓히고 益齋가 비로소 궤도에 올려놓아 李穡에서 집성이 되었다."[558]

라고 하여, '우리나라의 문장은 崔致遠이 근원을 열어두어 그것을 李奎報가 이어 흐름을 넓혔으며, 李齊賢이 비로소 본격적인 궤도에 올려놓아 李穡에 이르러서 集大成되었다'고 고려시대까지의 문학사 구도를 잡고 있다. 牧隱의 문학적 위상을 적확히 제시한 것이라 할 수 있겠다. 이외에도 『宋子大全』에서는 동방 문장은 누가 집대성했느냐는 질문에 대해, "당연히 牧隱이 集大成했다."[559]고 한 바 있고, 李裕元도 "牧隱은 集大成者요, 그의 詩文은 동방의 文府."[560]라고 말하고 있다. 이러한 諸家들의 評을 종합해 볼 때, 牧隱의 文學史的 位相은 최치원으로부터 시작된 우리나라의 문장을 고려 말에 '集大成'했다는 것이다.

　　고려 말 牧隱의 이러한 集大成된 문장은 우리나라뿐 아니라 중

---

557) 『木齋先生文集』 권10, 「文苑傳」, 535면 d. "東方之士, 若崔文昌李益齋牧隱, 北學於中國, 文章號稱爾雅."
558) 『彙纂麗史』 권34, 「名臣列傳」, 李穡條, 593면 a. "論曰, '東國文章, 崔文昌拓其源, 李奎報暢其流, 益齋始循軌法, 而集成於牧隱.'"
559) 『宋子大全』 권18, 「崔愼錄」 下, 555면 b. "問, 東方文章, 誰爲集大成? 先生曰, 牧隱當集大成."
560) 『林下筆記』. "古稱牧隱爲集大成, 詩文優爲東方文府."

국에서도 유명했다고 한다. 다음은 祝孟獻이 明나라의 사신으로 왔다가 사정이 생겨 귀국이 늦어지자, 『목은문집』을 읽고 탄복했다는 내용이다.

永樂 癸未(1403)년 太僕少卿 祝孟獻이 사명을 받들고 본국에 와서 일 때문에 오랫동안 머무르면서 그간에 『목은문집』을 구하여 보고는 탄복하여 마지않았다.[561]

祝孟獻은 이후 목은의 「行狀」을 읽고 목은을 사모하여 詩를 짓기도 했으며, 序文을 지어달라는 주변의 요청에 본국으로 돌아가 글 잘하는 사람에게 청하여 보내겠다고 했다. 그 후 정말 國子監助敎 羊城 陳璉이 찬한 墓誌銘을 지어서 보냈다고 한다. 이것은 틀림없이 그 문집을 보고 그 사람됨을 알아서, 감히 외국사람이라 하여 낮게 보지 못하고 칭찬한 말이 여기에 이르렀던 것이니, 그가 성심으로 감복한 것은 의심할 여지가 없는 것이다.[562]

또 서거정의 『필원잡기』에는 鄭麟趾의 말을 인용하여,

鄭文成公이 일찍이 말하기를, "전에 북경에 갔더니 한 선비가 말하기를, '너희 나라 문집 중에는 『목은집』이 가장 좋다. 소동파와 황산곡과 더불어 겨룰 만하다.'라 하기에, '어디서 구했는가?'라 물었더니, '너희 나라 역관 金自安에게서 기증받은 것이다.'라 하였다."[563]

---

561) 『목은고』, 「碑陰記」, 515면 c. "永樂癸未, 太僕少卿祝孟獻奉使到國, 以事久留. 間求見牧隱文集, 嘆服無已."

562) 같은 곳. "又索閱行狀, 亦甚景慕, 因賦詩以表景仰之心, 時在旁者請曰,'大人嘆服景慕如此之切, 幸作序以冠卷首.' 祝君曰, '吾豈敢爲, 當俟還朝, 請於縉紳之能文者製送.' 其後乃送國子助敎羊城陳璉所撰墓誌銘. ……必也見其文集, 知其爲人, 而不敢以外國人下視之, 稱揚讚美, 至於如此, 其誠服也無疑矣."

라 하였다. 蘇軾이나 황산곡에 비길 정도로 牧隱의 글을 높이 평
가하여, 東國의 문집 중에 『牧隱集』이 가장 우수하다는 것을 표명
하고 있다.

또한 『竹窓閑話』에서도,

　　이때 또 海平이 말하기를, "중국 사신 許國이 우리나라 문집을 보
고자 하므로, 고봉 기대승이 『李相國集』·『牧隱集』·『佔畢齋集』·『
四佳集』 등을 주었더니, 허국은 두루 여러 문장을 훑어보고 곧 모두
돌려보냈는데, 유독 『목은집』만은 가지고서 읊조리고 손에서 놓지
않았다. 그리고 원접사에게 청해서 그가 갈 때에 가지고 갔는데, 그
가 중국에 돌아가자 통사 홍순언을 통해 또 다시 『목은집』 여러 질
을 청했으니, 이것만으로도 목은의 문장이 우리나라에서 으뜸이라는
것을 알 수 있다."564)

라는 기록이 보인다. 李德泂은 海平 尹根壽의 말을 인용하여, 이
규보·이색·김종직·서거정의 문집 가운데 중국 사신 許國은 유
독 『牧隱集』만 읽었으며, 중국에 갈 때 가지고 갔다고 하였다. 더
구나 중국에 가서도 몇 질을 더 청했다고 하니, 목은의 문장이 우
리나라에서 巨擘임은 의심의 여지가 없다고 하겠다.

　　중국 문인뿐 아니라 일본의 사신 玄方도 『목은집』을 청해 가지
고 갔다565)고 하니, 詩와 文에 뛰어나며 崔致遠에서 비롯된 문장

563) 『필원잡기』 권2, 691면. "鄭文成公嘗語, 曾赴京, 見一儒士, 云, '汝國牧
隱集最好, 可與黃蘇頡頏.' 問得之何處, 曰, '汝國譯官金自安所贈.'"

564) 『죽창한화』, 59면. "海平曰, '許天使國, 求觀我國文集, 奇高峰大升,
以李相國牧隱佔畢四佳等集投進, 許天使國遍閱諸集, 卽爲捲退, 獨
取牧隱集, 吟咏不釋. 請於遠接使臨還賚去, 及歸中國, 因通使洪純
彥, 又請累秩. 是知牧隱文章爲東方巨擘云.'"

565) 『죽창한화』, 59면. "頃年倭使玄方之來, 亦請牧隱集而去."

을 고려 말 牧隱에 이르러 集大成한 글은 시간이 지나도 여러 문
인들에게 애독될 수 있었던 것이다.

牧隱의 글에 대한 이러한 긍정적인 평가에 반해, 부정적 시각을
지녔던 사람도 있었다. 안석경은 목은의 글은 후세 명가들도 미칠
수 없다고 칭송하고서, "어린 나이에 科業을 익혔기 때문에 그가
지은 古文은 끝내 순전히 古雅할 수 없었으니, 정말 아쉽다."566)
고 評하여, 科業 때문에 牧隱의 古文이 순정하지 못하다고 아쉬움
을 남기고 있다. 滄江 역시 목은의 古文을 순정고문으로 인정하지
않았다.

> 李牧隱은 益齋의 門生으로 비로소 程朱學을 창도했으나, 그의
> 文은 註疏語錄의 기운이 많다. 여기서부터 우리나라 200여 년간
> 에 권양촌 · 김점필 · 최간이 · 신상촌 · 이월사 등 여러 사람들이
> 있었는데, 모두 牧隱에게서 병을 받았다.567)

滄江 金澤榮은 牧隱이 程朱學을 창도한 것에 대해서는 긍정적
으로 평가를 했으나, 그의 문에 註疏語錄의 기운이 많다는 것에
대해 부정적 평가를 내렸다. 이러한 牧隱의 영향을 입어 권근 · 김
종직 · 최립 · 신흠 · 이정구 등 여러 문인들이 註疏語錄體를 쓰게
되었다는 것이다. 그래서 그는 『麗韓九家』를 選定하면서 고려시대
에는 김부식과 이제현만을 선정하면서 牧隱을 제외시켰으며, 조선
시대에는 牧隱의 영향을 받은 이들을 전부 배제하였다. 이러한 選

---

566) 『삽교집』 하, 641~642면. "早歲習於學業, 故其爲古文, 終不能純於
   古雅, 良可惜也."
567) 『韶濩堂文集定本』 권8, 「雜言」 四, 340~431면. "李牧隱以益齋文生,
   始唱程朱之學, 而其文多註疏語錄之氣. 自是至吾韓二百餘年之間, 有
   權陽村金佔畢崔簡易申象村李月沙諸家, 而皆受病於牧隱."

定 기준은 조긍섭에 의해 비판을 받는다. 조긍섭은 간이와 牧隱을 제외시킨 창강의 견해를 부정하면서, "근세의 몇 사람을 簡易나 牧隱의 여러 대작과 비교해 보면, 어찌 아쟁이나 피리가 큰 종과 함께 하는 것과 같이, 기뻐할 수는 있으나 놀라게 할 수는 없는 것이 아니겠는가?"568)고 하여, 牧隱을 큰 종에 비유하고 있다.

568) 『深齋集』 全集 권6, 「與金滄江」, 88면 b. "然必論其等, 則以近代數公, 比之於牧隱簡易諸大作, 豈不類箏笛之與洪鍾, 可悅而不可驚耶?"

Ⅵ. 結 論

　이상으로 牧隱 散文에 대해 고찰해 보았다. 지금까지의 논의된 내용을 정리하는 것으로 결론을 대신하기로 한다.

　牧隱은 文에 관심을 두어 당대의 文風을 주도하고 문인으로 量的 성취뿐 아니라 質的 성취도 이룩하였다. 그래서 그의 문인 權近은 "우리 동방에 문학이 있어 온 이후로 선생보다 더 훌륭한 분은 없었다."고 격찬하였다. 문학 면에 있어서 牧隱의 위치는 이규보와 어깨를 나란히 할 정도였다. 그러나 연구 성과는 그에 미치지 못하고 있는 실정이다. 물론 이규보는 고려 전기를 대표하는 文人이니만큼 그에 대한 연구는 당연히 성대하게 이루어져야 한다고 본다. 그러나 고려시대의 文豪를 뽑으라면, 이규보·이제현에 이어 목은도 3대 文豪의 한자리를 당당히 차지하고 있다. 그러므로 목은에 대한 연구도 전반적으로 다양하게 이루어져야 할 것이다. 『동문선』을 비롯해 편찬된 選文集들을 통해 볼 때, 대부분의 選集들이 목은의 산문 작품을 수록하고 있거나, 고려시대의 유일한 문장가로 선정한 것으로 보아 목은 산문에 대한 역대 문인들의 평가를 짐작해 볼 수 있을 것이다. 그런데 기존의 목은에 대한 연구는 대부분 詩에 치중하였다. 그의 詩가 뛰어나고 그의 문집에 많은 부분을 차지하고 있기 때문에 詩에 대한 연구가 활발히 이루어진 것은 당연한 결과이다. 하지만 목은을 文의 大家로 추대하고 있는 후인들의 평을 볼

때, 그의 散文 또한 당연히 연구되어야 할 것이다. 한 작가의 문학
적 역량을 정확히 이해하기 위해서는 詩와 더불어 文에 대한 연구
가 병행되어야 한다고 본다. 이에 본 고에서는 이러한 牧隱 散文의
전반적 특징을 파악하기 위해 시도된 것이다.

Ⅱ장에서는 牧隱의 文論에 대해 살펴보았다. 목은은 우리나라
古文史에 있어서 초기에 해당하는 시기로, 漢·唐의 古文을 상당
히 愛好하였던 古文家이다. 그가 본받고자 한 古文은 漢의 古文
과 唐宋의 古文이기는 하지만, 어떤 특정 시대만을 모범으로 삼고
자 한 것은 아니었으며, 古文家 중에서도 韓愈를 상당히 좋아했던
것 같다. 그리고 고려 말까지도 浮華한 文風이 유행하자 목은은
이러한 폐단을 비판하고 道를 위주로 한 내용 중심의 글을 중시하
였다. 그렇다고 외형적 修辭를 완전히 부정하지는 않았으며 일정
부분 그 의의를 인정하기도 하였다. 또한 목은은 문학은 시대와
밀접한 관련을 맺고 있으며 性情을 바로잡고 세상을 교화시킬 수
있는 문학의 風敎的 效用을 중시하였다.

Ⅲ장에서는 牧隱 散文에 나타난 내용을 중심으로 고찰해 보았다.
목은은 그의 제자인 권근의 말대로 理學에 조예가 매우 깊었으며,
性理學思想의 다양한 부분에 대해 자신의 議論을 개진하고 있다.
목은은 자신의 글을 구성해 나가는 데 있어서 단편적인 性理學思
想을 자신의 논리를 전개시켜 나가기 위한 방안으로 사용하고 있
다. 그래서 사상적인 측면에서 논의하고 그친 것이 아니라 그러한
성리학사상을 통해 당시 사대부의 행동이 어떠해야 하는지에 대한
勸勉이나 設敎에 목적을 두고 있었던 것이다. 이것이 목은 산문의
내용 양상 중 가장 두드러진 특징이라 할 수 있을 것이다.

牧隱의 정치적 이상은 "백성들의 생활 근거를 마련해 주면서 왕

도 정치를 일으키는 것"이었다. 그러나 이러한 이상은 실행에 옮기지 못했지만, 制民産과 興王道할 수 있는 방안을 제시했는데, 그것은 異端을 물리치는 것이었다. 그 이단을 대신하는 것은 당연히 性理學이다. 목은은 성리학으로 이단을 대처하여 어지러운 사회분위기를 개혁하려고 했던 것이다.

牧隱은 정치적 · 사회적 · 국제적으로 대변혁의 시대 한 가운데 살며, "벼슬하지 않으면 숨고, 숨지 않으면 벼슬한다."고 하여, 出하여 관료로 지내는 仕하는 삶과 處하여 자연으로 돌아가는 隱하는 삶을 살아야 했다. 그는 역성혁명이 일어나기 전까지 거의 전 생애에 걸쳐 仕로서의 역할에 충실하고 싶었다. 그리하여 공민왕 시절 두 차례에 걸쳐 장문의 上疏를 올려 공민왕의 정치적 개혁에 적극 동참하였다. 그러나 공민왕 사후, 牧隱이라는 號로만 존재하던 그의 隱에 대한 생각이 정치적 失意期를 당하고부터는 隱을 실현하고자 하였다. 하지만 높은 관직에 있는 그로서는 모든 것을 버리고 자신의 한 몸만을 편하게 하기 위해 歸田園하는, 그것마저도 여의치 못했다. 현실을 벗어나 歸田園하겠다는 그의 갈망은 한낱 관념에 지나지 않았던 것이다. 결국 牧隱은 隱遁思想을 지닌 관료로서, 隱은 憧憬의 대상이었고 이념은 經國濟民의 의식을 지니고 있었던 것이다.

牧隱은 당대의 사회를 살아가면서 뛰어난 재능은 지녔지만 불우하게 생을 마감한 사람들에게 연민의 정을 보내고 있다. 이들이 불우한 삶을 살았던 것은 여러 가지 요인이 있을 수 있겠으나, 목은의 시각에 따르자면 타고난 개인적 기질로 말미암아 불행한 삶을 살았을 수도 있으며, 주어진 운명에 기인할 수도 있고, 시대적 여건으로 말미암아 어려운 삶을 살았던 이들도 있었다. 목은은 남

다른 재주와 뜻이 있었던 이들의 불행을 불운의 탓으로 보면서 연민의 정을 진지하게 피력해 놓고 있다.

IV장에서는 牧隱 散文의 形式美에 관해 구성상의 특징과 표현기법상의 특징으로 나누어 살펴보았다. 먼저 구성상의 특징을 살펴보면, 목은의 산문 작품은 대부분 주변 인물들에 의한 청탁에 의해 지어진 것으로, 그 대상에 대한 칭송이 일반적인 현상이나 목은은 칭송보다는 그렇게 命名한 이유를 性理學思想으로 풀이하는 구성방식을 취하고 있다. 이러한 방법은 稼亭 李穀의 說에 처음으로 나타나기 시작하는데, 牧隱에 이르러 활성화된다. 이렇게 命名한 풀이를 통해 당부와 勸勉의 말로 設敎를 덧붙이고 있는 것이다. 목은의 작품 중 記와 說의 경우는 대부분 이러한 방식을 채택하고 있다고 하겠다. 목은이 이러한 구성방식을 취한 것은 그의 글을 청한 사람이 상당부분 목은의 門生들이었기에, 恩門으로서 자기 門生에게 설교하여 가르침을 내림으로써 이를 실천하기를 바라는 목은의 의도가 작용했기 때문이다. 古文에서 주제를 효과적으로 전달하기 위한 방법은 여러 가지가 있다. 목은의 경우는 이러한 다양한 방법들 가운데 결말에 힘을 주는 것이 뛰어나다. 그런데 목은의 스승인 이제현의 경우 서두와 말미를 상관시켜 주제를 거듭 강조하는 開闔과 주제를 글의 첫머리에 내세워 줄거리를 일관성 있게 전개하는 破題를 즐겨 사용하였는데, 목은의 경우 간결한 敍事로 시작해서 청탁자의 口述을 통해 일의 전말을 제시하고 끝으로 간략한 자신의 議論으로 결말을 맺어 결말에 힘을 집중하는 구성방법을 취하고 있다.

牧隱은 轉折法을 자주 구사하였는데, 轉折이란 문장이나 語意가 하나의 방향에서 다른 방향으로 轉向하는 것으로, 대문장가가

아니면 지을 수 없는 것이다. 한 편의 산문 속에서 빈번하게 문맥
을 변환시키면 문장의 결구를 엄밀하게 할 수 있을 뿐만 아니라
문장의 변화를 주는데도 도움이 된다. 이러한 변화는 문장을 구성
하는 치밀함에서 나왔다. 이러한 轉折法은 唐宋八大家가 자주 구
사한 것으로, 이들이 散文史上 공헌한 것 가운데 하나이기도 하다.
그중에서도 특히 한유나 유종원이 애용하였다. 목은도 이러한 轉
折法을 사용하여 문단에 있어 起伏을 통한 변화를 주어 독자들에
게 놀라움과 생동감을 불러일으키게 하였다.

牧隱은 또한 議論과 抒情의 交織으로 작품을 구성하기도 했다.
議論은 고려 후기로 오면서 활성화된다. 고려 전기는 議論性 저작
보다는 개인의 감정이나 생각을 피력하는 것이 주된 서술방식이었
으나, 性理學의 수용 이후 자신의 이데올로기를 적극 개진하면서
정치적 입지를 확보해야 하는 新興士大夫들은 자신의 논리를 보
다 뚜렷이 하기 위해 논리 전개를 치밀하게 함으로써 議論이 강화
되기 시작한다. 목은의 경우도 그의 산문 상당부분에서 성리학사
상을 기조로 한 議論을 발견할 수 있다. 또한 자신의 정감을 개입
시켜 사람의 심금을 더 울리기도 하였다. 抒情 속에 議論을 기탁
한다든지, 議論 속에 抒情을 기탁하기도 하였다. 목은은 이렇게
묘사할 대상을 더욱 두드러지게 하고 더불어 주제의 의미를 부각
시키기 위하여 자신의 議論을 펼치면서 강한 정감을 문장 속에 寄
託함으로써 글을 읽는 독자들로 하여금 강한 인상과 감동을 주게
하는 구성 방법을 즐겨 사용하고 있다.

다음으로 牧隱이 자주 구사한 표현기법상의 특징을 살펴보았다.
引用은 문장의 색채나 설득력을 증가시킬 수 있어서 사람에게 연
상을 불러일으키고 선명하고 생동적인 인상을 주며, 또한 깊은 정

취의 묘미가 있다. 종류로는 引文・引言・引事가 있다. 引文은 자신의 주장에 힘을 싣기 위해서거나 자신이 펴고 있는 논리를 정당화시키기 위한 의도로 사용되는데, 목은은 經典이나 개인의 문집에서 글을 인용해 자신의 논지를 전개해 나가는 데 힘을 실어주기 위한 장치로 활용하고 있다. 引言은 자신이 말하고자 하는 것의 근거로 삼거나 자신의 뜻을 생동감 있게 전달하는 表現방식으로 대화와 口述이 있다. 목은은 일관된 篇幅의 問對를 사용하지 않고, 논지를 전개하기 위한 立論에서는 짧은 대화로 시작하다가 주제에 대한 논리적 설명이 필요한 부분에 이르러서는 대화가 길어지는 변화를 줌으로써 단조롭지 않고 지루하지 않게 서술하고 있다. 또한 간접적 표현방법인 口述을 사용함으로써 내용의 객관성을 유지하고 진실성을 확보하였다. 引事는 역사적으로 근거가 확실한 사실을 引用하여 자신의 주장이 합리적임을 밝히는 효과를 부여한다. 목은은 여러 가지 故事를 나열하기도 하고, 한두 곳에 집약하기도 하며, 본 내용과는 달리 轉用의 다양한 방법으로 引事를 함으로써 자신이 언급하고자 하는 논지의 예증으로 삼거나 집약적으로 전달하여 간결하면서도 응집력 있는 문장을 구사하고 있다. 물론 이러한 인용의 표현법은 어느 문인에게나 보이는 수사법이기는 하다. 하지만 목은의 경우에는 거의 모든 글에 있어서 자주 나타난다는 점에 있어서 다른 문인과 구별될 수 있을 것이며, 그의 여러 가지 표현기법 가운데 가장 두드러진 특징이기도 하다.

牧隱은 표현해 내려는 작가의 의도를 문장의 전면에 드러내지 않고 표현하려고 하는 사실들 가운데 필요한 정점만을 드러냄으로써 주제를 선명하게 부각시키면서 의미를 깊이 있게 함축할 수 있는 간결미와 함축미[簡雋]에 뛰어났다. 목은은 簡雋을 위해 적절한 제재를 선택하였고, 互文法을 사용하여 간결함을 추구하면서도 주제를 강화시키는 효과를 발휘하였다. 簡雋은 古文에서 추구하는 것으로, 古文을 애호했던 목은 역시 간결하면서도 의미심장한 簡雋에 뛰어날 수 있었던 것이다.

牧隱은 또한 對比와 對偶를 愛用하기도 했다. 對比는 서로 다른 사물이 대립적인 속성을 지녔거나 같은 사물이 모순된 면을 가졌을 경우 이를 비교하는 방법으로, 사물의 특징을 돌출시키거나 명확한 판단을 표현함으로써 선명한 인상을 부여하며 어느 한쪽이 상대적으로 부각되는 강조의 효과가 있다. 牧隱은 자신이 나타내고자 한 뜻을 더욱 효과적으로 전달하기 위해 서로 다른 사물이나 인물, 또는 동일한 인물의 다른 행동을 對比하는 수법을 즐겨 사용하고 있다. 목은은 이러한 방법을 통해 자신의 주장을 더욱 강하게 제기하고자 한 것이다. 對偶는 본래 韻文에서 비롯된 것으로, 구성·字數가 서로 같거나 語義가 서로 비슷하거나 반대되는 두 개의 句나 節을 나란히 두는 수사방법이다. 목은은 전편에 걸쳐 對偶가 고르게 보이고 있는 경우도 있고, 자신의 주장을 설득력 있게 전달하기 위해 議論부분에 적극적으로 對偶의 수법을 동원하기도 하였다. 敍事부분과 議論부분에 사용한 수사법이 다르다는 것은 작가가 말하고자 하는 핵심이 어디에 있는지를 말해 주는 방증이기도 하다. 또한 동원된 방식이 일관되지 않고 다양한 형태로 나타나고 있다는 것은 작가가 얼마나 고심했는가를 엿볼 수도 있다. 목은은 문장의 기세를 증강시키고 전편의 글에 있어 변화 있는 모습을 주기 위해 對偶의 수법을 운용하고 있는 것이다. 목은의 이러한 對偶는 후대 洪萬宗에 의해 "對偶가 기묘하다."는 칭송을 받기도 한다. 對偶가 보편적인 수사법이기는 하지만 목은은 문장을 지을 때 이러한 對偶의 수법을 자주 동원하고 있어서, 그의 작품에서 이러한 용례를 찾기란 아주 용이하다. 심지어 한 작품 속에 이러한 對偶를 집중적으로 활용하기도 한 것으로 볼 때, 목은이 작품을 구상하면서 대우를 사용하여 문장 속에 간결미·정제미·율동미를 느끼게 하는 데 상당한 노력을 기울였음을 엿볼 수 있겠다.

끝으로 牧隱은 여러 가지 종류의 虛詞와 다양한 용법으로 중복된 虛詞를 이용해 긴장된 문장의 기세를 느슨하게 하며 부드럽게 하여 자신의 논지를 전개하는 데 도움을 주어서 문장의 운치를 확대시켰다. 또한 사건의 긴박함을 드러내기 위해 虛詞의 사용을 극도로 제한하기도 하였다. 이처럼 목은은 산문의 특징 가운데 하나인 허사를 절묘하게 활용함으로써 자신의 정감을 전달하거나 문장의 감화력을 확충시켰다고 하겠다.

V장에서는 牧隱 散文의 문학사적 位相을 고찰해 보았다. "동방의 文은 牧隱이 최고다."라는 언급처럼, 목은은 이후 文人들에게 詩에 못지않게 文에 있어서도 大家로 인정을 받고 있었다. 목은의 隻字片言은 조선 후기까지도 사람들이 소중히 여겨 간직하고 있을 정도로 사랑을 받고 있었던 것이다. 또한 이규보와 이제현 그리고 목은을 고려의 대표 문장가로 인식하고 있었으며, 唐宋古文家들과 견주기도 하고 동방의 韓愈라는 평을 받기도 하였다. 또한 목은은 詩와 文에 모두 능해 '東方文學의 集大成者'란 칭호를 받았다. 이것은 고려시대의 김자수를 필두로 조선 후기까지 지속적으로 그에게 주어진 타이틀이었다. 이렇게 詩文이 모두 우수했기에 중국의 사신도 감탄하고 여러 문집 중에서 유독 『목은집』만 읽었으며, 일본 사신도 『목은집』을 청해 갔던 것이다. 牧隱의 文學史的 位相은

고려의 대표적 문장가로 文의 大家요 '東方文學의 集大成者'였다. 그래서 일찍이 "麗末文學을 總決算한 偉人인 동시에 朝鮮 漢文學의 瀦水池였다."는 평가를 받아 온 것이다.

본 고는 『牧隱文集』에 실려 있는 240편의 산문 작품을 대상으로 목은 散文의 전반적인 검토를 목적으로 진행되었다. 본 고는 목은의 文에 대한 역대 文人들의 훌륭한 평가에도 불구하고 그동안 그의 文에 관한 연구가 소홀했던 점에 대한 의문에서 시작되었다. 목은 산문을 올바르게 파악하기 위해서는 다각적인 고찰이 필요한데, 일반적 검토에서 벗어나지 못한 것 같아 아쉬운 점으로 남는다. 차후 목은의 산문에 대한 검토가 다각적인 면에서 계속적으로 이루어져야 할 것이며, 이후 목은의 문학세계에 영향을 입은 門生들에게는 어떠한 양상으로 전개되고 변화되었는지도 함께 연구되어야 할 것으로 본다.

참고문헌

1. 基本資料

『經書』, 성균관대 대동문화연구원, 1996.
『高麗史』, 아세아문화사, 1990.
『古文眞寶大全』, 保景文化社, 1980.
『尙書』, 學古房, 1982.
『詩經』, 學古房, 1982.
『禮記』, 學古房, 1982.
『二十四史』, 中華書局, 1960.
『朝鮮王朝實錄』, 국사편찬위원회.
『周易』, 대동문화연구원, 1984.

2. 古典資料

1) 中　國

歐陽修, 『歐陽修集』, 『唐宋八大家全集』, 國際文化出版公司, 1997.
徐師曾, 『文體明辯序說』, 中文出版社, 1991.
蘇軾, 『蘇軾集』, 『唐宋八大家全集』, 國際文化出版公司, 1997.
柳宗元, 『柳宗元集』, 『唐宋八大家全集』, 國際文化出版公司, 1997.
劉勰, 『原刊本文心雕龍』, 上海古籍出版社, 1993.

5

韓愈,『韓愈集』,『唐宋八大家全集』, 國際文化出版公司, 1997.

2) 韓 國

權近,『陽村集』,『韓國文集叢刊』7.
奇大升,『高峯集』,『韓國文集叢刊』40.
金九容,『惕若齋學吟集』,『韓國文集叢刊』6.
金尙憲,『淸陰先生集』,『韓國文集叢刊』77.
金宗直,『佔畢齋集』,『韓國文集叢刊』12.
金昌協,『農巖集』,『韓國文集叢刊』161·162.
金春澤,『北軒居士集』,『韓國文集叢刊』185.
金澤榮,『韶濩堂文集定本』, 아세아문화사, 1978.
南泰應,『聽竹㐌被別識』.
柳夢寅,『於于集』,『韓國文集叢刊』63.
白斗鏞 編,『註解 語錄總覽』, 태학사, 1978.
徐居正,『東文選』, 민족문화간행회, 1994.
徐居正,『四佳集』,『韓國文集叢刊』11.
徐居正,『東人詩話』, 집문당, 1998.
徐有棐,『東文八家選』, 보고사, 1994.
宋伯玉,『東文集成』, 영진문화사.
宋時烈,『宋子大全』,『韓國文集叢刊』115.
申　欽,『象村稿』,『韓國文集叢刊』71·72.
安錫儆,『雪橋漫錄』, 서벽외사 해외수일본.
耘虛 龍夏,『佛敎辭典』, 東國譯經院, 2000.
尹根壽,『月汀漫筆』.『韓國文集叢刊』47.
李　穀,『稼亭集』,『韓國文集叢刊』3.
李光庭,『訥隱先生文集』,『韓國文集叢刊』187.
李奎報,『東國李相國集』,『韓國文集叢刊』2.

李　穡, 『牧隱集』, 『韓國文集叢刊』 3 · 4 · 5.

李崇仁, 『陶隱集』, 『韓國文集叢刊』 6.

李承召, 『三灘先生集』, 『韓國文集叢刊』 11.

李　珥, 『栗谷全書』, 『韓國文集叢刊』 44 · 45.

李齊賢, 『益齋亂藁』, 『韓國文集叢刊』 2.

張　維, 『谿谷集』, 『韓國文集叢刊』 92.

張志淵, 『大東文粹』, 휘문관.

田祿生, 『埜隱逸稿』, 『韓國文集叢刊』 3.

曺兢燮, 『深齋集』, 경문사, 1980.

崔　岦, 『簡易集』, 『韓國文集叢刊』 49.

許　穆, 『記言』, 『韓國文集叢刊』 98.

洪萬宗, 『旬五志』, 『韓國詩話叢編』 3.

洪汝河, 『彙纂麗史』, 여강출판사, 1986.

洪汝河, 『木齋先生文集』, 『韓國文集叢刊』 124.

『국역 대동야승』, 민족문화추진회, 1985.

『국역 동국이상국집』, 민족문화추진회, 1997.

『국역 목은집』, 민족문화추진회, 2000.

『국역 목은선생연보』, 한산이씨대종회, 1985.

『국역 소문쇄록』, 정용수 번역, 국학자료원, 1997.

『국역 신증동국여지승람』, 민족문화추진회, 1971.

『국역 익재집』, 민족문화추진회, 1997.

『국역 청장관전서』, 솔, 1997.

CD-ROM 『국역 고려사』 누리미디어, 1998.

CD-ROM 『국역 조선왕조실록』, 서울시스템, 1997.

CD-ROM 『四部叢刊』.

CD-ROM 『文淵閣四庫全書』.

3. 논 저

김명호,『박지원 문학 연구』, 대동문화연구원, 2001.

金元中 編著,『虛詞辭典』, 현암사, 1989.

金煐泰,『한국불교사』, 경서원, 2000.

金台俊 著·金性彦 校註,『校註 朝鮮漢文學史』, 태학사, 1994.

魯長時,『歐陽修 散文의 世界』, 중문, 2000.

목은연구회편,『牧隱 李穡의 生涯와 思想』, 일조각, 1996.

朴性奎,『고려후기 사대부문학 연구』, 고려대출판부, 2003.

송재소,『한시미학과 역사적 진실』, 창작과비평사, 2001.

송재소,『한국한문학의 사상적 지평』, 돌베개, 2005.

신천식,『牧隱 李穡의 學問과 學脈』, 일조각, 1998.

심경호,『한문산문의 미학』, 고려대 출판부, 1998.

魚江石,『목은 이색의 삶과 문학』, 한국학술정보, 2007.

여운필,『李穡의 詩文學 硏究』, 태학사, 1995.

유영봉,『고려문학의 탐색』, 이회문화사, 2001.

윤상림,『益齋 李齊賢 詩·文의 형상화 기법』, 태학사, 2004.

이기동,『동양삼국의 주자학』, 성균관대학교 출판부, 2003.

李基白,『韓國史新論』, 일조각, 1992.

李靈馥,『牧隱 李穡先生의 生涯와 思想硏究』, 신진상사, 1990.

이병혁,『高麗末 性理學 受容과 漢詩』, 태학사, 2003.

이병혁,『한국한문학의 探究』, 국학자료원, 2003.

이준직,『고려의 위인 목은 이색선생』, 목은문화재단, 1999.

임형택,『실사구시의 한국학』, 창작과비평사, 2000.

정재철,『이색시의 사상사적 조명』, 집문당, 2002.

許 璧,『中國古代語法』, 신아사, 1997.

馬 華·陳正宏,『隱士生活探秘』, 강경범·천현경 역, 동문선, 1997.

楊伯峻,『文言文法』, 박유리 옮김, 동아대학교출판부, 1992.

劉若愚 著, 『中國의 文學理論』, 李章佑 譯, 명문당, 1994.

周勳初 외 『중국문학비평사』, 중국학연구회 고대문학분과 옮김, 이론
　　과 실천, 1994.

陳　來, 『송명 성리학』, 안재호 옮김, 예문서원, 2004.

陳必祥 著, 『한문문체론』, 심경호 옮김, 이회, 1995.

풍우란, 『중국철학사』, 강재륜 옮김, 일신사, 1989.

成偉鈞·唐仲揚·向宏業, 『修辭通鑒』, 中國靑年出版社, 1992.

吳丈蜀·陳振寰·劉致中·侯鏡昶·鮑善淳, 『讀古詩文常識』, 上海古
　　籍出版社, 2000.

吳孟復, 『唐宋古文八家槪述』, 安徽敎育出版社, 1998.

王　洪, 『古代散文百科大辭典』, 學苑出版社, 1993.

李道英, 『唐宋古文硏究』, 北京師範大學出版社, 1997.

蔣伯潛·蔣祖怡, 『騈文與 散文』, 上海書店出版社, 1997.

張淸華, 『唐宋散文』, 廣西師範大學出版社, 2000.

周翔聖, 『古文辭格例解』, 江西高校出版社, 1994.

陳望道, 『修辭學發凡』, 上海敎育出版社, 2001.

陳祥耀, 『唐宋八大家文說』, 福建敎育出版社, 1995.

何寄澎, 『唐宋古文新探』, 大安出版社, 1998.

4. 논문류

李丙燾, 「麗末의 三隱問題」, 『斗溪雜筆』, 일조각, 1956.

李銀順, 「李穡硏究」, 『梨大史苑』 제4집, 이화여대 사학회, 1962.

安啓賢, 「牧隱의 佛敎觀」, 『趙明基博士華甲記念論文集』, 간행위원회,
　　1965.

李相殷, 「麗末 儒學의 巨峰 李穡」, 『韓國의 人間像』 4, 신구문화사,
　　1965.

李成茂, 「韓國敎育思想家大系 – 東方文學의 祖 牧隱 李穡」, 『敎育評

論』제110집, 교육평론사, 1967.

李炫熙, 「李穡」, 『人物韓國史大系』, 박우사, 1972.

李相殷, 「李穡」, 『高麗 朝鮮初期의 學者 9人』, 신구문화사, 1974.

孫洛範, 「牧隱 研究」, 『국제대학논문집』 제3집, 1975.

李惠求, 「牧隱先生의 驅儺行」, 『白樂濬博士還甲紀念論叢』, 사상계사, 1975.

李秀煥, 「牧隱漢詩研究 – 吟雨詩를 中心으로」, 고려대 석사논문, 1976.

李炳赫, 「高麗末期의 漢文學 研究 – 三隱을 중심으로」, 『대학원논문 집』 제1집, 동아대, 1977.

朴天奎, 「三隱과 麗末 漢文學」, 『東洋學』 제9집, 단국대 동양학연구 소, 1979.

車溶柱, 「李穡論」, 『韓國文學作家論』, 형설출판사, 1979.

姜在哲, 「牧隱 漢詩研究 – 특히 四君子詩에 主眼하여」, 단국대 석사 논문, 1980.

宋政憲, 「陶淵明과 麗末三隱의 比較研究」, 『轉移와 受容』, 동방문학 비교연구회, 1980.

趙容濟, 「牧隱의 漢詩 研究 – 특히 그의 自然觀을 中心으로」, 고려대 석사논문, 1981.

서경보, 「한국한문학작가론 – 3 李穡論」, 『論文集』 제14집, 영남대학 교, 1981.

郭　稹, 「牧隱 李穡의 詩에 대한 연구 – 특히 風俗詩를 중심으로」, 성균관대학교 석사논문, 1982.

李演載, 「牧隱의 題詠詩觀 考察 – 東國輿地勝覽 所載作品을 中心으 로」, 『語文研究』 제35집, 어문연구회, 1982.

朴 珠, 「牧隱 李穡과 그의 政治思想에 관한 연구」, 『研究論文集』 제25집, 효성여대, 1982.

강대철, 「李穡의 政治活動에 대한 一考察」, 전남대 석사논문, 1983.

李暻鉉, 「三隱의 思想」, 『한국의 철학』, 경북대 퇴계학연구소, 1983.

임채롱, 「牧隱 漢詩 小考」, 『논문집』 제2집, 순천대, 1983.

曹浩龍, 「牧隱詩 研究」, 계명대 석사논문, 1985.

扈承喜, 「牧隱 李穡의 禪的 취향의 漢詩에 대하여 – 白樂天과의 比較的 觀點에서」, 『比較文學』 제9·10합본, 한국비교문학회, 1985.

高柄翊, 「牧隱集 解題」, 『高麗名賢集』 3, 성균관대 대동문화연구원, 1986.

이승복, 「高麗末 朝鮮初 漢山李氏 家門의 興起와 發展」, 고려대 석사논문, 1986.

姜在哲, 「牧隱 李穡의 四君子詩 研究」, 『漢文學論集』 제5집, 단국한문학회, 1987.

김남일, 「李穡의 歷史意識」, 한국정신문화연구원 석사논문, 1987.

박 희, 「牧隱詩 研究」, 『世宗語文研究』 제3·4집, 세종대 세종어문학회, 1987.

宋龍恩, 「三隱의 研究(1) – 李牧隱편」, 『국어국문학연구』, 원광대 국어국문학과, 1987.

申斗榮, 「牧隱 佛教詩의 二元的 世界」, 『漢文學論集』 제5집, 단국한문학회, 1987.

李炳赫, 「李穡 詩의 性理學的 傾向에 대하여」, 『又海李炳銑博士華甲紀念論叢』, 1987.

李慧淳, 「牧隱 李穡의 題畫詩 試考」, 『韓國文化研究院論叢』 제52집, 이화여대, 1987.

鄭載喆, 「牧隱 李穡의 四君子詩 研究」, 『漢文學論集』 제5집, 근역한문학회, 1987.

趙世衡, 「李穀·李穡의 生涯와 文學」, 『心象』, 1987.

최재남, 「牧隱 李穡의 賦와 律文으로서의 賦의 樣式的 性格」, 『又海李炳銑博士華甲紀念論叢』, 간행위원회, 1987.

고혜영, 「李穡 文學 研究 – 『東文選』 소재 傳을 중심으로」, 서울여대 석사논문, 1988.

김현덕, 「이색의 傳연구」, 『세종어문연구』 제5·6집 합병호, 세종대 세종어문학회, 1988.

柳光眞, 「牧隱의 自然詩考」, 『誠信漢文學』 제1집, 성신여대한문교육
　　　과, 1988.

박　희, 「고려 한문학과 목은시」, 『세종어문연구』 제5 · 6집, 세종대 1988.

최재남, 「목은 이색의 賦와 律文으로서의 賦의 양식적 성격」, 『語文
　　　敎育論集』 제10집, 부산대 국어교육과, 1988.

고혜령, 「李穡 文學 硏究 - 東文選 所載 傳을 중심으로」, 서울여대
　　　석사논문, 1989.

도현철, 「牧隱 李穡의 政治思想研究」, 연세대 석사논문, 1989.

朴　喜, 「高麗文學과 牧隱」, 『목멱어문』 제3집, 동국대 국어교육과,
　　　1989.

곽　진, 「牧隱 李穡의 風俗詩 小考」, 『민족문화』 제13집, 민족문화추
　　　진회, 1990.

都賢哲, 「牧隱 李穡의 政治思想」, 『韓國思想史學』 3, 한국사상사학
　　　회, 1990.

李昇遠, 「牧隱 李穡의 敎育思想」, 『敎育史學研究』 제2 · 3집, 서울대
　　　교육사학회, 1990.

경일남, 「李穡 隨筆文學의 特性 - 『東文選』 所載 記를 중심으로」, 『백
　　　제연구』 제22집, 충남대학교 백제학연구소, 1991.

金慶洙, 「李穡의 文學思想」, 『韓國文學思想史』, 계명문화사, 1991.

金泓植, 「楊州 檜巖寺址의 殿閣配置에 대한 研究 - 牧隱 李穡의 天
　　　寶山檜巖寺修造記를 中心으로」, 『文化財』 24호, 문화재관리
　　　국, 1991.

柳光眞, 「諸家評文을 통해본 牧隱의 詩」, 『誠信漢文學』 제3집, 성신
　　　한문학회, 1991.

이혜순, 「李穡의 시세계」, 『현대문학』 제435호, 현대문학사, 1991.

이경수, 「李穡의 3文學思想」, 『漢文學論集』 제9집, 단국한문학회, 1991.

鄭載喆, 「牧隱의 靑年期 漢詩에 나타난 思想的 趣向」, 『한국한문학
　　　연구』 제14집, 한국 한문학연구회, 1991.

柳廣眞, 「牧隱 李穡의 詩文學 研究」, 성신여대 박사논문, 1992.

신경주, 「牧隱 李穡의 「有感」詩에 대한 연구」, 영남대 석사논문, 1992.

이은순, 「李穡의 思想과 社會改革論」, 『한국외대사학』 제4집, 한국외대, 1992.

이희준, 「牧隱의 정치경제사상」, 『論文集』 제15집, 신흥전문대, 1992.

柳廣眞, 「李穡의 文學論」, 『誠信漢文學』 제4집, 성신한문학회, 1993.

徐景普, 「牧隱論」, 『韓國漢文學作家論』, 형설출판사, 1993.

安永勳, 「李穡 文學 研究 - 生涯와 文藝意識을 중심으로」, 경희대 석사논문, 1993.

呂運弼, 「李穡의 詩文學 研究」, 서울대 박사논문, 1993.

장성재, 「여말 성리학의 흐름과 특징 - 삼봉과의 관계에서 본 목은·포은 사상을 중심으로」, 『東國論集』 제12권, 동국대학교, 1993.

鄭載喆, 「牧隱 李穡의 世界認識」, 『漢文學論集』 제11집, 단국한문학회, 1993.

趙明濟, 「牧隱 李穡의 佛教認識 - 性理學의 理解와 관련하여」, 『한국문화연구』 제6집, 부산대한국문화연구소, 1993.

홍기표, 「牧隱 李穡의 儒學思想 研究 - 牧隱 性理說의 思想史的 位相과 관련하여」, 성균관대 석사논문, 1993.

박기홍, 「李穡의 漢詩 研究」, 홍익대 석사논문, 1994.

朴 熹, 「牧隱 李穡의 詩文學 研究」, 세종대 박사논문, 1994.

呂運弼, 「牧隱 詩의 民風과 그 意味」, 『韓國漢詩研究』 1, 한국한시학회, 1994.

呂運弼, 「牧隱 詩의 唐詩受容에 관한 研究」, 『韓國漢詩研究』 2, 한국한시학회, 1994.

李漢馥, 「牧隱 李穡의 詠史詩 연구」, 고려대 석사논문, 1994.

鄭載喆, 「牧隱 李穡의 思惟樣式」, 『漢文學論集』 제12집, 단국한문학회, 1994.

周甲辰, 「목은 이색의 불교시고」, 동국대 석사논문, 1994.

洪琦杓, 「牧隱 李穡의 유학사상 연구 - 牧隱 性理說의 사상사적 위상과 관련하여」, 성균관대 석사논문.

문정자, 「牧隱 李穡의 佛敎認識 - 文을 중심으로」, 『漢文學論集』 제
　　　13집, 근역한문학회, 1995.

박　희, 「牧隱詩에 나타난 君子觀」, 『東國語文學』 제7집, 동국대 국
　　　어교육과, 1995.

안영훈, 「高麗末 士大夫文學 硏究1 - 李穡의 思想과 文學觀」, 『고황
　　　논집』 제16집, 경희대, 1995.

黃載文, 「牧隱詩의 風格 硏究 - 陽村과의 비교를 중심으로」, 『韓國漢
　　　詩硏究』 제3집, 한국한시연구, 1995.

高惠玲, 「牧隱 李穡의 師承과 交遊關係」, 『牧隱 李穡의 生涯와 思
　　　想』, 목은연구회, 일조각, 1996.

김승호, 「麗末鮮初 佛敎散文의 일고찰 - 李穡의 경우」, 『불교어문
　　　논집』 제1집, 동국대, 1996.

金時鄴, 「牧隱의 君子意識과 民生·風俗詩(1)」, 『牧隱 李穡의 生涯
　　　와 思想』, 목은연구회, 일조각, 1996.

김종진, 「여말 한문학의 몇 가지 양상들 - 이색과 정도전을 중심으로」,
　　　『어문논집』 제35집, 민족어문학회, 1996.

琴章泰, 「牧隱 李穡의 儒學思想」, 『牧隱 李穡의 生涯와 思想』, 목은
　　　연구회, 일조각, 1996.

柳浩珍, 「李穡 詩 硏究 - 道學 性向의 작품을 중심으로」, 고려대학교
　　　박사논문, 1996.

宋載卲, 「禑王代의 牧隱詩」, 『牧隱 李穡의 生涯와 思想』, 목은연구
　　　회, 일조각, 1996.

申千湜, 「목은 이색의 교육사상」, 『牧隱 李穡의 生涯와 思想』, 목은
　　　연구회, 일조각, 1996.

尹絲淳, 「목은 이색의 사상적 位相」, 『牧隱 李穡의 生涯와 思想』, 목
　　　은연구회, 일조각, 1996.

李文遠, 「牧隱의 生涯와 歷史的 位相」, 『牧隱 李穡의 生涯와 思想』,
　　　목은연구회, 일조각, 1996.

李炳赫, 「李穡의 性理學的인 詩世界」, 『東洋漢文學硏究』 제10집, 동

양한문학회, 1996.

李延馥·李炫馥, 「牧隱 李穡의 年譜」, 『牧隱 李穡의 生涯와 思想』, 목은연구회, 일조각, 1996.

李佑成, 「목은에게 있어서 禑昌問題 및 전제문제」, 『牧隱 李穡의 生涯와 思想』, 목은연구회, 1996.

李貞馥, 「고려 말기의 儒學考辨 – 牧隱의 詩에 나타난 性理學의 受容의 근거」, 『牧隱 李穡의 生涯와 思想』, 목은연구회, 일조각, 1996.

李泰鎭, 「14세기 동아시아 국제정세와 목은 이색의 외교적 역할」, 『牧隱 李穡의 生涯와 思想』, 목은연구회, 일조각, 1996.

李亨求·李特求, 「牧隱의 史蹟」, 『牧隱 李穡의 生涯와 思想』, 목은연구회, 일조각, 1996.

鄭載喆, 「牧隱 李穡 詩 研究 – 그 思想的 志向의 探究」, 고려대학교 박사논문, 1996.

鄭載喆, 「牧隱 李穡의 處世樣相」, 『漢文學論集』 제14집, 근역한문학회, 1996.

鄭載喆, 「牧隱詩의 風格 研究」, 『韓國漢文學研究』 제19집, 한국한문학회, 1996.

정종대, 「李穡의 詩와 中庸意識」, 『선청어문』 제24집, 서울사대, 1996.

周甲辰, 「牧隱 李穡의 佛教詩考」, 『동악한문학논집』 제8집, 동악한문학회, 1996.

崔柄憲, 「牧隱 李穡의 佛教觀 – 恭愍王代의 政治改革과 관련하여」, 『牧隱 李穡의 生涯와 思想』, 목은연구회, 일조각, 1996.

도현철, 「여말선초 신·구법파 사대부의 정치개혁사상 연구 – 이색·정도전의 정치사상의 비교연구를 중심으로」, 연세대 박사논문, 1997.

유이경, 「牧隱 李穡의 名字說에 나타난 사상」, 『연구논집』 제33집, 이화여대 대학원, 1997.

고대혁, 「牧隱 李穡의 教育思想」, 『東洋古典研究』 제11집, 동양고전

학회, 1998.

도현철, 「고려말기 관료제 운영의 예적 원리 - 이색과 정도전 계열 사
대부의 사상비교를 중심으로」, 『한국사연구』 제10집, 한국사
연구회, 1998.

呂運弼, 「恭讓王代의 牧隱詩 考察」, 『韓國漢詩研究』 제6호, 태학사,
1998.

박 희, 「牧隱의 文學思想」, 『한국 사상과 문화』 창간호, 한국사상문
화학회, 1998.

申千湜, 「牧隱家學의 成立과 學脈」, 『牧隱 李穡의 學問과 學脈』, 일
조각, 1998.

申千湜, 「牧隱의 學問的 背景」, 『牧隱 李穡의 學問과 學脈』, 일조각,
1998.

申千湜, 「牧隱學脈의 形成」, 『牧隱 李穡의 學問과 學脈』, 일조각,
1998.

申千湜, 「恭愍王의 敎育中興과 牧隱의 活動」, 『牧隱 李穡의 學問과
學脈』, 일조각, 1998.

申千湜, 「高麗後期 科擧運營과 牧隱學脈」, 『牧隱 李穡의 學問과 學
脈』, 일조각, 1998.

申千湜, 「高麗後期 敎育運營과 牧隱學脈」, 『牧隱 李穡의 學問과 學
脈』, 일조각, 1998.

申千湜, 「高麗末 牧隱의 政治的 位相과 學脈」, 『牧隱 李穡의 學問
과 學脈』, 일조각, 1998.

申千湜, 「朝鮮初期 牧隱學脈의 活動」, 『牧隱 李穡의 學問과 學脈』,
일조각, 1998.

유인희, 「李穀 · 李穡의 윤리철학과 高麗 儒學의 성격」, 『東方學志』
제101집, 연세대 국학연구원, 1998.

임종욱, 「牧隱 李穡의 君子詩 研究」, 『佛敎語文論集』 제3집, 한국불
교어문학회, 1998.

임종욱, 「李穡과 元天錫의 漢詩에 나타난 대응방식 - 한시의 문화사회

학적 접근시론」,『한국시가연구』제4집, 한국시가학회, 1998.

鄭載喆, 「牧隱 李穡의 外物認識」,『漢文學論集』제16집, 근역한문학
　　회, 1998.

鄭載喆, 「牧隱의 佛敎性向 漢詩의 思想的 特質」,『東洋學』제28집,
　　단국대 동양학연구소, 1998.

허흥식, 「李穡의 18人 結契로 본 高麗 靑少年의 集團行態」,『정신문
　　화연구』제70집, 한국정신문화연구원, 1998.

柳浩珍, 「牧隱 李穡의 文學觀」,『漢文學論集』제17집, 근역한문학회,
　　1999.

呂運弼, 「李穡의 歷史素材 漢詩硏究」,『고려시대 역사시 연구』, 한국
　　정신문화연구원, 1999.

葛榮晋, 「李穡의 理本論 思想」,『韓中 牧隱 李穡 硏究』, 목은연구회,
　　예문서원, 2000.

郭齊家, 「李穡의 敎育活動과 敎育思想」,『韓中 牧隱 李穡 硏究』, 목
　　은연구회, 예문서원, 2000.

權正顔, 「麗末鮮初 朱子學 導入期의 經典理解1 - 牧隱 李穡의 경전
　　이해를 중심으로」,『東洋哲學硏究』제22집, 동양철학연구회,
　　2000.

金泰永, 「목은 이색의 歷史意識」,『韓中 牧隱 李穡 硏究』, 목은연구
　　회, 예문서원, 2000.

마종락, 「고려후기 登科儒臣의 유학사상 연구 - 이규보·이제현·이색
　　을 중심으로」, 계명대박사논문, 2000.

송창한, 「牧隱 李穡의 斥佛論에 대하여 - 恭愍王 元年 四月의 上疏
　　文을 중심으로」,『대구사학』제59집, 대구사학회, 2000.

신천식, 「牧隱의 生涯와 思想」,『明知史論』제11·12집, 명지사학회,
　　2000.

禹克坤, 「李穡 詩歌의 예술적 성취」,『韓中 牧隱 李穡 硏究』, 목은
　　연구회, 예문서원, 2000.

劉明鍾, 「稼亭 牧隱 父子의 三敎融合과 그 思想史的 意義」,『韓中

牧隱 李穡 研究』, 목은연구회, 예문서원, 2000.

이재춘, 「麗末三隱에 對한 考察, 『우리말글』 제19집, 우리말글학회, 2000.

이학권, 「牧隱 원유학기의 詩연구」, 공주대 석사논문, 2000.

임형택, 「고려 말 문인지식층의 東人意識과 문명의식 - 牧隱 문학의 논리와 성격에 관한 서설」, 『실사구시의 한국학』, 창작과 비평사, 2000.

衷爾鉅, 「麗末 朱子學家 李穡의 사회정치사상과 그 역사적 위상」, 『韓中 牧隱 李穡 研究』, 목은연구회, 예문서원, 2000.

고혜령, 「懶翁禪師와 牧隱 李穡의 사상적 만남」, 『寺刹造景研究』, 동국대 사찰조경연구소, 2001.

이병혁, 「牧隱詩의 後人評說考」, 『詩話學』 제3 · 4집, 동방시화학회, 2001.

하정승, 「牧隱 李穡 詩의 品格 研究」, 『東方漢文學』 제20집, 동방한문학회, 2001.

정재철, 「韓國 詩話에 있어서 李穡 詩의 비평 양상」, 『한문학논집』 제19집, 근역한문학회, 2001.

이동환, 「牧隱에게서의 道學思想의 文學的 闡發」, 『한국문학연구』 제3호, 고려대 한국문학연구소, 2002.

鄭載喆, 「목은 이색의 명분론적 농민인식」, 『고전 문학의 현황과 전망』, 역락, 2002.

鄭載喆, 「이색 시에 있어서의 시경시의 형상화」, 『이색 시의 사상적 조명』, 집문당, 2002.

鄭載喆, 「이색의 학문연원과 사유양식」, 『이색 시의 사상적 조명』, 집문당, 2002.

鄭載喆, 「이색 시에 있어서의 易理의 형상화」, 『이색 시의 사상적 조명』, 집문당, 2002.

정정숙, 「李穡 散文의 一考察 - 記의 양상과 내용분석을 中心으로」, 『漢城語文學』 제21집, 한성대한국어문학부, 2002.

고혜령, 「목은 이색과 나옹선사의 사상적 만남」, 『조선시대의 사상과 문화』, 집문당, 2003.

김진미, 「牧隱 李穡 序跋文 硏究」, 경북대 석사논문, 2003.

林鍾旭, 「고려시대 辭賦의 성격 고찰 － 李奎報와 李穡, 鄭道傳의 辭賦를 중심으로」, 『한국어문학연구』 제40집, 한국어문학연구학회, 2003.

朴性奎, 「李穡의 現實認識과 風俗詩」, 『고려후기 사대부문학 연구』, 고려대출판부, 2003.

李炳赫, 「목은 이색의 性理學的인 詩」, 『한국한문학의 探究』, 국학자료원, 2003.

李炳赫, 「牧隱詩의 後人評說考」, 『한국한문학의 探究』, 국학자료원, 2003.

李英徽, 「牧隱 李穡의 賦 硏究」, 『한국어문학연구』 제40집, 한국어문학연구회, 2003.

이희덕, 「고려 후기의 자연관과 李穡 － 牧隱 李穡을 중심으로」, 『숨소리』 제2호, 토지문화관, 2003.

元周用, 「「南谷記」를 통해 본 牧隱의 出處觀」, 『漢文學報』 제10집, 우리한문학회, 2004.

元周用, 「牧隱 李穡 散文 硏究」, 성균관대 박사논문, 2004.

鄭貞淑, 「李穡 散文 硏究」, 단국대 박사논문, 2004.

安永勳, 「牧隱 李穡의 紀行詩 硏究」, 『東義論集』 제41집, 동의대학교, 2005.

魚江石, 「牧隱 李穡 文學 硏究」, 한국학중앙연구원 박사논문, 2005.

魚江石, 「在元期 牧隱 詩의 樣相과 特徵」, 『開新語文硏究』 제23집, 2005.

魚江石, 「牧隱 詩에 나타난 東人意識과 그 樣相」, 『정신문화연구』 제101집, 2005.

元周用, 「「西京風月樓記」를 통해 본 牧隱 散文의 문예적 특징」, 『東方漢文學』 제29집, 동방한문학회, 2005.

강승희, 「茶詩를 통해 본 목은 이색의 사상연구」, 원광대 석사논문, 2006.

高惠玲, 「『牧隱集』을 통해 본 李穡의 불교와의 관계」, 『震檀學報』 제102호, 진단학회, 2006.

남동신, 「목은 이색과 불교 승려의 詩文교유」, 『역사와 현실』 통권62호, 한국역사연구회, 2006.

都賢喆, 「李穡의 經學觀과 그 志向」, 『震檀學報』 제102호, 진단학회, 2006.

馬宗樂, 「牧隱 李穡의 生涯와 歷史認識」, 『震檀學報』 제102호, 진단학회, 2006.

박경심, 「목은 이색의 철학사상 연구」, 성균관대 박사논문, 2006.

魚江石, 「牧隱 散文의 註疏語錄之氣 小考」, 『漢文學報』 제14집, 우리한문학회, 2006.

呂運弼, 「牧隱詩의 다양한 志向과 面貌」, 『震檀學報』 제102호, 진단학회, 2006.

元周用, 「牧隱 李穡의 碑誌文에 관한 考察」, 『語文研究』 제50집, 語文研究學會, 2006.

元周用, 「牧隱 李穡의 記에 관한 考察」, 『大東漢文學』 제24집, 大東漢文學會, 2006.

윤상림, 「목은 이색의 누정기 기사의 기술 방식」, 『東洋古典研究』 제25집, 동양고전학회, 2006.

최일범, 「목은 이색의 유불교섭사상에 관한 연구」, 『東洋哲學研究』 제48집, 동양철학연구회, 2006.

김보경, 「목은 이색의 버들골살이와 시」, 『東洋古典研究』 제27집, 동양고전학회, 2007.

元周用, 「麗末鮮初 牧隱 散文의 글쓰기 영향에 대한 고찰－註疏語錄體를 중심으로」, 『漢文敎育研究』 제28집, 한국한문교육연구회, 2007.

· 저자 ·

원주용   · 약   력 ·
(元周用)   성균관대학교 박사과정 졸업 문학박사
               안동대학교, 원광대학교 강사를 거쳐
               현재 성균관대학교 강사, 성균관대 동아시아지역연구소 연구원

               · 주요논저 ·
               「牧隱 李穡의 碑誌文에 관한 고찰」
               「牧隱 李穡의 記에 관한 고찰」
               「陶隱 散文의 문예적 특징」
               「鄭道傳 산문에 관한 일고찰」
               『한국 한문학의 이론, 산문』(공저)
               외 다수

목은 이색 산문 연구

· 초판 인쇄   2008년 2월 29일
· 초판 발행   2008년 2월 29일

· 지 은 이   원주용
· 펴 낸 이   채종준
· 펴 낸 곳   한국학술정보㈜
               경기도 파주시 교하읍 문발리 513-5
               파주출판문화정보산업단지
               전화 031) 908-3189(대표) · 팩스 031) 908-3189
               홈페이지 http://www.kstudy.com
               e-mail(출판사업부) publish@kstudy.com
· 등   록   제일산-115호(2000. 6. 19)
· 가   격   30,000원

ISBN   978-89-534-8200-0 93810 (Paper Book)
       978-89-534-8204-3 98700 (e-Book)